대한민국
탄소중립
2050

# 대한민국 탄소중립 2050

**초판 1쇄 발행** 2021년 11월 8일
**초판 5쇄 발행** 2023년 5월 15일

**엮은이** KEI 한국환경연구원    **펴낸곳** 크레파스북    **펴낸이** 장미옥

**총괄책임** 신동원

**저자** 신동원, 채여라, 이창훈, 이상훈, 정은미, 조지혜, 이항구, 추소연, 이우균, 권이균, 김성진, 이상엽, 이유진

**편집** 정미현, 이상우, 노선아    **디자인** 김문정, 김지우

**출판등록** 2017년 8월 23일 제2017-000292호

**주소** 서울시 마포구 성지길 25-11 오구빌딩 3층

**전화** 02-701-0633

**팩스** 02-717-2285

**이메일** creb@bcrepas.com

**인스타그램** www.instagram.com/crepas_book

**페이스북** www.facebook.com/crepasbook

**네이버포스트** post.naver.com/crepas_book

**종이책 ISBN** 979-11-89586-35-5 (03300)    **정가** 19,000원

이 도서의 국립중앙도서관 출판예정도서목록CIP은 서지정보유통지원시스템 홈페이지(http://seoji.nl.go.kr)와
국가자료종합목록 구축시스템(http://kolis-net.nl.go.kr)에서 이용하실 수 있습니다.

# 대한민국
# 탄소중립
## 2050

KEI 한국환경연구원 엮음

크레파스북

우리 사회의 탄소중립 과정은 역동적이다. 꼭 지난날의 경제성장 과정을 연상시킨다. 우리나라는 짧은 시간 동안 최빈국에서 선진국 클럽으로 진입하였다. 중산층의 성장은 민주화 사회의 기반을 만들어냈고, 사회·문화 전반의 자유화는 음악, 게임, 영화 등의 분야에서 전 세계인들이 열광하는 한류를 탄생시켰다. 탄소중립 대전환도 이러한 결과로 이어질 수 있을까? 대한민국의 탄소중립이 전 세계 기후위기를 극복하는 열쇠가 되고, 양극화·노령화·지방소멸과 같은 우리 사회의 고질적인 문제를 해결할 수 있을까? 나는 꼭 그렇게 될 것이라 믿는다.

2020년 10월 한국의 탄소중립 선언이 있었고, 그로부터 1년 만에 「2050 탄소중립 시나리오」가 발표되었다. 놀라웠다. 2019년 초 한국환경연구원장 업무를 시작하면서 가장 먼저 했던 일이 지속 가능한 사회를 위한 그린뉴딜을 제안하는 것이었다. 그린뉴딜은 코로나19 위기로 침체된 우리 사회를 활성화하는 측면도 지니지만, 궁극적으로는 사회 발전의 기존 경로 의존성을 극복하고 지속 가능한 사회로 나아가는 전환적 성격을 지닌다. 일개 정책연구기관의 제안을 정부가 곧바로 받아들일 것이라고는 생각하지 못했다. 우리 사회 내부에 지속 가능한 사회에 대한 열망이 그만큼 존재했던 것은 아닐까 생각한다.

그린뉴딜은 한국판 뉴딜 속에서 추진되어 탄소중립으로 이어진다. 탄소중립은 산업혁명 이후 발전 모델의 한계에 대한 인식과 반성에서 출발한다. 즉, 기존의 성장 방법은 지속 가능하지 않다는 것이다. 현재와 같은 대량 생산 및 대량 소비, 그리고 자본 축적은 모두 화석연료에 기반하며, 지속 가능한 사회를 위해서는 이를 전환하지 않으면 안 된다. 우리가 탄소중립으로 나아가기 시작했다는 사실에 고양되면서도, 한편으로는 충분한 준비 없이 속도를 내는 것이 걱정이기도 하다. 착한 전략이 항상 좋은 결과를 가져오는 것은 아니다. 탄소중립이 성공하기 위해서는 더욱 정교한 세부 전략이 필요하다.

사회는 이해관계가 서로 다른 사람들로 구성되어 있다. 탄소중립은 기존 이해관계를 급격하게 변화시키는 과정이다. 그래서 이를 잘 조정하지 않으면 탄소중립은 실현되기 어렵다. 우리의 빠른 경제성장은 권위주의적 정치 체제에서 가능했고, 과거 전반적으로 빈곤했던 사회 환경 때문에 이러한 부분이 수용된 측면이 있으나 지금은 상황이 다르다. 이제는 국민들의 높은 인식과 지지가 뒷받침되어야 한다. 때때로 불편함과 비용을 초래하는 탄소중립 과정을 국민들이 이해하고 지지하지 않으면 아마도 험난한 길이 펼쳐질 것이다.

탄소중립과 지속가능발전을 고민하는 정책연구기관의 장으로서, 탄소중립에 대한 국민들의 인식과 이해에 도움이 되는 책이 필요하다고 생각했다. 전문가들이 쓴 보고서가 많이 있으나, 이는 일반인들에게 잘 전달되지 않기 때문이다. 이번에 발간하는 『대한민국 탄소중립 2050』에서는 탄소중립에 관한 전문적인 내용을 국민의 눈높이에 맞게 풀어내기 위해 노력했다.

먼저 들어가며에서는 왜 반드시 탄소중립을 달성해야 하는지를 전달하고자 했다. 전 세계 기후위기의 심각성과 그로 인한 경제적 손실 등을 다뤘으며, 되도록 그림과 도표를 통해 독자들이 알기 쉽게 표현했다. 이 부분은 한국환경연구원의 베테랑 연구자인 **채여라 박사**가 작성하였다.

1장에서는 본격적인 논의에 앞서 탄소중립의 방향과 전략을 정리했다. 우리나라의 온실가스 배출 상황이 현재 어느 정도 수준이며, 2050 탄소중립을 위해 어떤 전략이 필요한지 소개했다. 또한 최근 확정된 「2050 탄소중립 시나리오」도 함께 수록했다. 이 부분은 한국환경연구원의 **이창훈 박사**가 집필을 맡았다.

2장부터 6장까지는 전환, 산업, 순환경제, 수송, 건물 등 분야별 탄소 배출 이슈와 특성을 알기 쉽게 전달하고자 했다. 2장에서 다루는 전환은 전력 분야를 의미한다. 우리는 전기에너지 없이 살아갈 수 없으며, 탄소 배출량의 상당 부분은 전력 생산(발전) 과정에서 발생한다. 어떻게 탄소를 줄이면서 전기를 생산할 수 있을까? 이런 문제에 대해 한국에너지공단의 **이상훈 박사**가 글을 써 주었다.

3장은 산업을 다룬다. 한국은 인구 대비 에너지를 많이 사용하는 나라이다. 국민들이 에너지를 낭비한다기보다는 에너지 다소비 산업의 비중이 매우 높다. 저렴한 에너지에 기반한 에너지 다소비 산업을 통해 그동안 우리 경제가 성장해 온 것이다. 하지만 이러한 산업구조는 탄소중립 사회에 어울리지 않는다. 4차 산업혁명의 과정 속에서 저탄소 산업구조로의 전환이 필요한 시점이다. 이 부분은 산업연구원의 **정은미 박사**가 작성하였다.

4장에서는 자원순환이 이루어지는 순환경제 문제를 소개한다. 주변의 쓰레기 더미를 보면 우리가 얼마나 많은 자원을 사용하고 있는지 놀라울 정도이다. 특히 비대면 사회를 촉진한 코로나19 위기에서 일회용품 사용이 크게 증가했다. 자원 낭비를 제도화하는 경제구조는 더 이상 탄소중립 사회에 맞지 않다. 한국환경연구원의 **조지혜 박사**가 순환경제의 필요성에 대해 상세히 짚어 주었다.

5장은 수송 분야이다. 사람이 이동하거나 물건을 운반할 때 여러 수송 수단이 필요하다. 우리 주변의 승용차, 버스, 트럭 등은 대부분 휘발유와 경유를 태우는 내연기관 차량이다. 이러한 차량들이 앞으로도 거리를 누비면 탄소중립 사회의 실현은 점점 더 멀어질 것이다. 전기차와 수소차를 포함하는 미래의 수송 혁명에 관해 호서대학교 기계자동차공학부 **이항구 교수**가 집필하였다.

6장은 건물과 주거 공간이다. 우리나라는 겨울 혹한과 여름 폭염에 맞서야 한다. 겨울에는 난방을 위해 도시가스를 태우고, 여름에는 냉방을 위해 전기를 사용해야 한다. 건물을 부수고 새롭게 짓는 과정뿐만 아니라 인간이 건물에서 살아가는 과정 속에서도 다량의 온실가스가 배출된다. 건물·주거 분야의 탄소중립 이슈는 RE도시건축연구소의 **추소연 소장**이 맡았다.

7장에서는 숲을 통한 탄소중립의 가능성을 살펴보았다. 우리가 아무리 노력해도 탄소에 중독된 사회가 단기간에 탄소중립을 이루기는 어렵다. 그렇다면 탄소 흡수 기능을 최대한 활용하거나 탄소 저장·활용 기술을 이용해야만 한다. 숲은 자연 생태계를 유지하고 우리에게 휴식처를 제공할 뿐만 아니라 탄소중립에도 기여한다. 이 부분은 고려대학교 환경생태공학부의 **이우균 교수**가 작성하였다.

화석연료는 연료로 사용되기도 하지만 제품 생산을 위한 원료로 사용되기도 한다. 원료 자체를 대체하기 어려운 경우에는 화석연료를 사용할 수밖에 없으며, 그 과정에서 필연적으로 이산화탄소를 발생시키게 된다. 아무리 노력해도 발생할 수밖에 없는 것은 어떻게 처리해야 할까? 8장에서는 이산화탄소를 포집해서 저장·활용하는 기술에 대해 공주대학교 지질환경과학과 **권이균 교수**가 소개하였다.

9장은 탄소중립을 위한 국제 협력을 다루었다. 탄소중립을 대하는 선진국과 개발도상국의 입장은 확연히 다르다. 기후위기를 촉발하는 온실가스의 대부분은 선진국들이 경제성장 과정에서 만들어낸 부산물이다. 그리고 20세기 이후에는 중국, 인도 등의 신흥 개도국도 다량의 온실가스를 배출하고 있다. 따라서 온실가스 다량 배출국 간의 협력을 통한 감축이 요구된다. 한편 많은 개발도상국이 빈곤을 극복하며 경제적으로 성장해야 한다. 하지만 이제는 과거의 선진국들처럼 화석연료에 의존해 성장할 수 없다. 이들은 선진국처럼 탄소중립 관련 재정과 기술도 확보하지 못하고 있다. 전 세계의 탄소중립을 위해 여러 측면의 국제 협력이 필요한 시점이다. 이에 대해서는 한국환경연구원의 **김성진 박사**가 집필하였다.

10장은 정부의 역할이다. 2050 탄소중립은 향후 30년간의 긴 여정이다. 5년 임기의 정부가 여섯 번이나 등장하는 시간이다. 그러니 탄소중립의 달성을 위해서는 일관되고 지속적인 탄소중립 정책이 필요하다. 탄소중립의 문제가 정치적인 논쟁에서 벗어나길 바란다. 정권이 교체될 때마다 진영 논리에 의해 정책이 흔들린다면 국민을 혼란스럽게 만들고 비용을 증가시킬 가능성이 높다. 이에 대해서는 한국환경연구원의 **이상엽 박사**가 논의하였다.

11장에서는 지자체, 기업, 시민의 역할을 다루었다. 탄소중립 과정에서 방관자나 소외자가 많으면 안 된다. 탄소중립은 사회의 모든 구성원에게 영향을 미치기 때문에 각자의 위치에서 필요한 역할을 수행해야 한다. 그러니 탄소중립은 생활 혁신이 필요한 사안이기도 하다. 특히 자신이 사는 공간과 지역에서 탄소중립이 계획·실현되는 과정에 적극적으로 참여해야 한다. 관심을 끊은 채 정부 또는 기업에만 맡겨둬서는 안 되며, 인식을 바꾸고 적극적으로 목소리를 내야 할 것이다. 이에 대해서는 녹색전환연구소의 **이유진 박사**가 집필하였다.

탄소중립의 긴 여정을 성공적으로 마치려면 수많은 제도적 변화가 필요하다. 이 과정에서 피해를 보는 지역과 계층이 나타날 수밖에 없다. 화석연료에 의존하는 일부 산업은 고용 안정성에 큰 영향을 받을 것이다. 전기요금의 인상도 불가피하다. 따라서 적극적으로 소통하고 이해관계를 조정하지 않으면 안 될 것이다.

기존 기술로는 탄소중립 달성이 어렵기 때문에 획기적인 기술 혁신이 이뤄져야 하며, 이를 위해서는 정부와 민간의 대규모 투자가 필요하다. 태양광·풍력 등 재생에너지 시설은 주민 수용성을 높여 지역 민원을 원만하게 해결하는 일이 관건이다. 원자력 에너지의 활용에 대해서도 여전히 논쟁 중이다. 일반적으로 탄소중립의 개론에는 찬성하지만 개인적인 이해관계에 영향을 주는 각론에는 반대하는 경향이 있는 것으로 보인다. 즉, 지속가능발전에는 동의하지만 그 추진 과정에서 자신에게 발생하는 손해는 거부하는 것이다. 하지만 탄소중립의 실현을 위해서는 이러한 인식을 반드시 극복해야 한다. 이것이 서둘러 『대한민국 탄소중립 2050』을 출간한 이유다.

짧은 시간 안에 탄소중립에 관한 전문 지식을 국민들이 알기 쉽도록 작성해 준 모든 저자들의 노고에 깊이 감사드린다. 크레파스북 출판사의 세심한 편집은 결과물을 더욱 빛나게 해 주었다. 대한민국이 탄소중립 사회로 나아가는 길 위에 이 책이 작은 디딤돌이 된다면 더 바랄 것이 없겠다.

2021년 11월
KEI 한국환경연구원 원장
경제·인문사회연구회 탄소중립추진단 단장
윤 제 용

# 왜 탄소중립으로
# 가야 하는가?

기후위기는 누군가의 문제가 아닌 우리 모두의 문제다. 집중호우, 가뭄, 한파 등 기후변화의 피해는 국적이나 계층을 가리지 않고 지구촌 전체에 영향을 미친다. 경제적인 손실도 막대하다. 온실가스 배출을 멈추지 않는다면 피해는 갈수록 확대될 것이다. 탄소중립은 탄소 배출량과 흡수량의 균형을 의미하며, 기후위기를 완화시킬 수 있는 거의 유일한 방법이다. 왜, 지금, 전 세계가 탄소중립을 선언하고 있는지 살펴본다.

# 기후변화가
# 인류의 생존을
# 위협한다

현재 전 지구는 팬데믹이라는 전대미문의 위기 속에서 새로운 경험을 하고 있다. 하나로 연결된 현대사회에서 특정 지역의 바이러스는 순식간에 전 세계로 퍼져나갔다. 인명 피해는 물론 비대면 생활이 지속되면서 전 세계 사회·경제·문화에 막대한 영향을 미치고 있다. 오늘날 우리는 리스크 사회를 살아가고 있다. 언제, 어떤 리스크가 우리를 위협할지 알 수 없는 세상이 되었다.

　기후변화로 인한 리스크도 팬데믹만큼이나 위협적이다. 기후변화로 인한 기상이변 발생 빈도가 증가하고 그 피해 규모도 점차 커지고 있다. 매년 이상고온, 집중호우, 가뭄, 폭설, 한파, 일조량 부족 등의 발생 빈도가 증가하면서 대규모 피해를 초래하고 있다.

우리나라는 최근 10년간(2008~2017년) 기상재해로 152명의 인명 피해와 20만 명의 이재민이 발생했고 재산 피해와 복구에 따른 경제적 손실은 약 10조 7,000억 원에 이른다. 특히 태풍과 호우로 인한 피해액이 전체 규모의 88.4%에 달한다.

근래 발생한 극한기상 현상과 이에 따른 경제적 피해는 생각보다 매우 심각한 상황이다. 적극적인 온실가스 저감 노력이 없다면, 앞으로 대규모 기상재해와 피해가 발생할 가능성은 더욱 증가할 것이다.

**최근 10년간 기상재해로 인한 피해**

**인명 피해**
**152명**

**이재민**
**20만 명**

**경제적 손실**
**10조 7,000억 원**

## 주요 기상재해와 사회·경제적 영향

기후변화로 인한 대규모 기상재해와 이에 따른 경제적 피해는 매우 심각하다.
온실가스를 감축하지 않으면 앞으로 피해 규모는 더욱 커질 것이다.

캐나다
포트맥머리 화재
경제적 손실
100억 달러
150만 에이커의
숲 전소

해양온난화
북대서양
어획수확량
35% 감소

2017년
허리케인 하비
경제적 손실
1,250억 달러

생존율

노동 생산성

식량 위기

기반 시설 파괴

자연재해

생태계 위기

30년 만에
북극해빙
최저치 기록

알베도 효과 감소,
온난화 증폭

2010년
러시아 폭염
사망
5만 5,000명

2019년
유럽 폭염

프랑스 내에서만
1,500명 사망

2017년
중국 내 홍수
경제적 손실
35억 5,000만
달러

히말라야
빙하 감소

2억 4,000만 명
이상의 사람들의
잠재적인
급수 감소

2017년
아프리카 가뭄

실향민
80만 명

2013~14년
오스트레일리아 폭염

생산성 손실
60억 달러

2015년
남아프리카 가뭄
농업 생산량
15% 감소

# 기후변화는
# 우리의 삶과
# 연결되어 있다

2020년 세계 경제 포럼(WEF)은 전 세계의 주요 리스크로 기후변화 대응 실패를 제시했다. 이는 극한기후, 식량 위기, 수자원 위기, 생물 다양성 파괴, 자연재해 등 수많은 리스크와 연결되어 있다. 특히 여러 리스크 중에서도 극한기후, 기후변화 정책 실패, 자연재해의 발생 가능성이 매우 높은 것으로 나타났다. 이는 기후변화와 관련된 리스크가 우리 삶에 미치는 영향이 다른 리스크보다 훨씬 크다는 것을 의미한다.

기후변화로 인한 피해는 건강·농축수산·수자원·생태계 등 자연 환경 전반에 영향을 미치며, 이는 노동력 손실, 물가 상승, 취약 계층 증가, 경제성장률 하락 등으로 이어지면서 국가 전체 GDP의 손실로 나타날 것이다.

전 세계
주요 리스크

**사회적**

환경적

경제적

지정학적

기술적

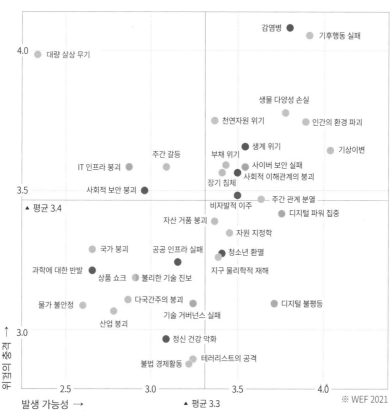

## 폭염의 복합적 영향

대표적 기상재해인 폭염은 온열 질환자 발생 및 농작물 피해와 같은
직접적 피해에 그치지 않고, 노동 생산성 악화, 에너지 가격 상승 등 사회·경제
전 부문에 영향을 준다.

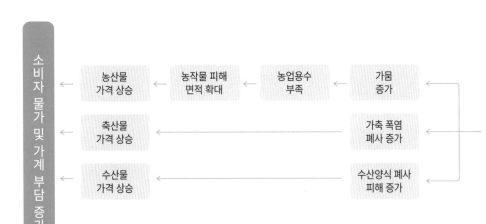

※ 2020 폭염영향 보고서

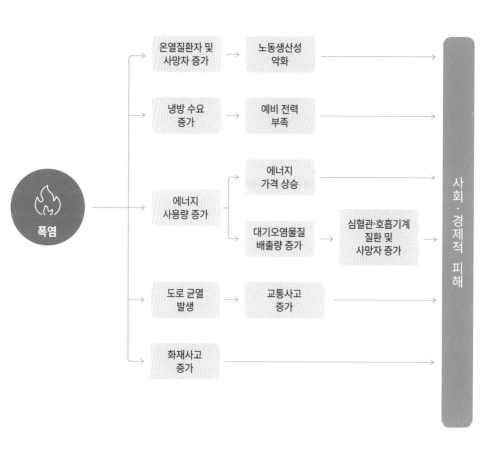

# 누구에게나 영향을 미치는
# 전 지구적 리스크

향후 기후변화가 가속된다면 극한기상은 새로운 일상이 될 것이다. 기후변화에 관한 정부 간 협의체(IPCC) 6차 보고서에서는 온실가스 저감 추세가 지속되더라도 2021~2040년 중 지구 평균 온도가 1.5℃를 넘을 것이며, 2100년에는 3.3~5.7℃까지 상승할 것으로 전망했다. 지구 평균 온도가 1.5℃를 넘을 경우 극한 고온의 발생 빈도는 산업화 이전 대비 8.6배 증가할 것으로 예측했다.

극한 고온 발생 빈도(회)

※ IPCC 6차 보고서 SPM

- 1850~1900년: 1회
- 현재: 4.8회
- 1.5℃ 상승: 8.6회
- 2℃ 상승: 13.9회
- 4℃ 상승: 39.2회

기후변화와 팬데믹이라는 전 지구적 리스크의 공통점은 국경을 넘나들며 국적을 가리지 않고 사회·경제 전반에 확산되면서 곳곳에 영향을 미친다는 점이다. 또한 사회·경제적으로 취약한 사람, 즉 고령자와 저소득자 계층에 더 치명적이다. 바이러스가 존재하는 한 백신 개발 이전에는 언제 어디서나 집단 발병이 가능하며, 이는 사회 시스템을 마비시킬 수 있다. 마찬가지로 화석연료 사용으로 온실가스 배출이 계속되는 한 기후변화로 인한 리스크는 점차 심화될 것이다.

누구도 이 리스크에서 자유로울 수 없다. 또한 기후변화와 팬데믹은 일부 국가, 일부 지자체, 개인의 노력으로 해결할 수 없으며 모두가 함께 대응해야 한다는 공통점이 있다. 팬데믹과 기후변화는 현대 사회가 직면한 임계점이다. 이제는 삶의 방향을 완전히 바꿔서 안전하고 지속 가능한 사회로 나아가야 한다. 기후 안전 사회로 전환하려면 일관된 정책을 세우기 위해 노력해야 하며, 현재의 의사 결정이 미래 사회에 되돌릴 수 없는 영향을 미칠 수 있으므로 합리적 정책 결정이 요구된다.

이러한 감염병과 기후위기 극복이라는 현대사회의 리스크를 해결할 수 있는 구심점이 바로 '탄소중립'이다. 탄소중립이란 탄소 배출량과 흡수량이 균형을 이루어 순배출량이 '0'이 되는 것을 의미한다. 이는 탄소 흡수원을 확대하거나 탄소 배출을 줄이는 방법으로 달성할 수 있다. 2050년 탄소중립에 이르는 경로는 다양하다. 전환·수송·건물·산업 등 각 부문의 다양한 온실가스 저감 대책이 있으며, 산림, 탄소 포집·저장(CCS) 등 탄소 흡수를 위한 방안도 존재한다. 중요한 것은 이러한 탄소중립 방안을 빠른 시간 내에 정착시키는 것이다.

# 탄소중립에 동참하는 국제사회

2021년 1월, 기후변화 문제 해결과 적응을 위한 파리기후협약이 발효됐다. 전 세계는 지구의 평균온도 상승을 산업혁명 이전 대비 2℃ 이내(1.5℃ 이내)로 줄이기 위해 함께 노력할 것을 약속했다. 우리나라는 2020년 12월, 2050년 탄소중립을 향한 국가 비전을 선포했다. 미국, 중국, 유럽연합 등 각국 정부들도 온실가스 감축, 기후변화 적응 정책을 도입하며 기후 안전 사회로 전환하고자 노력하고 있다.

국제사회는 기후변화로 인한 부정적 영향을 최소화하고자 2015년 12월 유엔기후변화협약(UNFCCC) 당사국총회(COP21)에서 신기후체제(post-2020)의 기반이 되는 파리협정(Paris Agreement)을 채택하였다. 파리협정은 지구 평균온도의 상승을 2℃ 이하로 유지하며(1.5℃ 목표 달성 노력), 온실가스 감축, 기후변화 적응에 대한 투명성 강화를 명시하고 있다.

각국은 '국가별 기여 방안*'이라는 온실가스 감축 목표를 국제사회에 약속하고 이를 실천해야 한다. 또한 파리협정 당사국총회는 당사국이 제출한 국가 온실가스 감축 목표(NDC)가 목표에 부합하는지 검토하고 목표 달성을 위해 얼마만큼 더 노력해야 하는지 점검하기로 협의했다.

2100년 기온 상승을 2℃ 이하로 유지하려면 2050년까지 온실가스 순배출량을 '0'으로 만드는 탄소중립을 이행해야 한다. 전 세계 120개국이 '기후 목표 상향 동맹'에 참여해 2050년까지 탄소중립 달성을 약속하였다. EU는 2050년 탄소중립을 실현하기 위해 그린딜을 최우선 의제로 설정해 추진 중이며, 미국도 바이든 행정부에서 강화된 녹색전환정책을 추진하고 있다. 주요 글로벌 기업도 RE100(재생에너지 100% 사용)을 선언하며 탄소중립 이행을 준비 중이다.

2020년 12월 7일 발표된 우리 정부의 탄소중립 추진 전략은 적응적 감축에서 능동적 대응이라는 비전 아래 탄소중립, 경제성장, 삶의 질 향상을 동시 달성하는 것으로 목표로 하고 있다. 탄소중립 이행을 통한 지속가능발전(Sustainable Development)을 위해서는 사회·경제 전반에 걸친 전환적 접근이 필요하다. 에너지 수요 감축, 에너지 수요의 전력화, 전력 생산 탈탄소화, 산업 부문 에너지의 탈탄소화는 물론 국가 전체 시스템을 바꾸면서 탈탄소 사회로 전환해야 한다.

---

국가별 기여 방안(INDC)
Intended Nationally Determined Contributions
각 국가별 온실가스 감축 목표를 스스로 정해 국제사회에 약속하는 것.

탄소중립 이행 과정에서 발생하는 강력한 저항 중 하나는 비용이다. 각 국가들은 재생에너지로의 전환에 따른 에너지 가격 상승, 이로 인한 산업 경쟁력 악화 및 경제 손실을 우려하고 있다. 유럽, 미국 등 주요국은 탄소중립 이행 확산 및 자국의 산업 보호를 위해 일종의 무역 장벽인 탄소국경조정제도를 검토하고 있다. 유럽의회는 총 5개 부문에 대한 탄소국경조정제도 결의문을 채택하였다.

# 탄소중립,
# 안전한 사회로 나아가기 위한
# 첫걸음

원래 1997년 교토 의정서에서 채택했던 온실가스 저감 목표는 지구 평균기온을 2℃ 이내로 유지하는 것이었다. 하지만 2015년 파리기후협정에서는 이보다 강화된 1.5℃ 목표를 설정하였다. 이는 허용 가능한 기후변화 리스크를 고려한 결과였다. 단지 0.5℃ 차이에 불과하지만 실질적인 기후변화의 위험성은 다르게 다가온다. 1.5℃ 안정화는 2℃ 안정화에 비해 극한기후가 발생할 확률을 확연히 감소시킨다. 특히 멸종 위기종 보호, 극지방 생태계 보호, 해안 지역 홍수 등의 위험을 막으려면 1.5℃ 수준의 안정화가 필요하다.

그동안 우리나라를 비롯한 세계 각국은 기후위기를 맞아 온실가스 저감의 필요성에는 공감했지만 구체적인 목표 제시나 실천에는 다소 소극적이었다. 현재의 배출 추세를 유지할 경우(No Action 시나리오) 2100년 온도 상승은 4℃ 이상 진행될 것이며, 우리나라의 기후변화로 인한 피해 비용은 GDP의 약 4.2%에 이를 것으로 보인다. 하지만 탄소중립을 성공적으로 실현한다면 피해 비용은 GDP의 약 1.26% 수준으로 줄어들 것으로 예상된다. 탄소중립(1.5℃) 시나리오는 2℃ 시나리오와 비교해 2100년 기후변화 피해 및 누적 피해 비용 수준은 큰 차이가 없으나 극단적 대규모 피해가 발생할 확률은 약 74% 감소한다. 이는 기후변화 리스크의 피해 정도와 발생 확률을 고려했을 때 탄소중립 이행을 통한 선제적 온실가스 감축이 필요하다는 것을 의미한다.

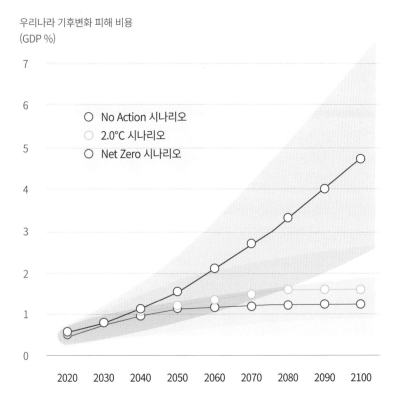

우리나라 기후변화 피해 비용
(GDP %)

코로나19로 인한 봉쇄조치 및 경제 둔화로 2020년 전 세계 온실가스 배출량이 감소하였다. 세계에너지기구에서는 팬데믹으로 인해 2020년 전 세계 에너지 수요가 전년 대비 약 6%, 온실가스 배출량은 약 8% 감소한 것으로 추정하였다. 즉, 팬데믹 이후 봉쇄 조치가 해제되고 경제성장률이 회복되면 온실가스 배출의 반등이 예상된다. 따라서 향후 경제 회복에 따른 온실가스 반등을 감안한 구조적 대응 전략이 필요하다.

코로나19 이후 경제 회복과 각국의 탈탄소 노력 정도에 따라 온실가스 배출의 정점이 결정될 것이다. 2030년 국가 온실가스 감축 목표(NDC) 달성과 배출 정점을 최대한 조속히 달성하고, 장기적 탄소중립 목표를 달성하기 위해 경제성장과 온실가스 배출을 완전히 분리시켜야 한다. 코로나19로 인한 생활양식의 변화, 그린뉴딜을 통한 산업구조 개편 등은 탄소중립의 중요한 분기점이 될 수 있다. 탄소중립 이행은 뉴노멀 시대의 감염병 및 기후위기에 대응하여 보다 안전한 사회로 나아가기 위한 첫걸음이 될 것이다.

팬데믹 이후 온실가스 배출의 반등이 예상됨.

온실가스 반등을 감안한 구조적 대응 전략이 필요

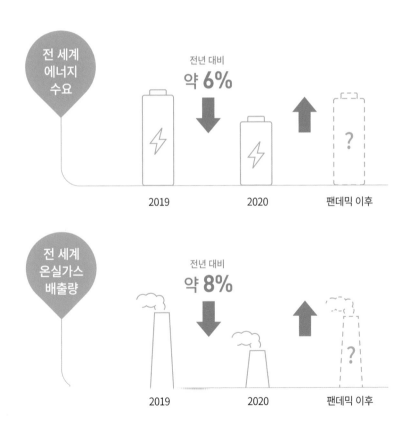

전 세계
에너지
수요

전년 대비
약 **6%**

2019    2020    팬데믹 이후

전 세계
온실가스
배출량

전년 대비
약 **8%**

2019    2020    팬데믹 이후

# 01

## 대한민국 탄소중립의
## 방향과 전략

# 대한민국 탄소중립의
# 방향과 전략

탄소중립의 방향성은 명확하다.

이산화탄소 배출량은 줄이고, 흡수량은 늘리는 것이다.

모든 전략은 이 원칙을 실현할 수 있는 방향으로 전개되어야 한다.

즉, 에너지 소비를 최대한 줄이면서 기존의 화석연료를 재생에너지로 전환해야 한다.

에너지 전환에도 불구하고 배출된 이산화탄소는 자연의 식물을 통해 흡수하거나

기술적으로 제거해야 한다. 우리나라의 이산화탄소 배출 현황을 점검하고,

2050 탄소중립 실현을 위한 주요 방법들을 살펴본다.

# NET ZERO 2050

# 2050 탄소중립 시나리오 최종안

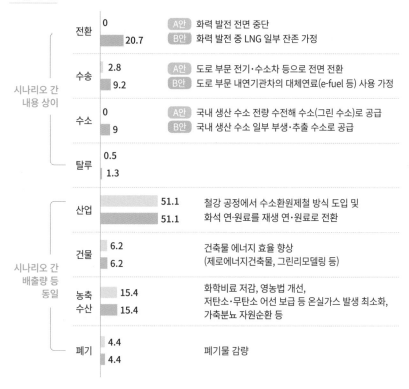

## 배출 부문

**시나리오 간 내용 상이**

| 전환 | 0<br>20.7 | A안 화력 발전 전면 중단<br>B안 화력 발전 중 LNG 일부 잔존 가정 |
|---|---|---|
| 수송 | 2.8<br>9.2 | A안 도로 부문 전기·수소차 등으로 전면 전환<br>B안 도로 부문 내연기관차의 대체연료(e-fuel 등) 사용 가정 |
| 수소 | 0<br>9 | A안 국내 생산 수소 전량 수전해 수소(그린 수소)로 공급<br>B안 국내 생산 수소 일부 부생·추출 수소로 공급 |
| 탈루 | 0.5<br>1.3 | |

**시나리오 간 배출량 등 동일**

| 산업 | 51.1<br>51.1 | 철강 공정에서 수소환원제철 방식 도입 및<br>화석 연·원료를 재생 연·원료로 전환 |
|---|---|---|
| 건물 | 6.2<br>6.2 | 건축물 에너지 효율 향상<br>(제로에너지건축물, 그린리모델링 등) |
| 농축<br>수산 | 15.4<br>15.4 | 화학비료 저감, 영농법 개선,<br>저탄소·무탄소 어선 보급 등 온실가스 발생 최소화,<br>가축분뇨 자원순환 등 |
| 폐기 | 4.4<br>4.4 | 폐기물 감량 |

## 흡수 및 제거 부문

| 이산화탄소 포집 및<br>활용·저장(CCUS) | -55.1<br>-84.6 | 이산화탄소 포집 및 저장·활용(CCUS)<br>기술 상용화 |
|---|---|---|
| 흡수원 | -25.3<br>-25.3 | 산림·해양·하천 등 흡수원 조성 |
| 직접공기포집<br>(DAC) | 0<br>7.4 | 포집 탄소는 차량용 대체 연료로 활용 가정 |

## 우리나라 온실가스
## 배출 현황

2018년 기준으로 우리나라 온실가스 배출량의 87%는 석탄·석유·가스 등 화석연료를 이용하는 과정에서 발생한다. 에너지 이용을 획기적으로 바꾸지 않고서는 탄소중립이 불가능한 것이다. 여기에서 미세먼지와 온실가스의 차이점이 드러난다. 미세먼지는 발생하더라도 필터나 다른 기술을 통해 사후에 제거하기가 쉽다. 하지만 이산화탄소는 경제성 등의 문제로 사후 제거가 어렵기 때문에 화석연료를 사용하는 만큼 그대로 배출될 수밖에 없다. 따라서 탄소중립 정책은 에너지 사용을 줄이면서, 필요한 에너지는 온실가스를 배출하지 않는 에너지로 공급하는 '에너지 전환' 정책에서 출발해야 한다.

에너지 이용 과정에서 발생하는 온실가스는 주로 이산화탄소다. 화석연료는 탄소를 함유하고 있으며, 연소하는 과정에서 이산화탄소

## 2018년 부문별 온실가스 배출량

※ 2020 국가온실가스인벤토리 보고서 및 내부자료(단위: 백만 톤)

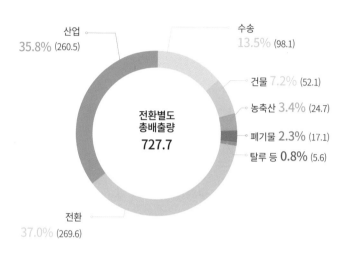

산업
35.8% (260.5)

수송
13.5% (98.1)

건물 7.2% (52.1)

농축산 3.4% (24.7)

폐기물 2.3% (17.1)

탈루 등 0.8% (5.6)

전환별도
총배출량
727.7

전환
37.0% (269.6)

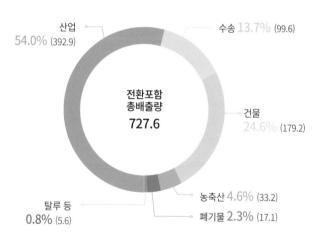

산업
54.0% (392.9)

수송 13.7% (99.6)

건물
24.6% (179.2)

전환포함
총배출량
727.6

농축산 4.6% (33.2)

폐기물 2.3% (17.1)

탈루 등
0.8% (5.6)

로 변환된다. 뿐만 아니라 이산화탄소는 일부 산업의 공정에서도 발생하는데, 시멘트 공장에서 석회석을 가공할 때 발생하는 이산화탄소가 대표적이다. 2018년 우리나라 온실가스 배출량의 91.4%는 이산화탄소였으나 그밖에 다른 온실가스도 무시할 수 없다. 메탄($CH_4$)과 아산화질소($N_2O$)는 농축산 활동과 폐기물 매립지에서, 수소불화탄소(HFCs) 등의 온실가스는 산업 공정에서 주로 발생한다. 따라서 모든 온실가스의 감축과 탄소중립을 위해서는 에너지 전환을 넘어, 다른 감축기술과 방법이 요구된다.

온실가스 배출을 배출원별로 나누어 살펴보면, 대부분의 온실가스는 전기나 열을 생산하는 전환 부문과 산업 부문에서 배출된다. 전환 부문은 약 2억 7,000만 톤, 산업 부문은 약 2억 6,000만 톤을 배출하며, 전체 배출량의 4분의 3을 차지한다. 수송 부문은 1억 톤, 건물 부문은 5,000만 톤이 배출되며, 폐기물 처리와 농축산에서 각각 2,500만 톤, 1,700만 톤이 배출된다. 각 부문에서 전기나 열을 사용함으로써 간접적으로 배출하는 것까지 포함하면, 산업 부문이 약 3억 9,000만 톤(54.0%), 건물 부문이 약 1억 8,000만 톤(24.6%)을 배출한다. 아직 전기차 보급이 낮은 수준이라 수송 부문의 전기 사용은 미미하고, 대부분의 전기 사용이 산업 부문과, 건물 부문(냉난방, 전기 제품 사용)에 집중되어 있기 때문이다. 산림 부문이 흡수하는 연간 이산화탄소량은 약 4,560만 톤이다. 하지만 토지 이용 변화에 따른 배출량 430만 톤을 차감하면, 순흡수량은 4,130만 톤이다. 이러한 흡수원까지 고려하면 2018년 온실가스 순배출량은 6억 8,600만 톤이 된다.

대부분의 선진국이 1990년에서 2000년대 초반 사이 온실가스 배출량 최대치를 기록한 이후 감소 추세를 보이는 데 반해, 우리나라의 온실가스 배출량은 지속적으로 증가했다. 유럽 국가들은 이미 1990년 이전에, 미국은 2000년대 초반, 일본은 2013년에 최대 배출량을 기록한 반면 우리나라가 배출 정점을 기록한 해는 2018년이다. 우리나라는 지난 60년 동안 산업화를 통해 경제 규모 세계 10위권으로 성장했다. 하지만 우리의 산업화는 에너지와 자원에 의존하는 산업화였다. 우리나라는 제조업 비중이 다른 국가들에 비해 높고, 특히 철강, 석유화학 등 온실가스 과다 배출 업종의 비중도 높다. 뿐만 아니라 1인당 온실가스 배출량이 주요국 대비 미국 다음으로 높으며, 온실가스 배출 효율을 나타내는 GDP당 온실가스 배출량은 OECD 회원국 중 최고 수준이다.

국가별 GDP당 온실가스 순배출량 추이

※ World Resources Institute, 2021(단위: $tCO_2e$/백만달러)

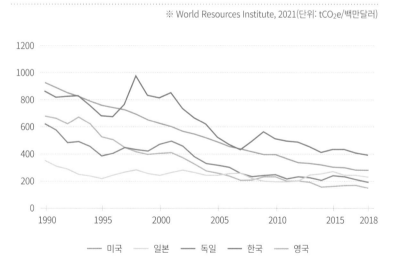

## 탄소중립을 위한
## 방향과 전략

탄소중립은 에너지 전환이 이뤄지지 않으면 불가능하다. 즉 에너지 소비를 최대한 줄이고 기존의 화석연료를 재생에너지로 대체해야 하며, 화석연료를 원료로 이용하는 경우에는 이산화탄소를 배출하지 않는 원료로 대체해야 한다. 이러한 에너지 전환 이후에도 불가피하게 배출된 온실가스는 식물 등을 통해 흡수하거나 제거해야 한다. 온실가스 순배출량은 에너지 소비량, 총 배출량/에너지 소비량, 순배출량/총 배출량을 곱한 것이다. 따라서 순배출량을 줄이기 위해서는 에너지 소비를 줄이고, 무탄소 에너지의 공급을 확대하면서, 온실가스 흡수 및 제거량을 증대시켜야 한다.

탄소중립의 방향

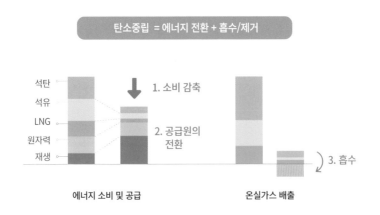

## 에너지 소비 줄이기

탄소중립을 실현하려면 에너지를 이용하는 모든 부문(산업, 건물, 수송 등)에서 절약이나 효율 개선을 통해 사용량을 최대한 줄여야 한다. 에너지 사용량은 에너지 이용 수준과 이용 효율의 곱으로 계산된다. 예를 들어, 자동차 이용에 따른 에너지 사용량은 '주행거리×연비'로 계산할 수 있다. 따라서 자동차의 에너지 사용량을 줄이기 위해서는 주행거리를 줄이거나 연비를 개선해야 한다.

사용자가 에너지를 적게 쓰도록 하려면 에너지 소비를 줄이는 것이 경제적으로 이익이 되도록 정책을 설계할 필요가 있으며, 이런 정책을 통칭하여 수요 관리 정책이라고 한다. 에너지 가격이 높을수록 소비량을 줄이면 이익이 된다. 따라서 일반적으로 가격 정책이 가장 효과적인 수요 관리 정책이 된다.

탄소중립을 위한 에너지 가격 정책의 핵심은 탄소 가격제(Carbon Pricing)다. 탄소 가격제는 온실가스로 인한 사회적 피해 손실 비용을 에너지 가격에 포함시키는 정책으로, 배출권거래제와 탄소세가 대표적이다. 우리나라는 명시적인 탄소세는 없고, 2015년부터 '총량 제한 배출권거래제'를 시행하고 있다. 이 제도는 일정 규모 이상의 온실가스를 배출하는 업체에 대해 특정 기간(3~5년) 동안 배출할 수 있는 허용량을 설정하고, 배출량을 허용량 이내로 줄이도록 규제한다. 허용량 이상으로 배출할 경우 부족한 배출권을 배출권 시장에서 구매해야 하며, 반대로 허용량 이내로 온실가스를 배출하는 업체는 잉여 배출권을 시장에 판매하여 수익을 얻을 수 있다.

2021년부터 배출권 할당량의 10%는 경매를 통해 유상 할당(배출권을 돈을 받고 판매)하고, 나머지는 무상으로 배분된다. 다만, 대상 기업의 국제 경쟁력 보호를 위해 무역 집약도가 높고 배출권 비용이 생산비에서 차지하는 비중이 높은 업종은 100% 무상 할당하고 있으며, 실질적으로 발전 부문을 제외한 주요 배출 업체는 모두 무상으로 할당되고 있다.

2030년 온실가스 감축 목표 상향, 2050년 탄소중립 달성을 위해서는 배출권거래제의 강화가 요구된다. 탄소중립 목표와 상향된 2030년 감축 목표의 달성을 위해서는 목표에 맞춰 할당량을 줄이고, 유상 할당 비중을 높여 탄소 배출에 따른 비용이 제품의 원가에 반영되도록 해야 한다. 온실가스를 적게 배출한 제품이 시장에서 경쟁력을 가질 때, 기업들의 경쟁이 촉진되고 온실가스 감축을 더 가속화할 수 있을 것이다.

에너지 소비를 줄이는 또 다른 정책은 에너지 이용 기기의 효율을 규제하는 것이다. 주로 기기의 최저 효율을 정하거나, 효율 등급을 부여하여 소비자에게 에너지 효율이 높은 제품을 구매하도록 유도한다. 가전제품 등 에너지 이용 기기의 최저 효율을 규제하는 정책을 통해 효율이 나쁜 제품을 시장에서 퇴출하고, 에너지 이용 효율을 전반적으로 개선할 수 있다. 특히 수명이 긴 건물이나 자동차는 한 번 만들어진 이후 오랫동안 효율 개선이 불가능하므로, 효율 규제를 보다 적극적으로 적용해야 한다. 건물의 경우, 2020년부터 연면적 1,000㎡ 이상의 신규 공공건축물에 대해 최소 제로에너지건물 5등급(에너지 수요의 20~40%를 자체 생산)을 충족하도록 하는 제로에너지건물 규제를 시행하고 있다. 다만 대상이 제한적이고 규제 강도가 낮다. 따라서 민간 건축물에 대해서도 규제를 확대하고, 규제 강도 역시 높일 필요가 있다. 자동차 효율 규제는 일정 규모 이상의 자동차 판매사를 대상으로 한다. 기업이 판매하는 자동차의 평균 연비나 평균 온실가스 배출량이 연도별로 정해진 규제 수준을 초과할 경우 과징금을 부과하는 '평균 연비·온실가스 규제'를 시행 중이다. 이 또한 규제 강도가 상대적으로 낮고 승용차만을 대상으로 한다. 따라서 규제 강도를 보다 강화하고 화물차에도 확대 적용해야 할 것이다.

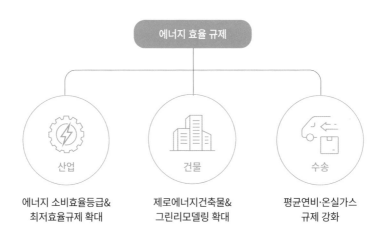

## 전력화 및 재생에너지 확대

탄소중립을 위해서는 화석연료 사용을 중단하고 태양광, 풍력과 같은 재생에너지로 에너지를 공급해야 한다. 이들 에너지원은 열이나 연료보다는 전기 형태로 이용되므로 에너지 이용 형태의 전력화가 필수적이다. 예를 들어 도시가스로 난방을 하는 경우 이산화탄소 배출이 불가피하나, 재생에너지로 생산된 전기로 난방을 하는 경우 온실가스가 배출되지 않는다. 특히 수송 부문에서 내연기관은 전기차에 비해 에너지 효율이 매우 낮기 때문에 전력화 자체가 에너지 사용량을 직접 줄일 수 있다.

우리나라 재생에너지 발전량은 OECD 회원국 중 최저 수준이다. 태양광·풍력은 원자력이나 화석연료에 비해 에너지 밀도가 낮아 상대적으로 많은 설치 면적이 필요하다. 하지만 기후위기를 고려하지 않은 현재의 토지 이용 규제 하에서는 설치 장소를 충분히 확보할 수 없다. 환경·산림·농지·수산·국방 등 다양한 분야의 규제를 재검토하여 기후위기 시대에 적합한 새로운 토지 이용 모델을 확립하고 규제를 재정립할 필요가 있다. 또한 재생에너지 사업자가 사업 시행의 모든 단계에서 도움받을 수 있도록 원스톱 서비스를 제공해야 한다. 마을 태양광, 영농형 태양광 등 주민 주도 사업을 지원하고, 일정 규모 이상의 사업에는 주민 참여 기회를 제공하여 재생에너지의 주민 수용성을 높여야 할 것이다. 대규모 사업의 경우에는 정부가 발전 사업 부지를 지역 주민과 먼저 협의하고, 이후 사업자를 공모하는 계획 입지 제도를 도입해야 하며, 재생에너지를 전력망에 연결하기 위한 송배전망도 확충할 필요가 있다.

## 고탄소 산업 에너지 전환과 순환경제

철강, 석유화학, 시멘트 업종은 우리나라 온실가스 배출량의 30% 이상을 차지한다. 하지만 이들 업종은 석유나 석탄을 에너지가 아닌 원료로 이용하거나 공정에서 온실가스를 배출한다. 따라서 태양광과 풍력은 이러한 산업에서 배출되는 온실가스 감축의 대안이 될 수 없으며, 탄소 포집·저장·활용(CCUS)를 통해 사후 처리하거나 원료 자체를 대체해야 한다.

우리나라 철강의 약 70%는 철광석을 원료로 하는 고로 방식, 30%는 고철을 원료로 하는 전기로 방식을 활용하여 생산된다. 전기로 방식의 경우 재생에너지로 만든 전기를 사용해 탄소중립을 달성할 수 있다. 하지만 고로 방식에 사용되는 석탄은 철광석을 녹이기 위한 '연료'로 사용될 뿐만 아니라, 자연 상태의 철광석에 붙어 있는 산소를 제거(환원)하기 위한 '원료'로도 사용된다. 이때 석탄의 탄소(C)와 철광석에 붙어 있는 산소(O)가 결합하여 이산화탄소($CO_2$)가 생성된다. 따라서 통상적인 '전력화+재생에너지' 전략을 통해 탄소중립을 달성할 수 없다. 최근에는 철광석의 산소를 제거할 때 수소(H)를 투입하여 이산화탄소 대신 물($H_2O$)만 배출하게 하는 '수소환원제철' 기술이 대두되고 있다. 현재 기술 개발의 초기 단계로 실증 및 사업화를 위해서는 대규모 연구 개발 및 정부 지원이 필요하며, 기술 개발이 완료되더라도 막대한 양의 수소가 필요하다. 따라서 수소 생산을 위한 재생에너지 생산량 역시 대폭 증가되어야 한다.

석유화학 산업에서는 연료 및 전기 사용에 따라 온실가스가 배출될 뿐만 아니라, 핵심 원료인 나프타의 분해 과정에서도 이산화탄소가 다량 배출된다. 나프타는 원유 정제 과정에서 나오는 생산물이며, 나프타를 분해하여 화학물질을 만드는 과정에서 나프타에 함유된 이산화탄소의 약 4분의 1이 공기 중으로 배출된다. 따라서 석유화학 산업이 탄소중립을 달성하기 위해서는 열원으로 사용되는 에너지를 재생에너지 전력으로 전환하되, 원료인 나프타를 대체해야 한다. 현재 논의되고 있는 대안은 원유를 정제하는 대신 바이오매스를 활용해서 만드는 방식(바이오나프타)과 탄소(주로 CCS를 통해 포집한 이산화탄소)와 수소(재생에너지 전력으로 물을 전기 분해해서 생산한 그린 수소)를 직접 결합하여 화학물질을 만드는 방식이다. 전자는 우리나라 바이오매스 잠재량이 부족하다는 점, 후자는 기술 개발의 초기 단계라 비용이 매우 높다는 점이 걸림돌이며, 문제 해결을 위해 대규모 연구 개발이 필요한 상황이다.

시멘트 산업의 경우, 연료 이용보다는 공정에서 온실가스가 더 많이 배출된다. 시멘트의 중간 제품인 클링커 소성 공정에서 시멘트 산업 배출량의 88%가 배출되며, 이 중 공정 배출이 63%, 연료 사용에 따른 직접 배출이 33%를 차지한다. 공정 배출은 시멘트 원료인 석회석의 가공 과정에서 석회석에 붙어 있는 탄소와 산소가 분리·결합해 발생하므로 현재 시멘트 생산 방식에서는 불가피한 배출이다. 현재 논의되고 있는 대안은 열원의 경우 재생에너지 전력으로 전환하고, 공정 배출은 석회석 이외의 다른 부자재 사용 비중을 높이는 한편, 불가피하게 배출되는 이산화탄소는 포집하여 저장하거나 이용(CCUS)하는 방안이다. 건축자재용으로 활용되는 시멘트의 경우 목재로 대체하거나 고강도 시멘트 개발 및 사용을 통해 시멘트 사용량을 줄이는 방안도 필요하다.

    에너지 다소비 산업인 철강, 석유화학, 시멘트 산업들은 모두 소재 산업이며, 기존의 에너지 전환 전략, 특히 '전력화+재생에너지' 전략을 통해 탄소중립을 달성하기 어렵다는 점에서 신규 자원 이용을 줄이는 순환경제 전략이 중요한 분야다. 순환경제는 기존 산업사회의 생산·소비 방식인 '선형경제'에 대한 비판 및 대안으로 등장했다. 선형경제는 '자원의 대량 채굴 → 대량 생산 → 대량 소비 → 폐기'로 이어지면서 천연자원의 소비 증가와 폐기물 문제를 야기한다. 순환경제는 폐기되는 자원을 최소화하여 경제를 운용하는 방식으로, 자원과 제품을 절약하고 재이용·재활용하는 경제 시스템이다. 탄소중립을 달성하는 방안으로 순환경제는 기존의 자원순환 관점을 넘어 새로운 패러다임을 요구한다. 자원순환이 기존의 폐기물을 자원으로 재활용하는 점에서 경제 흐름의 순환성 및 완결성을 강조한다면, 탄소중립 전략으로서의 순환경제는 순환되는 자원의 속도와 양을 줄이는 것까지 포함된다. 즉 재이용·재활용 정책을 넘어, 제품의 수명 연장을 통한 오래 쓰기, 안 사기 등 기존 대량 생산 체제의 근본적인 수정을 의미한다. 순환경제 정책은 생활 방식과 소비 양식의 변화를 요구한다는 점에서 기술적 대안을 넘어 시민들의 인식과 행동을 바꾸는 사회적 대안이기도 하다.

### 탄소 흡수 및 제거 방안

식물은 광합성을 통해 이산화탄소를 흡수하며, 이는 현재까지 개발된 어떤 기술보다 친환경적이고 비용 대비 제거 효과가 높다. 우리나라는 국토 면적의 63%가 산림으로, 70~80년대 대규모 녹화 사업으로 산림의 이산화탄소 흡수량은 2000년까지 지속적으로 증가하였다. 하지만 이후에는 산림의 노령화와 산지전용으로 점차 감소하고 있다. 2018년 산림 등을 통해 흡수된 이산화탄소는 4,130만 톤으로 2010년 5,840만 톤에 비해 크게 감소하였고, 향후에도 노령화 및 도시화가 진행됨에 따라 2050년에는 탄소 흡수량이 현재의 30% 수준으로 하락할 전망이다. 흡수원의 감소 속도를 늦추기 위해서는 도시 숲, 훼손 녹지 복원, 유휴 토지 조림 등 신규 조림과 재조림을 통해 탄소 흡수원을 확대하고, 수종 갱신, 숲 가꾸기 등 산림의 탄소 흡수 능력을 최대화하는 노력이 필요하다. 또한 연안 습지 등 산림 외 다른 탄소 흡수 수단도 최대한 활용해야 한다.

한편 일부 불가피하게 배출되는 온실가스 배출량을 중립으로 만들기 위해서는 흡수원 이외에도 마이너스 배출 기술이 필요하다. 마이너스 배출 기술에는 CCS와 결합한 바이오에너지(BECCS, Bioenergy with CCS), 대기 중 직접 포집(DAC, Direct Air Capture)이 있다. 목재, 미세조류 등의 바이오매스는 성장하면서 흡수한 탄소가 에너지로 이용 시 배출된다. 공장 굴뚝에서 배출되는 이산화탄소를 포집하여 저장하거나 이용하는 것이 CCUS라면, DAC는 대기 중의 이산화탄소를 포집하여 저장하거나 이용하는 것이다. 즉 대기 중의 이산화탄소를 제거하여 마이너스 배출을 실현한다. DAC는 기술 개발 초기 단계로 현재는 비용이 매우 높지만, 다른 감축 수단이 어려울 경우를 대비해 연구 개발을 진행할 필요가 있다.

## 대한민국의 미래를 그리다: 2050 탄소중립 시나리오

시나리오는 확실한 미래가 아니라, 미래에 일어날 수도 있는 행동이나 사건을 기술하는 것이다. 탄소중립 시나리오는 탄소중립이 실현되었을 때의 미래상을 그린 것이다. 이는 탄소중립을 달성하는 부문별 온실가스 배출량/흡수량, 그리고 이를 위한 기술과 정책 수단까지 포함한다. 부문과 배출원을 얼마나 상세하게 나눌 것인가에 따라 구체성이 달라지며, 시간의 흐름을 포함하는 경로(Pathway)로 표시되기도 한다. 중요한 것은 탄소중립 시나리오가 목표(Target)가 아닌 미래상(Image)이라는 점이다. 2050년은 30년 뒤이고, 그때까지 기술 발전이 어떻게 진행될지 불확실하기 때문에 30년 뒤의 목표를 설정하는 것은 불가능하다. 다만 개별기술의 실현 가능성과 사람들의 행동 변화에 따라 다양한 시나리오를 그려볼 수는 있다. 발표되는 시나리오 역시 단일 시나리오가 아닌 대부분 복수의 시나리오인 것도 이런 이유 때문이다.

이제 정부가 발표한 탄소중립 시나리오를 살펴보자. 이 시나리오는 앞에서 언급한 탄소중립의 방향을 좀 더 구체적으로 그려본 것이라고 할 수 있다.

첫 번째 시나리오(A안)는 온실가스 배출량을 최소화하는 안이다. 특히 화석연료 발전을 전면 중단해 전환 부문의 온실가스 배출이 없다. 그 외 수송, 수소 부문에서도 온실가스 배출을 최소화하는 것을 상정하였다. 일부 남아 있는 배출량에 대해서는 산림 등 흡수원과 CCUS 능 제거 기술을 통해 흡수·제거하여 최종 순배출량은 '0'이 되는 것으로 가정하였다.

두 번째 시나리오(B안)는 A안보다 온실가스 배출량이 많은 2050년을 상정하였다(약 1억 1,1730만 톤). A안과 마찬가지로 석탄 발전은 중단되었으나 유연성 전원 용도로 LNG 발전은 일부 유지되는 것을 가정하였다. 또한 수송 부문에서는 대체 연료(e-fuel 등) 개발이 이루어져 내연기관차도 일부 남아 있다. 다만 B안은 CCUS 등의 흡수·제거 기술이 충분히 발전하여 최종 순배출량은 A안과 마찬가지로 '0'이 될 것으로 보았다.

우리나라 2050 탄소중립 시나리오

※ 2050 탄소중립위원회, 2021, 2050 탄소중립시나리오(단위: 백만 톤)

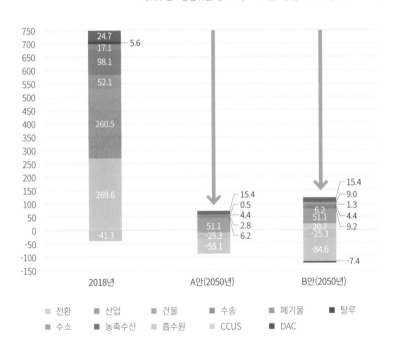

## 배출 부문

배출 부문의 탄소중립 시나리오는 크게 전환, 수송, 수소, 산업, 건물, 농축수산, 폐기물 등으로 구분할 수 있다. 이 중 전환, 수송, 수소 부문은 두 시나리오의 내용이 상이하며, 나머지 산업, 건물, 농축수산, 폐기물 부문은 시나리오 간 배출량 등이 동일하다.

전환 부문에서 2050년 탄소중립을 달성하기 위해서는 화석연료(석탄, LNG)를 사용하는 발전을 최소화해야 한다. A안과 B안 모두 2050년 이전에 석탄 발전이 중단되는 것을 공통으로 한다. 다만 A안의 경우 LNG 발전까지 완전 중단, B안의 경우 유연성 전원 활용 등을 위해 LNG 발전은 일부 남아 있는 상황을 상정하였다. 원자력 발전은 점진적으로 감소하나, 2050년에도 일정 수준은 유지된다. 화석연료 발전을 완전히 중단하는 A안에 따르면 2050년에는 온실가스 배출이 없을 것이며, 일부 LNG 발전 잔존을 가정하는 B안에 따르면 2,070만 톤의 온실가스가 배출될 것이다.

수송 부문에서 A안은 대부분의 차량이 전기·수소차 등 온실가스를 배출하지 않는 무공해 차로 전환되고, 특수 용도의 최소한의 내연기관차만 운행되는 상황을 가정하였다. B안은 전기·수소차의 비중이 높아지나 현재와 같이 여전히 내연기관차도 일부 남아 있는 상황을 가정하였다. 다만 잔여 내연기관차는 e-fuel 등 대체 연료를 사용한다는 전제 조건에 기반하고 있다. 2050년 수송 부문 에너지 수요는 전력화를 통한 에너지 효율 개선 효과로 상당 부분 감소할 것으로 전망된다. 화석연료 사용량은 감소하고, 전력 및 수소는 확대될 것이다. 이에 따라 2050년 수송 부문 온실가스 배출량은 2018년 9,810만 톤 대비 97.1%(A안) 또는 90.6%(B안)가 감축된 280만 톤(A안) 또는 920만 톤(B안)이 될 것이다.

탄소중립 시대의 수소는 원칙적으로 재생에너지 전기를 활용하여 생산한 수전해 수소(그린 수소)로 공급되어야 한다. 현재 전망으로는 수소 수요를 감당할 만큼 국내 재생에너지 여건이 충분하지 않아 80% 이상의 수소는 외국에서 수입하는 것으로 가정하였다. 다만 에너지 효율의 추가 개선을 통해 수소 수요를 줄이고, 규제 혁신과 기술 개발을 통해서 수전해 수소(그린 수소)의 국내 생산을 대폭 확대할 수 있을 것이다. A안과 B안의 차이는 추출 수소 및 부생 수소 유무다. A안은 국내 생산 수소의 전량이 그린 수소이고, B안은 현재 일부 활용하고 있는 추출 수소와 부생 수소도 계속해서 이용하는 것으로 가정하였다. 따라서 A안은 온실가스가 배출되지 않지만, B안은 LNG에서 수소를 추출하는 과정에서 LNG에 포함된 탄소로 인해 900만 톤의 온실가스 배출이 전망된다.

산업 부문 탄소중립 시나리오는 단일 시나리오로 산업 부문 감축의 어려움을 나타낸다. 2050년 산업 부문 에너지 수요는 1억 3,930만 톤으로, 2018년 1억 4,870만 톤과 유사할 것으로 전망된다. 산업 부문 에너지 소비 감축률이 크지 않은 이유는 에너지의 상당 부문이 연료가 아니라 원료로 사용되고 있으며, 지속적인 경제성장 및 에너지 다소비 산업구조를 유지할 것으로 전망되기 때문이다. 산업구조의 획기적 변화를 가정한다면, 산업 부문 에너지 수요는 현재의 시나리오에 비해 대폭 감소할 것이다. 탄소중립 이행 과정에서 산업 부문의 최종 에너지원 중 석유·석탄·도시가스의 상당 부분이 온실가스를 배출하지 않는 전력으로 대체되며, 산업 부문의 2050년 전체 온실가스 배출량은 2018년 2억 6,000만 톤 대비 80.4% 감소한 5,110만 톤으로 전망된다(직접 배출: 2,560만 톤, 공정 배출: 2,550만 톤).

2050년 건물 부문 에너지 수요는 건축물 에너지 효율 향상, 고효율기기 보급 등을 통해 2018년 소비량 4,690만 톤 대비 약 23% 감소한 3,600만 톤 수준이 된다. 2050년까지 신규 건축물은 제로에너지건축물(ZEB) 1등급 100%, 기존 건축물은 그린리모델링 에너지효율등급을 가정 1++ 등급, 상업 1+ 등급으로 100% 이행하여 2018년 대비 냉난방 에너지 사용 효율을 30% 이상 개선해야 한다. 연료전지 및 발전소 폐열 등 추가적인 탄소 배출이 없는 열에너지를 적극적으로 활용하고, 지역난방 공급을 청정 열에너지로 전환해야 한다. 아울러, 남는 잔여 화석연료 사용량도 상당 부분 전기로 대체할 필요가 있다. 2050년 건물 부문 온실가스 배출량은 2018년 5,210만 톤 대비 88.1% 감소한 620만 톤이 될 것으로 전망된다.

농축수산 부문 온실가스 배출량의 50% 이상은 농작물 재배, 가축 사용 등 농업 생산과정에서 발생하는 메탄과 아산화질소이다. 따라서 화학비료 저감, 친환경 농법 시행 확대 등을 통해 영농법을 개선하고, 저메탄·저단백질 사료 보급을 확대하며, 가축 분뇨의 메탄을 에너지로 회수하는 사업이 필요하다. 이 경우 2050년 농축수산 부문 온실가스 배출량은 2018년 2,470만 톤 대비 37.7% 감소한 1,540만 톤이 될 것으로 전망된다.

폐기물 부문은 2018년 1,710만 톤의 온실가스를 배출하였고, 대부분은 매립지에서 나오는 메탄과 소각장에서 나오는 이산화탄소이다.

폐기물 부문의 온실가스를 줄이기 위해서는 매립과 소각 처리량을 최소화하거나, 매립장에서 나오는 메탄을 회수하여 에너지로 활용해야 한다. 일회용품 사용 제한, 음식물 쓰레기 감축, 재생원료 사용 의무화 등으로 폐기물 감량 및 재활용을 촉진하여 온실가스를 발생시키는 폐기물의 소각과 매립량을 최소화해야 한다. 최종 처리 단계에는 바이오 소재로 전환할 필요가 있다. 2050년에는 플라스틱의 47%를 바이오 플라스틱으로 대체 가능할 것으로 기대된다. 2050년 폐기물 부문 온실가스 배출량은 2018년 대비 74% 감소한 440만 톤이 될 전망이다.

### 흡수 및 제거 부문

산림은 가장 효과적인 흡수원이다. 따라서 숲 가꾸기 및 신규 조림 확대 등 강화된 산림 대책이 필요하다. 만일 산림 대책이 강화되고 해양·하천·댐 등 흡수원을 최대로 활용한다면, 2050년 우리나라 온실가스 흡수량은 최대 2,530만 톤까지 확보 가능할 것으로 보인다. 세부 부문별로 나눈다면, 산림 분야는 강화된 산림 대책, 장수명 목재 이용 확대 및 재해 피해(배출) 감축 등을 통해 총 2,360만 톤의 흡수가 가능할 것으로 보인다. 그리고 댐·해양·습지 등 기타 분야에서 160만 톤의 추가 흡수가 가능할 것으로 전망된다.

탄소 제거 부문에는 이산화탄소 포집 및 저장(CCS) 기술을 통해 연간 최대 6,000만 톤의 온실가스를 처리할 수 있을 것으로 예상된다. 다만 A안에서 탄소중립을 위해 실제 필요한 저장량은 연간 3,880만 톤, B안은 5,960만 톤이다. 한반도 주변 해저 지층 등을 분석한 결과, 국내 저장 가능 규모는 약 10억 톤 내외로 예상된다. 이를 기초로 2050년에는 연간 최대 3,000만 톤의 온실가스를 국내 저장소에 처리할 수 있을 것으로 전망하였다. 국외 저장은 정부와 기업의 적극적 노력을 전제로, 연간 3천만 톤의 저장소를 확보할 수 있을 것으로 가정하였다. 탄소 포집 및 이용(CCU) 기술을 통해서는 2050년 연간 2,518만 톤의 온실가스를 처리할 수 있을 것으로 전망된다. 다만, A안에서 탄소중립을 위해 실제 필요한 온실가스 처리량은 1,630만 톤이며, B안은 2,500만 톤이다.

# 02

## 탄소 배출 없는
## 전기에너지

# 탄소 배출 없는
# 전기에너지

전기는 우리 삶에서 가장 중요한 에너지라고 할 수 있다.

모든 생활에 전기에너지가 연결되어 있으며, 우리가 배출하는 온실가스 중

많은 부분도 전기를 생산하는 과정에서 만들어진다.

탄소중립은 전기에너지를 탄소 배출 없이 충분하게 확보할 수 있느냐에 달려 있다.

탄소 배출 없는 전력 생산은 어떻게 가능한지, 그리고 이를 가로막는

현실적인 문제들은 어떤 것들이 있으며,

정책적으로 보완하는 방법은 무엇인지 살펴본다.

## 전기에너지

**1839**
프랑스 에드먼드 베크렐,
태양광 활용 방법 발견

**1883**
미국 찰스 프리츠
태양전지 발명

**1888**
미국, 세계 최초의
풍력발전기 탄생

**1956**
영국 콜더홀 원전
세계 최초 가동

**1953**
미국 벨연구소에서
실리콘 소재 태양전지 발명
(상업화 시작)

**1941**
미국, 세계 최초 MW급
풍력발전기 가동

**1986**
우크라이나 체르노빌
원전 사고

**1991**
덴마크, 세계 최초의
해상풍력발전단지 가동

**2011**
후쿠시마 원전 사고

태양광

육상풍력

해상풍력

수소연료전지

탄소 배출 없는
신재생에너지

해양

지열

바이오매스

수력

**2013**
독일, 에너지 효율 44.7%
태양열 전지 개발

**2019**
고리 1호기
원전 영구 정지

**2021**
전기요금에
기후환경요금 신설

## 전기, 세상을 움직이는
## 가장 강력한 에너지

일상에서 가장 친숙한 에너지는 전기다. 아침에 눈을 뜨면 각종 스위치를 켜고, 휴대전화를 확인하며, 냉장고 문을 연다. 도시에서는 수많은 사람이 엘리베이터, 에스컬레이터, 전철 등을 이용해서 출근한다. 대부분 일터는 전기가 없으면 제대로 돌아가지 않는다. 조명, 전기 제품, 모터 등을 움직여야 일을 할 수 있는 세상이다. 전기는 깨끗하고 편리할 뿐만 아니라 다양한 제품을 정교하게 움직일 수 있다. 우리는 버튼을 누르는 것만으로도 편리하게 제품을 사용하고 다양한 장비를 제어할 수 있다. 땔감이나 석탄을 태우거나 석유를 연소하는 것에 비해 얼마나 편리하고 깨끗한가?

전기는 19세기 말부터 상업적으로 이용되었고, 20세기를 특징짓는 에너지가 되었다. 전기가 없으면 현대사회는 빛을 잃고 작동을 멈출 것이다. 그래서 전력화는 오래전부터 산업화·현대화의 척도로 간주되었다. 블라디미르 레닌은 "공산주의는 사회주의 권력에 전력화를 더한 것"이라며 전력화에 집착하였다. 야간에 한반도를 찍은 인공위성 사진은 빛의 밝기만큼이나 남북한의 경제력 차이를 극명하게 보여준다.

이렇듯 전기는 오늘날 세상을 움직이는 가장 강력한 에너지이며, 우리는 전력을 생산하기 위해 막대한 양의 온실가스를 배출한다. 온실가스 순배출 제로 사회는 대부분의 에너지를 무탄소 에너지로 공급하는 것은 물론이고 전기에너지의 비중도 높아질 것으로 전망한다. 물론 전기에너지 역시 무탄소 전원으로 만들어내야 한다. 무탄소 전원으로는 태양광·풍력 등 재생에너지 발전과 원자력 발전이 대표적이다. 온실가스 배출의 주범으로 몰리는 화력 발전도 탄소 포집·저장 기술을 갖춘다면 탄소 배출을 최소화할 수 있다. 각 기술은 장단점이 명확하며, 탄소중립을 위해 극복해야 할 과제도 제각각 다르다.

현재 온실가스 감축 기여도가 가장 높은 것은 재생에너지다. 경제성이 확보되고 산업 생태계가 강화되면서 태양광, 풍력 등 재생에너지 비중이 빠르게 증가하고 있다. 약점으로 지적되는 변동성 문제는 전력저장장치, 섹터 커플링, 디지털화, 네트워크, 인공지능과 융합하면서 해결될 것이다. 전력 공급을 완전히 재생에너지로 해결하기 위한 조건과 과제를 짚어보자.

전 세계
전력 생산·소비 현황

## 전력 생산 비중과 발전량

대부분의 시민은 전기가 어디서, 어떻게 생산되는지 크게 관심이 없다. 발전소를 접할 일도 드물다. 화력·원자력·수력발전소는 대개 인구가 적은 바닷가나 산지에 위치하며 일반인의 출입을 통제하기 때문이다. 하지만 태양광 설비가 곳곳에 세워지고 일부 지역에 풍력 단지가 가동되면서 이제 '발전'은 생활의 일부가 되었다. 발전소 반대 민원도 일부 지역에 국한되지 않고, 전국으로 확산되었다.

2019년 기준으로 전 세계 에너지 관련 이산화탄소 배출량은 약 330억 톤이다. 이 중 발전 부문이 40%를 차지하는데, 대부분이 화력발전소에서 배출된다. 결국 전력 생산 과정에서 온실가스 배출량을 줄인다는 것은 화력 발전을 무탄소 전원으로 대체하는 것을 의미한다. 기후위기 대응을 위해 국제적으로 석탄화력발전소 조기 퇴출을 서두르고 있으나 여전히 석탄화력은 전 세계 전력 생산에서 가장 큰 비중을 차지하고 있다. 하지만 온실가스 감축이 본격화되면서 석탄화력발전소가 조만간에 좌초자산으로 전락할 것이라는 경고가 속출하고 있다. 온실가스 감축 정책 때문에 석탄화력발전소가 제한적인 가동을 하거나 가동 연한을 채우지 못하고 폐쇄된다면 석탄화력 투자가 수익이 나지 않거나 심각한 손실로 귀결될 것이라는 얘기다. 영국의 금융 싱크탱크인 카본 트랙커는 34개국 석탄화력발전의 좌초자산화 위험 분석에서 한국의 석탄화력발전이 1천 억 달러가 넘는 손실을 초래할 수 있다고 진단하여 화제가 되었다.

※ IEA(단위: TWh)

국제에너지기구(IEA)에 따르면 2019년 전 세계 전력 생산량은 26,936TWh인데 이 중 석탄화력이 가장 많은 36.7%를 차지하며, 그 뒤로 천연가스, 수력, 수력 외 재생에너지, 원자력, 중유 발전 순으로 나타났다.

우리나라의 연간 발전량은 2019년 기준으로 563TWh에 달하며, 에너지원별로 살펴보면 석탄화력이 가장 많은 비중을 차지하고, 원자력, 천연가스, 신재생에너지가 그 뒤를 이었다. 석탄화력은 13개 부지에 60여 기가 가동 중이며, 전체 발전량의 40.3%를 차지한다. 발전 부문은 우리나라 에너지 관련 온실가스 배출량의 약 40%를 차지한다.

## 우리나라 에너지원별 발전량

※ 한국전력공사(단위: GWh)

유류 0.6% (3,292GWh)
양수 0.6% (3,458GWh)
기타 0.4% (2,249GWh)

신재생
6.5% (36,392GWh)

2019년
총 발전량
563,040 GWh

원자력
25.9% (145,910GWh)

천연가스
25.6% (144,355GWh)

석탄
40.4% (227,384GWh)

미세먼지 저감과 온실가스 감축을 위해 30기의 노후 석탄화력발전소를 조기 폐쇄하거나 가스화력으로 전환하고 있지만 2021년 8월 기준으로 건설 중인 석탄화력발전소가 5기나 있어서 논란이 계속되고 있다. 한편 가스화력 설비용량은 39.5GW로 가장 많았지만, 발전량은 25.6%에 그치는 것으로 나타났다. 가스화력은 연료비가 비싸서 가동률이 상대적으로 낮기 때문이다. 원자력 발전량 비중은 25.9% 정도이다. 전국에 24기의 원전이 가동 중이고 신규 건설 중인 원전으로는 신한울 1·2호기, 신고리 5·6호기가 있다.

국내에서 증가세가 가장 빠른 발전원은 태양광이다. 태양광은 2016년부터 빠르게 증가하여 2020년까지 약 16GW가 설치되었다. 반면에 풍력은 입지의 제약, 복잡한 인허가 규제, 주변 민원 등으로 보급이 지체되어 누적 용량이 1.7GW에 그쳤다. 전력을 생산해서 전력

거래소나 한전을 통해 판매하는 재생에너지 발전 사업자 수는 현재 9만 명이 넘는다. 주택 지붕이나 베란다에 태양광을 설치해 사용하는 사례도 수십만 건에 이른다. 그밖에 전력 생산이 남아돌 때 하부댐에서 상부댐으로 물을 끌어와 전력이 부족할 때 발전을 하는 양수발전소는 전국 7개소에 16기, 4.7GW가 가동 중이다. 참고로 양수발전소는 배터리처럼 전력을 저장하는 설비로 분류된다.

## 전력 소비량과 전기요금

우리나라에서 전기에너지는 최종 에너지 소비의 19.4%를 차지한다. 우리나라는 제조업과 에너지 다소비 업종의 비중이 높고 연료나 원료로 석유·석탄을 많이 소비하기 때문에 다른 선진국에 비해 전기에너지 비중이 낮은 편이다. 2019년 기준 국내 전력 판매량은 520TWh로, 발전량보다 약간 적은 수준이다. 전력을 생산하는 발전소에서 일부 소비하고 송배전 과정에서도 약간의 손실이 발생하기 때문이다.

전력 판매량은 전력 소비량과 거의 같은 의미로 쓰인다. 그런데 전력 판매량에는 제철소나 큰 공장의 자가소비용 대용량 발전소나 지붕, 베란다에 설치된 자가용 태양광이 빠져 있다. 우리나라에서 온실가스를 가장 많이 배출하는 포스코는 제철 공정에서 나오는 석탄 부생가스로 전력의 60%를 자가발전하고 있다. 이런 자가 소비량 때문에 우리나라 발전량 통계도 작성하는 기관마다 약간씩 차이를 보인다.

전력 소비량을 인구로 나눈 1인당 전력 소비량은 우리나라가 다른 국가에 비해 많은 편이다. 우리 국민의 전력 소비가 많다는 의미는 아니다. 가정용 전력 소비량만 비교하면 우리나라는 1인당 연간 대략

1,500kWh 정도지만 미국은 약 4,700kWh, 일본은 약 2,100kWh, 독일은 약 1,700kWh에 달한다. 우리나라는 GDP 중 제조업 비중이 높고 산업용 전력 소비가 많기 때문에 전체 전력 소비량도 늘어날 수밖에 없다. 국가별 산업용 전력 소비 비중을 비교하면, 우리나라는 50%가 넘는데 미국은 약 25%, 일본은 37%, 독일은 45% 정도다.

전기요금은 우리나라가 가정용 요금, 산업용 요금 모두 미국·일본·독일·프랑스보다 저렴한 편이다. 정부가 값싸고 안정적인 전력 공급 정책을 지속한 결과다. 전기요금의 차이는 발전단가뿐 아니라 요금 제도, 재생에너지 정책의 영향을 크게 받는다. 가정용 요금은 프랑스나 일본의 경우 한국의 2배 수준이며, 덴마크나 독일은 3배가 넘는다.

우리나라 세부 용도별 전력 판매량

※ 한국전력공사(단위: GWh)

농림어업
3.3% (17,305GWh)

서비스업
28.5% (148,311GWh)

2019년
총 전력 판매량
520,499GWh

제조업
49.7% (258,477GWh)

공공용
4.7% (24,458GWh)

가정용
13.5% (70,455GWh)

광업
0.3% (1.493GWh)

## 탄소중립 시대를 여는
## 다양한 분야의 전력화

세계적으로 최종 에너지 소비의 약 80%가 열에너지와 수송 연료로 소비되고 있다. 전력을 재생에너지와 다른 무탄소 전원으로 공급한다 해도 수송 연료와 산업용·건물용 열에너지를 무탄소 에너지로 전환하지 못한다면 온실가스 순배출 제로를 달성하기 어려울 것이다. 그래서 이러한 분야의 전력화가 반드시 이뤄져야 한다. 앞으로 전력화는 잠재량이 풍부한 재생에너지를 활용해 전력을 생산하고, 이를 통해 수송 연료나 산업용·건물용 열에너지를 대체하는 양상으로 전개될 것이다. 또한 전력화는 에너지 효율 개선을 촉진하여 수송·산업·건물 에너지 수요를 감소시키며 온실가스 감축에 간접적으로 기여할 것이다.

새로운 변화는 이미 수송 부문에서 나타나고 있다. 지금까지 수송에서 전력이 차지하는 비중은 매우 적었다. 전기를 동력으로 사용하는 전철, 고속철도 같은 교통수단도 있지만, 자동차, 항공기, 선박 등 대부분의 교통수단은 석유를 연료로 사용한다. 이처럼 석유와 내연기관을 기반으로 한 20세기 수송 시스템이 변하고 있다. 바로 전기차의 등장 때문이다.

2015년 디젤게이트 이후 전기차는 친환경 교통수단으로 자리 잡고 있다. 오늘날 전기차는 신차 판매량의 3% 정도를 차지할 만큼 성장했다. 혁신 제품의 경우, 시장점유율 3%는 이미 승기를 잡은 것이나 마찬가지며, 남은 것은 변화의 속도일 뿐이다. 내연기관차가 도로에서 마차를 사라지게 한 것처럼 전기차는 내연기관차를 순식간에 사라지게 할 것이다. 이미 세계 주요 자동차 제조사는 2030년 전후로 전기차만 생산하겠다는 계획을 앞다퉈 발표한 바 있다.

전기차로의 전환은 수송 부문 연료가 화석연료에서 전기로 바뀐다는 얘기다. 2019년 기준으로, 우리나라 최종 에너지 소비에서 수송 부문은 18.4%를 차지한다. 이 중 석유와 천연가스 같은 화석연료 비중은 98.5%에 달한다. 향후 수송 부문에서 대부분의 에너지는 전기로 바뀌게 되며, 나머지는 바이오 연료와 그린 수소 기반의 합성연료로 바뀌게 될 것이다. 그린 수소는 대부분 풍력, 태양광 등 재생에너지 전력으로 물을 전기분해(수전해)하여 생산한 에너지 캐리어(Energy Carrier)이기 때문에 그린 수소 합성 연료도 간접적인 전력화로 볼 수 있다. 특히 항공과 선박에서는 그린 수소 기반의 연료가 중요한 역할을 할 것으로 기대된다.

결국 탄소중립을 위한 에너지 전환은 높은 수준의 전력화를 동반하게 될 것이며, 이는 전력 수요의 증가로 이어질 것이다. 국제재생에너지기구(IRENA)의 탄소중립 시나리오에 따르면 발전량은 2050년 3배로 늘어나며, 재생에너지가 전체 전력 공급의 90%를 차지하게 된다. 최종 에너지 소비에서 전력은 두 배 정도로 늘어날 것이다.

최종 에너지 소비에서 전력의 비중은 2018년 21%에서 2050년 51%로 높아질 것이다. 수송과 수소 생산은 새로운 전력 시장으로 등장할 것이며, 상당한 전력이 그린 수소 생산에 소비될 것이다. 그린 수소와 그린 수소 기반의 연료는 2050년 최종 소비의 7%를 차지할 것으로 예상된다. 결국 간접적 수요까지 합치면 전기의 비중은 최종 수요의 58%에 달할 것이다.

## 재생에너지 발전

재생에너지는 고갈되지 않고 끊임없이 충전되며 이용 과정에서 오염 물질과 온실가스를 거의 배출하지 않는다. 대표적인 재생에너지로는 태양광·풍력·수력·바이오매스·태양열·지열 등을 꼽을 수 있는데, 특히 발전 부문에서 활약이 두드러진다. 바이오매스의 경우, 연소할 때 오염 물질과 함께 온실가스가 배출되지만, 바이오매스가 만들어질 때 광합성으로 이산화탄소를 흡수하기 때문에 전 과정을 평가하면 탄소 중립적인 에너지로 볼 수 있다.

20세기까지 재생에너지 발전은 수력이 대부분이었고 바이오매스나 바이오가스를 연소하는 열병합 발전이 일부를 담당했다. 21세기 들어서는 재생에너지 발전 비중이 증가하고 있는데, 이것은 풍력과 태양광 보급이 확대되고 있기 때문이다. 10여 년 전부터 신규 발전설비 용량의 절반 이상은 풍력, 태양광, 수력 등 재생에너지 설비였으며, 그 비중이 점차 증가하여 2020년에는 신규 발전설비 용량의 83%에 이르렀다. 이는 온실가스 감축 때문이기도 하지만 무엇보다도 재생에너지의 경제성이 크게 향상되었기 때문이다. 풍력은 유럽에서 이미 2000년대 초에 경제성을 확보했고, 태양광도 2010년대 접어들면서 경제성을 확보하기 시작했다. 지금은 화석연료와 비교해 태양광·풍력의 발전단가가 높지 않을 뿐만 아니라 온실가스 감축에도 기여하기 때문에 각광받고 있다.

수력은 화력과 함께 가장 오래된 발전 방식 중 하나이며 석탄화력,

가스화력에 이어 세계 발전량의 15.7%를 차지한다. 19세기 후반부터 인류가 전력을 생산·소비하는 과정에서 수력은 크게 기여했다. 댐을 짓고 물의 낙차를 이용해 터빈을 돌려 전력을 생산하는데, 댐과 발전 설비를 잘 관리하면 지속적인 운전이 가능하며 경제성도 매우 우수한 편이다. 또한 수력댐은 홍수 조절과 용수 공급 기능을 겸하는 경우도 많다. 북한의 대표적 발전설비인 수풍댐은 1943년에 완공되어 현재까지 가동 중이다. 노르웨이, 브라질, 캐나다, 중국 등 일부 국가들은 수력이 대표적인 발전원이다. 하지만 수력은 입지가 제한적이고 큰 댐을 지을 경우 인공 담수호가 주변의 자연과 정주 환경, 지역 문화에 크게 영향을 미치기 때문에 반대에 직면하는 경우가 많다. 우리나라는 20여 개의 대형 수력발전소가 가동 중이며, 1970~80년대 다목적 혹은 발전용으로 집중적으로 건설되었다.

최근 세계에서 성장세가 가장 빠른 발전 기술은 태양광이다. 온실 가스 순배출 제로를 달성하려면 2050년 태양광은 풍력과 함께 세계 전력 생산에서 가장 큰 비중을 차지할 것으로 예상된다. 태양광의 강점은 어디서나 쉽게 설치할 수 있다는 점이다. 태양광은 지붕, 주차장, 유휴지, 수면, 사막 등 햇빛이 닿는 지구촌 대부분의 공간에 수백 와트부터 수백 메가와트까지 크고 작은 다양한 용량의 설치가 가능하다. 수력, 풍력, 지열, 해양에너지 등 다른 재생에너지 발전 기술이 가진 입지 조건 및 기술적 제약으로부터 태양광은 자유롭다. 시공 기간도 다른 설비에 비해 매우 짧다. 메가와트급 설비도 몇 달 걸리지 않아 뚝딱 설치할 수 있다. 태양광이 재생에너지 시장을 지배하게 된 다른 이유는 태양광의 경제성이 놀라운 속도로 개선되었기 때문이다.

태양광은 2010년만 하더라도 풍력, 수력, 바이오매스 발전 등 다른 재생에너지 발전 기술과 발전 비용 면에서 상당한 차이가 있었지만 이제는 세계 여러 지역에서 가장 경제적인 발전원으로 각광받고 있다. 태양광은 2010년대를 거치면서 경제성을 확보하기 시작했고, 지금은 저위도 건조지역에서는 가장 경제적인 발전원으로 주목받고 있다. 중국·EU·미국·일본·인도 등이 보급을 주도하고 있으며, 우리나라도 누적보급량과 신규 설치량 모두 세계 10위권 이내로 진입하였다.

전 세계 태양광 발전용량 및 연간 추가 용량

※ REN21, Renewables 2021 Global Status Report(단위: GW)

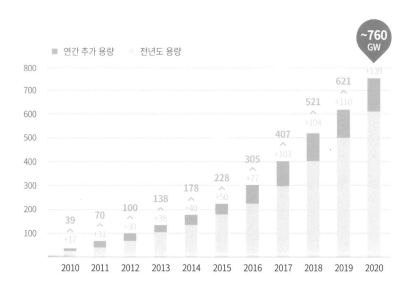

풍력은 2000년대 초부터 보급이 지속적으로 증가해 현재 전 세계 발전량의 약 6%를 차지하고 있다. 중국·미국·독일·영국·덴마크 등이 보급을 주도하고 있는데, 해상풍력을 선도해 온 영국은 부유식 해상풍력 개발에도 박차를 가하고 있다. 전 세계가 온실가스 순배출 제로를 달성하려면 수심 60m 이상의 바다에도 해상풍력을 개발할 필요가 있다. 그 때문에 다양한 부유식 해상풍력 사업이 세계 곳곳에서 진행 중이다.

일부 국가에서는 이미 풍력이 주요 발전원으로 자리 잡았다. 덴마크는 풍력 발전량 비중이 50%에 달하고, 독일·영국·스페인·그리스·포

전 세계 풍력 발전용량 및 연간 추가 용량

※ GWEC, REN21(단위: GW)

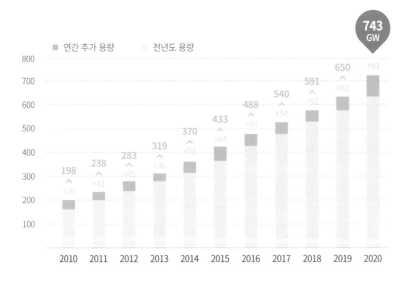

르투갈 등도 20%를 넘는다. 풍력 발전의 좋은 입지란 바람이 세고 마을로부터 어느 정도 떨어져 있으며, 전력 계통과 연계가 수월하고 생물종이나 경관 영향이 적은 곳이다. 독일은 중북부의 드넓은 농경지가 이런 조건을 잘 충족하기 때문에 육상풍력을 55GW나 설치할 수 있었다. 우리나라는 강원과 경북의 산간 지역, 서남해와 동남해 해안 지역, 제주도 지역이 바람이 좋은 편이지만 여러 조건을 모두 충족하는 입지가 충분하지 않다. 국내 육상풍력 설비용량이 1.6GW에 머무는 이유다. 이에 최근에는 해상풍력 개발에 힘을 기울이고 있다. 바다에 설치하는 해상풍력은 공사가 어렵고 비용이 많이 들지만, 육지보다 훨씬 좋은 입지 조건을 갖고 있기 때문이다.

## 원자력 발전

원자력 발전은 2차 세계대전 중에 등장한 핵폭탄 기술을 평화적으로 이용한다는 취지로 개발된 발전 방식이다. 원자력은 1955년 노틸러스 핵잠수함의 동력원으로 사용되었고, 같은 방식의 가압 경수로 원전이 2년 후 미국에서 운전에 들어갔다. 영국은 이보다 앞서 1956년 10월 콜더홀 원전을 세계 최초로 가동했다. 세계는 원자력 발전의 등장에 환호했고 머지않아 값싸고 안정적으로 전력을 확보할 수 있다는 기대감에 부풀어 올랐다. 원자력 발전은 핵폭탄용 플루토늄 생산 기술을 보유했던 강대국을 중심으로 시작되어 여러 나라로 확대되었고, 1970년대 석유파동을 거치면서 에너지 안보 측면에서 크게 장려되었다.

원자력 발전의 기세가 꺾인 것은 1979년 펜실베이니아 스리마일섬 원전 사고와 1986년 우크라이나 체르노빌 원전 폭발 사고의 영향 때문이다. 사고 여파로 북미와 유럽 지역에서 원전 반대 여론이 크게 고조되었고 원자력 안전 규제도 한층 강화되었다. 현재 전 세계에서 가동 중인 원전은 420여 기로 1990년부터 성장세가 둔화되어 정체 상태에 있다. 전 세계 원전 발전량 비중은 1996년 17.5%로 정점을 찍은 후 2019년 10.4%로 감소하였다.

1992년 기후변화협약 채택 이후 원자력 산업계는 지속해서 온실가스 감축 수단으로 원자력의 강점을 강조하고 있다. 원자력은 발전 과정에서 온실가스를 배출하지 않는 무탄소 전원의 하나로 간주된다. 원자력 업계는 온실가스 감축 효과를 부각하며 제2의 원자력 부흥을 기대하였으나 2011년 후쿠시마 원전 사고 이후 크게 위축되었다. 원자력은 치명적 사고의 가능성, 사용 후 핵연료 처분의 어려움, 핵물질 확산 등 태생적 한계로 인해 사회적 수용성이 낮으며, 안전 규제가 강화되면서 가격 경쟁력이 떨어져 북미와 유럽에서는 그 비중이 점차 감소하고 있다. 반면 중국은 탈석탄 청정에너지 확대의 일환으로 공격적으로 원전을 증설하여 프랑스를 제치고 세계 2위의 원전 보유국으로 부상하였다.

우리나라는 24기의 원전이 가동 중이며 설비용량은 23,250MW에 이른다. 이번 정부 들어 노후한 고리 1호기(2017년)와 월성 1호기(2019년)가 영구 정지되었지만 신고리 4호기가 2019년에 준공되면서 설비용량은 2016년에 비해 오히려 증가하였다. 울진의 1,400MW급 2기가 2023년 준공 예정이며, 울주의 1,400MW급 2기도 2025년 준공 예정이기 때문에 당분간 원전 용량은 증가할 것이다. 원전은 2020년 160,184GWh를 발전해서 전체 발전량의 29%를 차지하였다. 원전의 발전량은 용량 외에도 가동률에 크게 영향을 받는데 2020년 가동률은 74.8%였다.

하지만 우리 정부는 깨끗하고 안전한 에너지 전환 정책 기조하에 점진적으로 원전 비중을 낮춰가고 있다. 이런 추세가 지속되면 2050년 원전의 발전량은 2020년의 절반 수준으로 줄어들 전망이다. 우리나라는 경주에 중저준위 방사성 폐기물 처분장을 가동 중이나 아직 사용 후 핵연료 처분장 부지를 확보하지 못했다. 가동 중인 원전 중 고리 3·4호기, 월성1~4호기, 한울 1·2호기는 사용 후 핵연료 저장 용량이 거의 가득 차서 대책이 시급한 상황이다.

## 이미 배출된 탄소를 포집하는
## 신기술 적용

화력발전은 연료에 따라 석탄화력과 가스화력으로 구분할 수 있다. 석탄화력발전은 석탄을 태워서 얻은 열로 고압의 수증기를 만들고, 이 증기로 터빈을 돌려서 전기를 생산하는 방식이다. 터빈을 돌리고 나온 증기를 식히기 위해 거대한 냉각탑이나 상당한 양의 냉각수가 필요하다. 냉각되는 만큼 열이 버려지기 때문에 석탄에너지를 전기로 전환할 때의 효율은 40% 미만으로 매우 낮다. 가스화력은 고온의 연소 가스로 가스 터빈을 돌리고, 배기가스에서 열을 회수하여 고온·고압 스팀을 생산해 증기 터빈을 한 번 더 돌리는 복합 발전 방식으로, 효율이 57%까지 올라간다. 석탄화력과 가스화력은 막대한 양의 석탄과 천연가스를 연소한다. 이때 화석연료의 탄소($C$)가 대기 중의 산소

(O)와 결합하여 이산화탄소($CO_2$)가 만들어지며, 이렇게 배출된 온실가스가 발전 부문 온실가스의 대부분을 차지한다.

흔히 태양광·풍력·수력·원자력 등 무탄소 전원은 발전 과정에서 온실가스를 배출하지 않으며 전과정평가(LCA)를 하더라도 킬로와트시(kWh)당 온실가스 배출량은 미미한 수준이다. 하지만 석탄화력으로 1kWh 전력을 생산할 경우 760g의 온실가스가 발생한다. 석탄화력에 비해 절반 수준이긴 하지만 가스복합화력 역시 370g의 온실가스가 배출된다. 그래서 기후위기 시대에 화석연료 산업계가 희망을 걸고 있는 분야가 바로 탄소 포집·활용·저장(CCUS: Carbon Capture, Utilization and Storage)이다. 화석연료를 연소하더라도 배출된 이산화탄소를 포집해 영구적으로 지질층에 집어넣을 수 있다면 기후변화에 영향을 주지 않을 것이다. 따라서 화석연료를 대량 연소하는 에너지 다소비 업종이나 화력 발전 분야에서 CCUS 기술에 거는 기대가 크다.

CCUS는 화력발전소나 산업 시설 같은 대규모 고정 배출원에서 나오는 이산화탄소를 포집해서 압축한 다음, 파이프라인·선박·철도·트럭 등을 통해 운송하고 이것을 영구 저장할 지질층(채굴한 유전이나 가스전, 암염층)에 투입하는 일련의 기술을 일컫는다. 이런 기술은 1970년대 텍사스에 있는 천연가스 처리 공장이 원유 생산 기업에 원유 회수 증진용으로 이산화탄소를 공급하면서 시작되었다. 현재 CCUS를 주도하는 주요 기업들은 원유나 가스 생산과 관련이 많은 엑슨모빌·할리버튼·슐럼버거·로열더치쉘 등이고, 주요 국가들도 원유·가스·석탄 등 화석연료 생산이 많은 미국, 캐나다, 노르웨이, 영국, 호주, 중국 등이다.

CCUS는 수십 년간의 노력에도 불구하고 아직 상용화되지 않았고 온실가스 감축에 어느 정도 기여를 할지에 대해서도 평가가 엇갈린다. IEA는 2050년 순배출 제로를 달성하는 수단으로 CCUS를 화력발전에 적용하는 것을 고려하지만 IRENA는 재생에너지 잠재량이 충분하기 때문에 화력 발전용 CCUS를 거의 언급하지 않고 있다. 실제로 영국은 탄소중립 시나리오에서 CCUS를 적용한 화력 발전을 고려하고 있으나 독일은 CCUS 활용 대신 재생에너지 확대와 그린 수소에 더 큰 관심을 쏟고 있다.

## 탄소중립을 위한 에너지 전환의 핵심, 재생에너지

### 재생에너지의 잠재량

IRENA는 2050년 온실가스 순배출 제로를 달성하려면 전력 소비는 3배 늘어나게 되며, 발전량의 90%를 재생에너지로 공급해야 한다고 전망한다. 이에 따르면, 재생에너지 발전용량은 2020년 2,800GW에서 2050년 2만 7,700GW로 약 10배 늘어나야 한다. 2050년 최종 에너지 소비는 효율 개선으로 현재보다 줄어들지만, 전력 소비량은 전력화 및 그린 수소 생산 등으로 3배 정도 늘어나는데, 이 대부분을 재생에너지가 충당해야 한다는 것이다.

온실가스 순배출 제로 달성에 필요한 재생에너지 잠재량은 충분한 것으로 알려져 있다. 재생에너지의 원천인 태양에너지는 무궁무진하다. 80분 동안 지구에 닿는 태양에너지는 인류가 1년간 소비하는 에

너지양에 버금간다. 미국 연방재생에너지연구소(NREL)에 따르면 미국
의 태양에너지 발전 기술적 잠재량은 연간 40만TWh로 전 세계 발전
량의 15배에 달한다. 지나친 낙관론과 단순화로 학술적 논쟁을 불러
일으킨 바 있지만 스탠퍼드 대학의 마크 제이콥슨 교수는 재생에너지
잠재량은 충분하며 100% 재생에너지 전환이 경제적·기술적으로 용이
하다고 설파해 왔다. 그는 솔루션 프로젝트를 통해 한국도 태양광 및
해상풍력 위주로 100% 재생에너지 전환이 가능하고 이를 통해 일자리
창출, 보건 비용 감소 등 긍정적 효과도 기대된다고 분석한 바 있다.

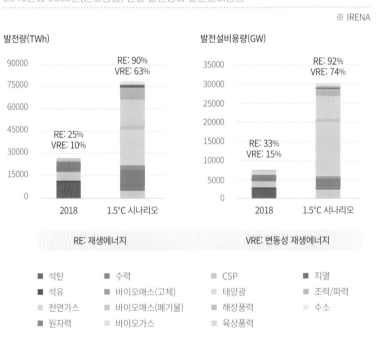

2018년과 2050년(탄소중립) 원별 발전량과 발전설비용량

※ IRENA

발전량(TWh)

발전설비용량(GW)

RE: 재생에너지    VRE: 변동성 재생에너지

- ■ 석탄
- ■ 수력
- ■ CSP
- ■ 지열
- ■ 석유
- ■ 바이오매스(고체)
- ■ 태양광
- ■ 조력/파력
- ■ 천연가스
- ■ 바이오매스(폐기물)
- ■ 해상풍력
- ■ 수소
- ■ 원자력
- ■ 바이오가스
- ■ 육상풍력

물론 재생에너지의 기술적 잠재량과 시장 잠재량은 상당한 차이가 있다. 기술적 잠재량은 관련 설비를 설치할 수 있는 면적에서 현재 기술 수준으로 산출할 수 있는 에너지 생산량이다. 반면 시장 잠재량은 기술 외에도 경제성, 환경 규제, 타 용도 대체, 주민 수용성 등이 작용한다. 예컨대 위성 사진을 분석하여 서울시 지붕의 40%를 활용하면 전체 전력 소비의 4분의 1을 생산할 수 있다고 하지만 이는 현실과 큰 차이를 보인다. 실제 서울의 건물 지붕은 정원, 휴게 공간, 대피 공간, 시설물 설치 등 다양한 용도로 사용된다. 또한 주변 건물의 간섭으로 태양광 발전이 어려운 곳도 많으며 안전이나 미관 등의 이유로 설치 제한을 받기도 한다.

그런데도 기술의 발전과 경제성 향상 덕분에 재생에너지 시장 잠재량은 더욱 증가할 전망이다. 태양광 전지의 평균 효율이 높아지고 건물의 벽체·창호, 자동차 표면 등 응용 범위가 넓어지면서 태양광은 더 적은 면적에 더 많은 양이 설치될 수 있게 되었다. 풍력 발전도 터빈 크기와 함께 효율이 향상되고 고정식 해상풍력에서 한 걸음 더 나아가 부유식 해상풍력까지 현실화되면서 잠재량도 커질 전망이다. 인간의 정주와 생활에는 부적합하지만 전 세계 주요 사막 지역은 미래 재생에너지 전력 생산에 중요한 역할을 할 것이다. 이미 중동 지역에서는 대규모 태양광 발전 사업을 지속적으로 추진 중이다.

하지만 국내에서 재생에너지 활용은 쉽지 않은 문제다. 한국의 국토 면적은 10만㎢를 조금 넘겨 세계 107위 수준이다. 인구는 5,170만 명으로 세계 27위이고, 인구밀도는 507명/㎢로 세계 13위다. 국토의 63.3%가 임야이고 전답이 18.6%이며, 나머지 18% 면적에 도로·주택·하천·공장·건물 등이 포함된다. 우리나라는 인구가 거의 거주하지 않는 임야를 제외하면 인구밀도가 1,400명/㎢로 살고 있는 세계 최고 수준의 과밀 사회다. 이렇게 좁은 면적에 몰려 살면서 에너지 소비량, 물질 소비량, 일회용품 소비량, 교통량 등은 세계 최상위 수준이다. 이런 여건에서 태양광·풍력 등 재생에너지 설비를 확대해 2050년 온실가스 순배출 제로를 달성해야 한다.

우리나라가 2050년 온실가스 순배출 제로를 달성하려면 재생에너지를 얼마나 공급해야 할까? 재생에너지 외에도 다른 무탄소 에너지 기술들이 존재하고 해외 수입도 가능하기 때문에 적절한 재생에너지 비중을 고려해야 한다. 탄소중립위원회가 발표한 탄소중립 시나리오 초안에 따르면 2050년에는 필요 전력량의 대략 57~71%를 재생에너지로 공급해야 한다. 미래 전력 수요를 고려할 때 대략 710~890TWh 정도다. 이 중 태양광이 절반 정도를 차지할 경우 연간 360~450TWh를 발전해야 하는데, 이 정도 발전량이라면 대략 270~340GW의 태양광을 보급해야 한다. 2050년까지 태양광을 300GW로 확대하려면 산술적으로 매년 약 10GW 정도를 보급해야 하며, 이는 최근 태양광 보급 속도의 2.5배 수준이다. 필요 면적은 1MW당 대략 1만㎡가 필요하니, 서울시 면적 5배에 해당하는 약 3,000㎢가 소요될 것이다. 다만, 호수와 저수지의 수면, 건물 지붕과 벽면을 많이 활용할수록 토지 수요는 줄어들고, 모듈 효율이 올라갈수록 소요되는 면적도 감소할 것이다. 농업과 태양광을 병행하는 영농형 태양광도 태양광 잠재량 확대에 큰 도움이 될 것이다.

풍력이 태양광 다음으로 연간 300TWh 이상을 공급하려면 해상풍력이 큰 역할을 해야 한다. 육상풍력을 확대하더라도 2050년까지 해상풍력을 100GW 정도 보급해야 하는데, 이는 10MW 용량 해상풍력 터빈 1만 기를 고정식 혹은 부유식으로 삼면의 바다에 세우는 엄청난 작업이다. 어선 밀도, 해운 밀도, 군사 활동 밀도가 매우 높은 우리나라 바다에서 어업, 해상운송, 해상 군사 활동과 충돌하지 않으면서 이 정도의 해상풍력을 공급하기란 쉬운 일이 아니다. 참고로, 현재 우리나라 해상풍력 용량은 100MW, 즉 0.1GW를 막 넘긴 수준이다.

## 재생에너지의 경제성과 발전 비용

재생에너지 확산을 촉진하는 원동력은 경제성이다. 재생에너지 보급 속도가 빨라진 것은 기술이 발전하고 발전단가가 하락한 덕분이다. 국제적으로 기술별 발전단가를 보면 태양광과 육상풍력은 원자력, 가스 발전, 석탄 발전과 비슷한 수준까지 하락했으며 바람이나 일사량이 좋은 일부 국가에서는 가장 경제적인 발전원으로 자리 잡았다. IRENA에 따르면 2019년 준공된 풍력 단지의 4분의 3, 대규모 태양광의 40%가 화력 발전보다 발전단가가 저렴했다. 탄소 가격이 올라갈수록 무탄소 전원인 재생에너지의 경쟁력은 더욱 강화될 것이다.

IRENA에 따르면 태양광 발전단가는 2010년 kWh당 0.381달러에서 2020년 0.057달러로 85% 감소하여 재생에너지원 중 가장 큰 감소 폭을 보였다. 풍력 발전단가 역시 육상풍력은 56%, 해상풍력은 48% 감소했다. 그 밖에 다른 재생에너지들도 충분한 가격 경쟁력을 확보했다.

신규 재생에너지 발전원별 균등화 발전 비용(LCOE)

※ IRENA, World Energy Transitions Outlook 2021.

  물론 발전단가가 하락했다고 해서 재생에너지 확대를 위한 정책 지원과 소비자 부담이 필요 없다는 의미는 아니다. 일본이나 독일에서는 태양광과 풍력 발전 전력을 고정 가격에 20년간 구매하는 기준 가격구매제(FIT)를 시행 중인데, 발전단가가 비쌀 때부터 가동을 시작했기 때문에 여전히 전력 소비자의 부담은 줄지 않고 있다. 하지만 신규로 건설되는 태양광 및 풍력의 발전단가가 크게 하락했기 때문에 독일이나 일본도 점차 재생에너지 부과금이 감소할 전망이다.

  반면, 재생에너지 입지가 풍부한 미국의 경우 재생에너지 보급 확대가 전기요금에 미친 영향이 크지 않다. 경제성이 좋은 입지에 풍력 및 태양광 설비가 설치되었고, 세액공제를 통해 재생에너지 설비 투자를 보조했기 때문이다. 바이든 정부가 공격적으로 태양광과 풍력 발전을 보급한다고 하더라도 전기요금에 전가되는 비용은 많지 않을 것으로 보인다.

우리나라는 태양광·풍력 발전단가가 미국보다 현저히 높다. 태양광의 경우, 일사량이 적고 지붕이나 부지를 확보하는 비용이 많이 들며 민원에 따른 인허가 비용도 더 들어간다. 풍력의 경우, 상대적으로 바람이 약하고 그나마 바람이 괜찮은 산지는 진입로 개설과 인허가가 까다로워 비용이 많이 증가한다. 미국과 비교한다면 우리나라 대규모 태양광·풍력의 발전단가는 2배 이상 높다. 독일과 비교해도 풍력은 2배 이상, 태양광도 50% 이상 발전단가가 높다. 그만큼 우리나라의 지리적, 사회적 여건이 재생에너지 전환에 불리하다는 것이다.

　　우리나라는 2020년 재생에너지 발전량이 6%에 이르렀고, 재생에너지 공급의무화제도(RPS) 이행 비용은 2조 9,472억 원에 달했다. 재생에너지 발전량 비중이 증가할수록 RPS 이행 비용도 증가할 것이다. 2021년 전기요금에 기후 환경 요금이 신설되었고, 그중 RPS 이행 비용으로 4.5원/kWh이 책정되었다. 일본과 독일에 비해 매우 낮은 수준이지만 재생에너지 발전량 비중이 늘수록 전기요금도 일정 수준 증가할 것이다. 또한, 재생에너지 설비용량이 증가할수록 전력 계통을 보강하고 전력저장장치 용량을 확대하기 위한 비용도 추가로 늘어날 것이다. 물론 전력 소비자 부담이 증가한다고 해서 재생에너지 보급 확대를 멈출 수는 없다. 덴마크와 독일도 소비자들이 상당 기간 기꺼이 에너지 전환 비용을 부담했기 때문에 탄소중립을 선도하는 지위에 오를 수 있었다. 기술 개발은 물론 인허가 규제 통합과 경쟁 입찰, 경매 등 효과적인 제도 정착을 통해 재생에너지 발전단가를 꾸준히 낮춰야 할 것이다.

## 재생에너지 확대를 위해 필요한 혁신

IRENA는 2050년 온실가스 순배출 제로를 달성하는 시나리오에서 태양광이나 풍력과 같은 변동성 재생에너지 비중이 전 세계 발전량의 63%까지 증가하는 전력 믹스를 제시한 바 있다. 이에 따르면, 태양광은 14,000GW, 풍력은 8,100GW로 늘어나게 된다. 그런데 변동성 재생에너지는 날씨 조건에 따라 발전량이 들쭉날쭉 변하기 때문에 비중이 높아질수록 전력 수급 문제를 일으킬 수 있다. 결국 변동성 재생에너지 비중이 높은 미래 전력 시스템은 유연성 강화 수단을 확보해야 제대로 작동할 수 있을 것이다.

전력 시스템의 유연성을 강화하는 수단으로는 국가 간 계통 연계, 유연한 백업 전원, 충분한 고압 송전, 능동적 수요 반응, 섹터 커플링, 출력 제어, 전력저장 등이 있다. 특히 전력저장장치는 저장 용량, 저장 기간, 충·방전 횟수, 반응속도 장치 등에 따라 다양한 종류가 있으며, 비용 대비 효율성이 시장에서 성패를 좌우할 것이다. 대표적인 전력저장 기술은 배터리, 양수 발전, 그린 수소를 꼽을 수 있다.

IRENA는 배터리 저장 용량이 2018년 5GWh에서 2050년 16,000GWh로 많이 증가해야 한다고 본다. 전기차가 전력저장장치로 기능한다면 이 용량은 25,000~42,000GWh로 늘어날 것이다. 수전해를 통해 그린 수소를 생산하면 장주기 유연성을 제공할 수 있는데, 이 용량도 2050년까지 2,000TWh로 증가해야 한다.

변동성 재생에너지 비중을 높이려면 전력 시스템 혁신이 요구된다. 전력저장장치, 디지털화, 네트워크, 인공지능 등 실행 기술의 활용을 넘어서 비즈니스 모델, 시장, 규제, 시스템 운영을 포괄적으로 혁신해야 한다. IRENA는 국가별, 지역별 전력 시스템의 특성을 고려하여 통합적인 해결책을 구성하는 30개의 유연성 수단을 제시한 바 있다. 여기에는 장단기 전력저장장치, 전력망 확충, 시장 운영 조치, 수요 반응, 열 전환과 다른 섹터 커플링, 스마트 커뮤니케이션, 디지털화 등이 포함된다. 재생에너지 기반의 에너지 전환 정책과 함께 보다 체계적이고 혁신적인 접근이 필요하다. 태양광·풍력과 같은 변동성 재생에너지에 기반한 미래 스마트 전력 시스템은 전력망과 유연성 수단 등에 대한 대규모 투자가 병행되어야 한다. 이러한 유연성 수단에는 단일한 최적의 조합이 존재하지 않기 때문에 각 전력 시스템에 맞춰 적절한 조합을 구축해야 한다.

## 재생에너지로 완성되는 탄소중립의 길

전기에너지는 우리 생활에서 가장 중요한 에너지다. 전기에너지를 기반으로 공장에서 수많은 제품이 만들어지고, 생활에 필요한 각종 인프라 서비스가 제공된다. 하지만 이 에너지를 얻기 위해 우리는 화석연료를 태우면서 막대한 온실가스를 배출하고 있다. 일상에서 전기를 사용하는 것만으로도 기후변화가 가속화되는 구조다.

따라서 전기에너지를 만드는 과정 자체를 바꾸지 않으면 탄소중립은 절대 실현될 수 없다. 에너지 전환의 핵심은 태양광·풍력 등 재생에너지 사용 비중을 높이는 것이다. 물론 경제성 확보, 변동성 완화 등 아직 해결해야 할 과제가 많다. 하지만 탄소중립이라는 거대한 물결 속에서 곧 화석연료를 대체할 것으로 보인다. 재생에너지로 모든 전력을 생산·소비할 때 우리는 비로소 탄소중립에 한 걸음 더 다가갈 수 있을 것이다.

# 03

## 산업계를 밝히는
## 그린라이트

# 산업계를 밝히는
# 그린라이트

현재 온실가스 배출량의 절반은 산업계가 차지하고 있다.

따라서 탄소중립을 실현하려면 산업계의 변화가 필수적이다.

특히 제조업 비중이 큰 우리나라의 경우에는 산업계의 노력이 무엇보다 중요하다.

하지만 탄소중립 과정에는 여러 리스크가 존재하며,

이는 기업의 성장 전략 수립에 걸림돌이 된다.

산업의 성장과 탄소중립을 동시에 실현하는 방법들을 고민해 본다.

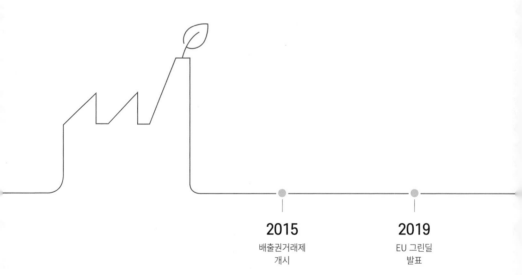

**2015**
배출권거래제
개시

**2019**
EU 그린딜
발표

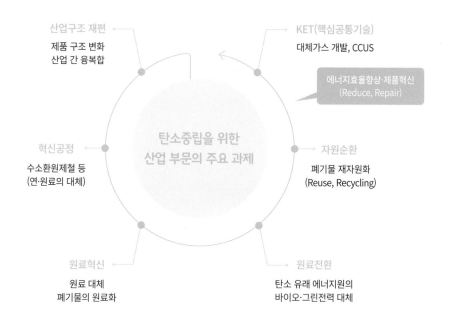

산업구조 재편
제품 구조 변화
산업 간 융복합

KET(핵심공통기술)
대체가스 개발, CCUS

에너지효율향상·제품혁신
(Reduce, Repair)

혁신공정
수소환원제철 등
(연·원료의 대체)

탄소중립을 위한
산업 부문의 주요 과제

자원순환
폐기물 재자원화
(Reuse, Recycling)

원료혁신
원료 대체
폐기물의 원료화

원료전환
탄소 유래 에너지원의
바이오·그린전력 대체

**2020**
코로나19로 인한
기업의 리쇼어링 확대

**2021. 04**
탄소중립 산업전환
추진위원회 출범

**2021. 07**
EU, 탄소국경조정
초안 공개

## 한국 산업의 위상과
## 제조업 역량

그동안 한국 산업은 유례없는 성장을 이뤘으며, 외형적 규모뿐만 아니라 질적 측면에서도 높은 성과를 거두었다. 우리나라는 자동차, 조선, 기계, 철강, 화학, 그리고 ICT에 이르기까지 다양한 산업 포트폴리오를 갖췄으며, 대부분 글로벌 경쟁력을 인정받고 있다. 한국 산업은 부가가치 기준으로 2010년 전 세계에서 차지하는 비중이 1.7%였으나 2018년에는 2.0%로 늘어났다. 대조적으로 같은 기간 중국이 성장하면서 미국, 일본, 영국, 프랑스, 이탈리아 등 주요국들의 위상이 상대적으로 낮아졌다.

제조업을 별도로 살펴보면 대한민국 산업의 성장은 더욱 극적이다. 세계 제조업 부가가치 생산에서 중국의 비중은 2010년 18.5%에 불과했으나 2018년에는 30.2%로 늘어났다. 중국의 성장으로 미국,

일본, 독일 모두 전 세계 제조업에서 차지하는 비중이 조금씩 줄었고, 프랑스, 영국, 이탈리아는 물론 신흥국으로 부상하던 브릭스(BRICs)도 중국을 제외하면 실망스러운 성적표를 보였다.

중국을 제외하고 2010년 이후 세계 제조업에서 비중을 높인 국가는 한국이 거의 유일했다. 2000년대 초반 중국이 세계의 공장으로 부상하면서 전 세계 산업에 지각변동을 가져왔지만, 한국 산업은 오히려 입지를 강하게 다진 것이다. 이러한 성과는 자동차, 반도체, 디스플레이, 철강, 석유화학, 조선, 기계와 같은 한국의 주력 산업이 글로벌 위상을 확보하고 있으며, 특히 조선, 반도체, 디스플레이는 세계 1~2위를 겨룰 정도로 기술 선도력과 품질 경쟁력을 다졌다. 일본 수출 규제 조치 위기에서도 철강, 화학, 기계와 같은 소재·부품·장비(이하 소부장) 산업의 도약은 안정적인 산업 생태계의 기반이 되었다.

글로벌 금융 위기 이후 제조업이 경제의 복원력을 결정한다는 인식 아래, 미국, 유럽 등 주요국들은 산업 경쟁력 제고를 위해 디지털 전환, 리쇼어링(Reshoring)*, 공급망 강화 등을 도모했다. 특히 코로나19로 세계 경제가 침체되기 시작하면서, 주요 국가들은

리쇼어링, Reshoring
해외에 진출한 국내 제조 기업을 다시 국내로 돌아오도록 하는 정책

안정적인 공급망 확보를 위해 생산 기지의 탈중국화와 경제 안보 네트워크를 추구하고 있다. 공급망의 안정성을 강조하는 것은 감염병에 대한 리스크를 줄이는 것에서 시작되었으나 궁극적으로는 중국의 빠른 추격과 영향력 확대에 대응하여 경쟁 우위를 갖기 위한 것으로 봐야 할 것이다.

주요국 경제의 위상 (명목 부가가치생산액 기준)

※ 산업연구원, 2021(단위: %)

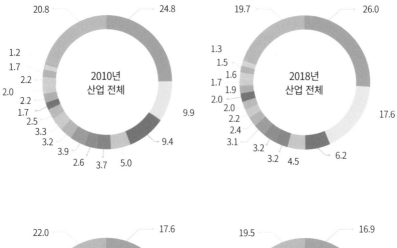

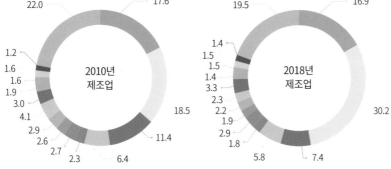

## 산업 부문 탄소중립의 필요성
## : 혁신 기술과 신성장 동력 확보

유럽과 미국은 탄소중립을 위해 경제·사회·제도 전반의 변화와 함께 산업 부문에서는 에너지 효율 향상과 에너지 전환, 순환경제에 주력하고 있다. 동시에 국가의 적극적인 지원 아래 획기적인 공정과 제품 개발을 위한 과감한 투자와 산업화를 추진 중이다. EU는 그린딜을 추진하면서 자원 효율성과 더불어 녹색 기술과 에너지 효율을 높이는 기술을 도입하고 있다. 대표적인 온실가스 다배출 산업에 대해서는 탄소국경조정제도(Carbon Border Adjustments Mechanism, CBAM)를 우선 적용하면서 'Net Zero steelmaking' 프로젝트를 추진하고 있다. 이는 자동차·기계·건물 등에 소재를 공급하는 철강 산업의 조기 탈탄소화를 지원하여 산업 생태계를 변화시키겠다는 것으로, 탈산업화(Deindustrialization)가 아니라 탈탄소화(Decarbonization)를 효과적으로 추진하려는 전략이다. 미국도 그린뉴딜을 추진하면서 청정에너지 인프라 투자를 통해 100만 개의 일자리를 창출하겠다는 계획을 발표했다.

2020년 9월, 2060 탄소중립을 선언한 중국도 코로나19 팬데믹 상황에서 '녹색 경제 회복'을 강조했다. 중국이 2030년 탄소 배출 정점을 기록하고 2060년 탄소중립에 도달하겠다는 목표를 제시한 것은, 준비 기간을 확보하는 한편 신재생에너지와 저탄소 자동차 등을 기반으로 자국 산업의 글로벌 시장 진출을 위한 전략이라는 평가도 있다. 일본도 탄소중립을 발표하는 동시에 14개 부문에 대한 신성장 전략을 발표했다. 흥미로운 것은 우리처럼 생산단계에서 온실가스 배출을 얼마나 줄일 것인가에 대한 전략보다는 '전 지구적인 탈탄소화를 위해 산업 부문은 무엇을 해야 하는가?'라는 질문에서 출발하여 14개의 유망 분야를 선정하고 로드맵을 작성했다는 점이다. 이처럼 글로벌 주요국들은 탄소중립을 실현하기 위해 산업 부문에서 혁신 기술을 확보하고 신성장 동력을 창출한다는 공통점을 보이고 있다.

한편, 온실가스 감축을 위한 무역 제한 조치는 CBAM으로 가시화되고 있다. 이는 탄소 누출(Carbon leakage), 즉 온실가스 감축으로 공급 비용이 상승한 기업들이 규제가 적은 국가로 생산 설비를 이전하려는 것을 막기 위한 조치다. EU는 국제 경쟁력 저하를 방지하기 위해 CBAM의 도입을 선언했고, 철강(합금철·철 스크랩을 제외한 철강재), 알루미늄, 시멘트, 비료, 전력 등 5개 품목을 대상으로 2026년부터 시행할 계획을 밝혔다.


탄소중립과 주요국의 산업 전략

※ 산업연구원, 2021

| 구분 | | 주요 내용 |
|---|---|---|
| 전략산업 | EU | 해외 의존도 높은 원자재, 배터리, 수소, 반도체 등의 공급망 구축 |
| | 미국 | 청정에너지, 배터리, 첨단 원자로, 냉장·냉동·냉방, 건물, 수소, 건축 소재, 식품·농업, 탄소 포집 등 유망 분야의 도출 |
| | 중국 | 신재생에너지, 저탄소 자동차의 글로벌 시장 확대 |
| | 일본 | 신성장 분야로 에너지(해상풍력, 연료 암모니아, 수소, 원자력), 수송·제조(자동차·이차전지, 반도체·정보통신, 선박, 항공기), 물류·토목 인프라, 식량·농림수산, 탄소순환, 가정·업무시설(주택 건축물·차세대 태양광, 자원순환, 라이프 사이클) 선정 |
| 공통 전략 | | 저탄소 연료, 저탄소 공정, 저감 설비 등의 혁신 기술 확보와 글로벌 시장 진출 |

이행 기간을 두는 것은 아직 EU와 타 국가들 간 협의가 진행 중이기 때문이다. 수출과 수입에 내재된 탄소 함량 산정 방식, 투명한 탄소 비용 산정 등 국제적으로 합의된 방법론이 정립되기까지는 상당한 난관이 예상되지만, 관련 데이터의 축적과 산업계 간 협의를 통해 추진해 나갈 계획이다. 미국 바이든 정부도 CBAM의 도입 계획을 밝혔다.

여타 보호무역 조치와 마찬가지로 CBAM 역시 생산자 비용 증가와 소비자 가격 상승으로 이어져 저항이 나타날 가능성도 있다. 그러나 세계 소비와 교역에서 큰 비중을 차지하는 유럽과 미국이 동시에 CBAM을 도입하는 것은 글로벌 교역과 산업 지형에 주요한 변곡점이 될 것으로 예상된다. 어쨌든 CBAM은 국가 간 온실가스 감축 의욕의 차이를 바로 잡기 위한 무역 조치이기 때문이다. 따라서 에너지 효율성이 높은 한국 산업이 그린 에너지 인프라를 갖추고, 산업계에서도 적극적으로 탈탄소화를 추진해 나간다면 오히려 기회가 될 수도 있다.


## 한국 산업의 특성과 온실가스 배출 구조

2018년 우리나라 전체 온실가스 배출량 7억 2,760만 톤 중 산업 부문* 생산단계에서 배출되는 양은 3분의 1 정도이며, 전력 소비로 인한 간접 배출까지 포함하면 절반가량이 된다. 그중 철강, 석유화학, 시멘트, 석유정제, 반도체, 디스플레

일반적으로 산업은 농림어업, 광업, 제조업, 전력·통신·수도업, 서비스업 등을 포함하지만, 온실가스 배출을 구분하는 환경부의 기준으로는 광업, 제조업, 건설업만 해당한다. 즉 전력을 생산하는 SOC와 대량으로 소비하는 서비스업은 제외된다.

이 산업이 직접 배출과 공정 배출의 약 80%를 점하고 있어 집중도가 높다. 이들 산업은 대표적인 설비 집약형 산업으로, 기초 소재 및 부품을 생산하며, 산업 간 파급효과가 높다. 철강은 비철금속과 함께 금속부품, 기계, 자동차, 조선 그리고 건설 부문의 주요 소재를 공급한다. 석유정제 산업은 석유 제품 이외에도 화학 제품을 생산하기 위한 중간재를 공급하며, 석유화학 산업은 합성수지, 합성고무, 플라스틱뿐 아니라 전기·전자, 이차전지, 섬유 소재를 공급한다. 반도체, 디스플레이 산업은 정보통신에서 나아가 자율주행 자동차, 스마트폰 제조 등 디지털 전환과 관련하여 성장성이 매우 높은 핵심 부품 산업이다.

주요국에서 탄소중립을 추진하면서 철강, 화학, 시멘트 등 감축이 어려운 산업에 대해 기술 개발과 투자를 크게 확대하는 것은, 이들 산업이 산업 전반의 필수 소재이며 산업 파급 효과가 크기 때문이다. 또한 전기차, 이차전지, 신재생에너지, 건물, 수송 등의 분야에서 탄소중립을 위한 주요 제품의 공급 역량 확보가 중요하기 때문이다. 산업의 성장과 함께 우리나라 산업부문의 온실가스 배출은 2000년 2억 300톤에서 2018년 2억 6,100톤으로 약 30%가량 늘어났으며, 같은 기간 산업 부문의 실질 부가가치는 231조 원에서 666조 원으로 3배 가까이 증가했다. 이에 따라 산업 부문의 온실가스 배출 집약도*는 2000년 10억 원당 869톤에서 2018년 392톤으로 크게 떨어졌다.

또한 2000년대 이후 설비 투자가 활발하

온실가스 배출 집약도
온실가스 배출량을 부가가치 생산액으로 나눈 값으로, 배출 집약도가 낮다는 것은 동일 부가가치를 얻기 위해 상대적으로 적은 탄소를 배출한다는 의미

산업 부문의 온실가스 배출 집약도 추이

※ 산업연구원, 2021

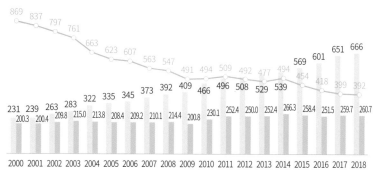

| | 2000 | 2001 | 2002 | 2003 | 2004 | 2005 | 2006 | 2007 | 2008 | 2009 | 2010 | 2011 | 2012 | 2013 | 2014 | 2015 | 2016 | 2017 | 2018 |
|---|---|---|---|---|---|---|---|---|---|---|---|---|---|---|---|---|---|---|---|
| 부가가치생산액(조 원) | 231 | 239 | 263 | 283 | 322 | 335 | 345 | 373 | 392 | 409 | 466 | 496 | 508 | 529 | 539 | 569 | 601 | 651 | 666 |
| 온실가스 배출(백만 톤) | 200.3 | 200.4 | 209.8 | 215.0 | 213.8 | 208.4 | 209.2 | 210.1 | 214.4 | 200.8 | 230.1 | 252.4 | 250.0 | 252.4 | 266.3 | 258.4 | 251.5 | 259.7 | 260.7 |
| 온실가스 배출 집약도(톤/십억 원) | 869 | 837 | 797 | 761 | 663 | 623 | 607 | 563 | 547 | 491 | 494 | 509 | 492 | 477 | 494 | 454 | 418 | 399 | 392 |

■ 부가가치생산액(조 원)　■ 온실가스 배출(백만 톤)　-○- 온실가스 배출 집약도(톤/십억 원)

게 이뤄지면서 고부가가치화가 급격히 진행되었으며, 국내 기업들의 높은 운영 역량에 힘입어 세계 최고 수준의 효율성을 유지하고 있다. 결과적으로 최신 설비와 운용 능력을 갖춘 한국의 주력 산업들은 현존 기술이나 공정을 통해 추가적인 감축이 어려운 한계 상황에 이르렀다고 보아야 한다.

유럽이나 미국, 일본처럼 산업화 역사가 오래된 국가들은 노후 설비를 교체하는 것만으로도 온실가스 배출을 크게 줄일 수 있다. 하지만 최신 설비를 갖추고 운영 효율성을 높인 우리나라는 상황이 전혀 다르다. 한국의 주력 산업에 도입된 설비들 대부분 1990년대 이후 도입되었기 때문에 향후 20~30년간 설비 가동이 가능하다. 반면 선진국의 경우에는 대부분 설비의 투자 회수가 종료되어 매몰 비용이 적고 좌초자산화 가능성도 상대적으로 낮다.

## 주요국 산업 내 업종별 비중 (2019년 부가가치 기준)

※ 산업연구원, 2021(단위: %)

| 구분 | | 한국 | EU | 프랑스 | 독일 | 이탈리아 | 스페인 | 영국 | 미국 | 중국 | 일본 |
|---|---|---|---|---|---|---|---|---|---|---|---|
| 농림어업 | | 2.2 | 1.6 | 1.6 | 0.7 | 2.0 | 2.5 | 0.5 | 0.8 | 7.4 | 1.2 |
| 광업 | | 0.2 | 0.3 | 0.1 | 0.1 | 0.2 | 0.2 | 1.3 | 1.6 | 2.0 | 0.1 |
| 제조업 | | 28.4 | 16.4 | 10.4 | 20.7 | 15.8 | 13.2 | 9.4 | 11.0 | 29.3 | 20.3 |
| | 1차 금속·주조 | 4.1 | 2.0 | 1.2 | 2.6 | 2.4 | 1.7 | 1.1 | 1.0 | 3.2 | 2.6 |
| | 정유 | 0.8 | 0.2 | 0.0 | 0.2 | 0.1 | 0.3 | 0.2 | 0.7 | 1.0 | 0.9 |
| | 화학 | 2.9 | 2.4 | 1.6 | 2.4 | 1.5 | 1.8 | 1.5 | 1.8 | 3.5 | 2.0 |
| | 시멘트 | 0.3 | 0.2 | 0.1 | 0.2 | 0.2 | 0.2 | 0.1 | 0.2 | 0.8 | 0.2 |
| | 비금속 | 0.2 | 0.2 | 0.1 | 0.2 | 0.3 | 0.2 | 0.1 | 0.1 | 0.3 | 0.2 |
| | 전기전자 | 7.4 | 1.5 | 0.8 | 2.6 | 1.2 | 0.7 | 0.7 | 1.8 | 5.0 | 2.8 |
| | 기계 | 3.1 | 2.0 | 0.7 | 3.5 | 2.6 | 1.1 | 0.6 | 0.8 | 3.1 | 3.4 |
| | 수송장비 | 4.4 | 2.2 | 1.3 | 4.2 | 1.1 | 1.7 | 1.3 | 1.5 | 2.6 | 3.3 |
| | 기타 | 5.1 | 5.7 | 4.6 | 4.8 | 6.4 | 5.5 | 3.9 | 3.2 | 9.8 | 5.0 |
| 전기·가스·수도 | | 3.3 | 2.9 | 2.6 | 2.7 | 2.9 | 3.2 | 2.4 | 2.0 | 2.8 | 2.9 |
| 건설 | | 5.2 | 5.1 | 5.1 | 4.8 | 4.6 | 5.7 | 5.9 | 4.0 | 6.7 | 5.1 |
| 서비스 | | 60.7 | 73.7 | 80.2 | 71.0 | 74.5 | 75.3 | 80.4 | 80.6 | 51.8 | 70.5 |
| 총계 | | 100 | 100 | 100 | 100 | 100 | 100 | 100 | 100 | 100 | 100 |

향후 산업 부문의 탈탄소화를 위해서는 현재 상황을 돌파할 수 있는 공정 및 제품화 기술의 확보, 그리고 적절한 시점의 설비 교체가 관건이다. 그 때문에 영국, 독일, 미국 등 전통적인 제조업 강국은 제조업 부흥과 탄소중립을 동시에 달성하기 위해 철강·화학 분야의 혁신 공정 개발에 착수했으며, 전기차·신재생에너지 등에 필요한 제품과 설비 공급을 위한 기술 개발에 주력하고 있다.

## 제조업 분야의
## 탄소중립을 위한 조건

우리나라 제조업이 GDP에서 차지하는 비중은 2018년 28.4%로, EU(16.4%), 영국(9.4%), 미국(11.0%), 일본(20.3%)과 비교해 매우 높다. 중국이 29.3%로 우리와 비슷하지만, 미국, 일본, 독일 등 제조업 강국이 20% 이하라는 점을 고려하면 한국 경제에서 제조업의 중요성을 짐작할 수 있다. 흔히 서비스업이 성장하면 제조업이 감소하리라 생각하는데, 선진국은 제조업 기반 위에 서비스 부문이 확장된 것이지 제조업이 위축된 것은 아니다. 영국, 프랑스, 이탈리아는 전통적인 제조업 강국이었지만 미국과 일본이 부상하면서 생산 시설을 아웃소싱했다. 그런데도 엔지니어링, 기계, 특수 소재, 핵심 부품 등에서는 여전히 경쟁 우위를 갖고 있다. 물류와 인터넷이 발달하고 국제분업이 본격화되면서 아웃소싱으로 글로벌 가치사슬을 적극적으로 활용한 미국, 독일, 일본도 예외가 아니었다.

그러나 코로나19라는 위기 상황에서 마스크·의약품과 같은 필수품

조차 확보할 수 없게 되면서, 특정 국가로 과도하게 쏠린 글로벌 공급망의 위험성이 드러났다. 이는 온실가스 감축에 필수적인 반도체, 이차전지와 같은 핵심 부품의 생산과 조달을 다른 국가에 의존하는 것이 얼마나 위험한지 인식하는 계기가 되었다. 제조와 혁신은 분리된 것이 아니다. 제조가 이루어지는 곳에서 혁신이 이루어진다. 따라서 한국 제조업이 경쟁 우위를 갖고 있고, 그 비중이 높다는 것은 향후 혁신 과정에서 더 많은 역량과 자원을 가지고 있다는 것을 의미한다. 이를 적극적으로 활용하는 것이 중요하다.

탄소중립 추진 과정에서 산업 부문은 가장 큰 도전에 직면하고 있으며, 기술·제품·에너지 전환뿐 아니라 우리 산업의 발전 방식과 경로를 완전히 바꿀 것으로 예상된다. 하지만 부문별 특성을 고려하지 않은 채 산업 부문에 선형적 목표치를 설정하는 것은 자칫 의지만 앞세워 현실성을 낮출 수도 있다. 앞에서 언급한 바와 같이 산업 부문의 탄소중립은 에너지 효율화, 에너지 전환뿐 아니라 원료 전환, 제품 생산 및 수요의 변화를 의미한다는 점에서 훨씬 복잡하기 때문이다.

실제로 철강, 석유화학, 반도체 등 온실가스 다배출 산업에서 탄소중립을 실현하기 위한 혁신 공정의 개발과 적용은 여전히 기술 개발 초기 혹은 실험실 수준에 머물러 있다. 수소환원제철은 1990년대부터 기술 개발이 시작되었지만, 최근에야 시험 설비가 등장했다. 앞으로도 상용화를 위해서는 규모 확대, 규모의 경제 확보, 수소와 재생에너지 같은 그린 인프라 확보가 필요하다. 이와 관련하여 국제에너지기구(IEA)는 2020년 말 발표한 「철강 산업 탄소중립 전략」 보고서에서 수소환원제철 제강법이 본격적으로 적용되는 것은 2050년 이후

에나 가능하다고 예상했다. 화학 생산 공정에서 바이오 납사로 원료를 전환하는 기술도 개발 초기 단계라 실용화까지 시간이 걸릴 것으로 예상되며, 바이오 원료의 공급 제약도 해결해야 할 과제다. 이처럼 산업은 자본(설비)과 기술, 기업과 사람이 얽혀 있어 제도나 정책 공급에 의해 단번에 바뀌기는 어렵다. 따라서 파괴적인 기술의 상용화를 위한 관심과 투자, 그리고 수요 변화가 효과적으로 이루어져야 한다.

## 탄소중립을 위해
## 한국 산업은 무엇을 해야 하는가?

탄소중립위원회의 2021년 10월 발표에 따르면 산업 부문의 온실가스 배출은 2018년 2억 6,050만 톤에서 2030년에는 2억 2,260만 톤으로 14.5% 줄어들 것으로 예상했다. 탄소중립 시나리오에는 여기에 혁신 기술의 적용과 산업 구조의 변화를 통해 감축 속도를 높임으로써 2050년에는 80.4%가 줄어든 5,100만 톤을 제시했다. 2050년 5,100만 톤 배출은 원료 자체에서 배출을 피할 수 없는 시멘트, 화학, 전자를 제외한 대부분 산업이 탈탄소화된 수치다.

2030년까지는 수소·바이오 등 대체 원료 공급의 불안정성과, 혁신 공정 기술 개발 및 적용의 어려움이 있을 것이다. 우리 산업은 이미 배출권거래제가 도입되면서 기업들은 에너지 효율 향상을 위해 노력하고, 결과적으로 대부분 세계 최고 수준에 도달했다. 하지만 대부분 해외 업체에서 제작되었고 관련 부품 및 장비 조달에도 한계가 있기 때문에 추가적인 에너지 효율 확보가 어려운 실정이다. 따라서 산업 부

※ 탄소중립위원회, 2021.10.18.

| 구분 | 2018년 | 2030년 NDC | 2050년 LEDS |
|---|---|---|---|
| 산업 부문 합계 | 260.5백만 톤 | 222.6백만 톤 (-14.5%) | 51.1백만 톤 (-80.4%) |

문에서 단기간에 탄소중립을 효과적으로 추진하려면 에너지 효율 솔루션 및 기술에 대한 역량 확보가 필요하다.

2050년 탄소중립을 추진하면서 철강, 석유화학, 정유, 시멘트 등 주요 온실가스 다배출 산업뿐 아니라 산업구조 전반에 큰 변화가 예상된다. 에너지 효율 향상이나 공정 개선만으로는 한계가 있으며, 공정 전환, 연료 전환과 함께 산업구조 재편이 진행될 것이다. 산업구조 재편은 신유망 산업 등으로 산업을 완전히 바꾼다기보다는 동시에 수요 변화(저탄소화·친환경화)를 반영하여 산업 내 주력 제품이 변화하는 것이다. 예를 들어 내연기관차에서 전기·수소차로, 탄소 유발 소재에서 탄소 저감 소재로 이동하는 것이다. 저전력 반도체, 스마트 설비, 재생에너지 설비 등은 유망 산업군으로 보아야 한다.

아울러 혁신 공정·원료·기술의 변화도 가속화될 것이다. 혁신 공정은 생산 패러다임의 변화를 가져오고 글로벌 저탄소 설비 공급·수출이라는 기회까지 만들 수 있다. 철강의 경우 철광석과 석탄을 사용하는 전로 방식에서 직접환원철(Direct Reduced Iron)과 전기·수소를 이용하는 수소환원제철 방식으로 변화하는 중이다. 만약 수소환원제철을 우리가 상용화하여 엔지니어링과 설비 제조를 주도한다면 생산 공정의 탈탄소화뿐 아니라 글로벌 철강 설비 솔루션 공급자로 부상할 것이다. 수소환원제철은 이산화탄소를 발생시키는 석탄을 수소로 바꾸는 공정인데, 이는 길게는 철기시대 이후 수천 년 동안 인류가 활용했던 제강법을 완전히 바꾸는 것이다. 세계 철강 업계가 1990년대부터 시도했으나 이제 겨우 데모(Demo) 플랜트를 만들었다고 보고되며, 규모 확대와 상용화 과제로 남아있다. 이러한 상황에서 스웨덴 철강 업계가 추진하고 있는 하이브리트(HYBRIT) 프로젝트가 주목받고 있다. 수소환원제철 기술인 하이브리트 기술을 이용해 철강을 생산하려는 것으로, 스웨덴의 총 철강 생산량은 2020년 기준 400만 톤이다. 2020년 전 세계 철강 생산량이 약 20억 톤이라는 점에서 스웨덴의 철강 산업은 규모 확대의 여지가 거의 없다. 하지만 철강 생산의 탈탄소화와 글로벌 철강 설비의 공급 판도를 바꾸기 위해 의욕적으로 추진 중이다.

연료 및 원료 대체는 저탄소 연료·원료의 투입 비중을 높여 온실가스 배출 저감과 자원순환을 동시에 추구함으로써 환경과 산업 경쟁력을 높이는 방법이다. 석유화학 분야에서는 현재의 석유·납사 기반의 제품 생산 대신 바이오·수소 기반의 제조 방식으로 전환하거나, 중간재인 납사를 생산하지 않고 곧바로 화학제품을 생산하는 COTC(Crude Oil To Chemicals) 방식으로 전환한다면 정유나 석유화학뿐만 아니라 플라스틱, 합성고무, 합성섬유 등 관련 산업구조 역시 변화할 것이다.

에너지 효율화는 기계·전기·전자 부문의 업그레이드를 통해 초고효율 기기·설비 도입을 촉진하고, 노후 설비의 교체를 통해 효율성을 높여나가는 방법이다. 이를 위해서는 스마트 공장, 스마트 산업 단지,

공장에너지관리시스템(FEMS) 등이 보다 긴밀한 연계성을 갖고 추진되어야 한다.

자원순환은 폐열·폐플라스틱 등의 재활용을 늘려나가는 것으로, 시멘트 산업에서 폐열 발전을 늘리거나, 석유화학에서 폐플라스틱을 재사용하여 제품을 생산하는 방식이다. 기존의 재활용(recycling)이 대부분 물질 특성상 낮은 제품을 생산하는 다운사이클링(downcycling)이었다면, 앞으로는 설계-생산-소비-폐기 후 재사용 과정을 혁신하여 업사이클링(upcycling)을 지향해야 한다.


## 제조업의 기반을 혁신하는
## 탈탄소화

우리나라 산업은 국제 경쟁에 전면적으로 노출되어 있으며, 산업 간 연관 관계가 높아 특정 산업 혹은 공정의 변화만으로는 탄소중립과 지속 가능한 성장을 동시에 실현하기 어렵다. 따라서 기후 대응 관점에서 통합적인 경제·산업 정책뿐만 아니라 적극적인 관점에서 면밀하게 준비되고 추진되어야 한다. 지금까지는 비용 대비 효과성을 중시했다면 앞으로는 개선을 넘어 전혀 새로운 기술 및 공정의 변화가 이뤄져야 한다. 우리나라가 제조업을 포기하지 않는다면 산업 생태계의 근간인 금속·화학·반도체 등 소재·부품 공급 산업의 공정 혁신을 주도해야 한다. 당장 탈탄소화를 위해 외부 기술·설비를 도입하기보다는 우리가 직접 세계시장을 목표로 혁신을 추진해야 한다. 이를 위해서는 탄소중립 관련 제도 및 정책을 추진하는 과정에서 우리 산업의 준비 수준을 점검하고, 변화를 위해 필요한 것을 적극적으로 지원해야 한다.

현재는 공정 혁신이 주로 언급되고 있지만, 건물의 제로에너지화, 모빌리티의 수소·전기화를 뒷받침하는 소재와 제품의 공급 역량을 확보하는 것도 중요하다. 자동차나 건물의 에너지 효율 향상, 온실가스 배출량의 규제나 재정으로 해결하는 방법도 있다. 하지만 궁극적으로는 탄소중립 제품의 국내 공급 역량을 높여 사회 전반의 온실가스 감축을 지원해야 한다. 이를 위해서는 생산자(기업)와 소비자(시장) 모두 저탄소 제품을 발굴하고 소비를 늘려나가야 한다. 무엇보다 소비자들이 구매 행위를 통해 저탄소(탈탄소) 제품을 공급하는 기업만이 성장할 수 있다는 확신을 심어주어야 한다. 이를 위해서는 환경표지 제품, 우수 재활용 제품, 저탄소 인증 제품 등 녹색 제품의 생산·소비 촉진을 위한 인프라를 확대하고, 관련 제품의 가격 상승을 사회적으로 수용해야 한다. 소비자들도 고효율·고부가가치 제품의 생산을 위한 비용 상승이 가격 인상으로 이어진다는 점을 인정하고, 이러한 제품의 공급을 끊임없이 요구해야 한다.

탄소중립은 디지털 전환과 아울러 글로벌 산업에서 새로운 경쟁 규칙이 만들어진다는 것을 의미한다. 국제사회가 그린뉴딜을 추진하는 것은 탄소중립 실현 과정에서 새로운 시장을 창출하고 혁신 역량을 높이기 위해서다. 우리는 다양한 산업 포트폴리오, 국제 경쟁력을 갖는 주력 산업, 우수한 인적 자본과 생산 노하우 등을 갖고 있다. 이러한 장점을 활용하는 한국형 성장 전략을 추구하되, 국제사회의 새로운 가치와 비전에 대응할 수 있도록 탄소중립을 선도해야 한다. 주력 산업 대부분이 글로벌 리더십을 가진다면 탄소중립을 위한 새로운 경쟁 패러다임을 선도해 나갈 수 있다. 또한 우리 산업은 과거 과감한 투자와 산업화로 세계시장에 진출한 경험이 있기 때문에 전 세계적인 탄소중립은 오히려 기회가 될 수 있다.

이제 탄소중립을 위한 한국 산업의 커다란 도전이 시작되었다. 비록 첫 발걸음을 옮기는 것이 더딜 수는 있으나, 제조업의 녹색화를 위해 산업 내, 산업 간 연계를 견고하게 만들면서 단계적이고 효과적인 추진 계획을 마련해야 한다. 그리고 면밀한 중간 검토와 체계적인 평가·개선을 통해 추진 속도를 높일 수 있도록 노력해야 한다. 개별 기업 혹은 특정 산업에 대한 집중적인 이행 점검도 필요하지만 긴 호흡과 넓은 시야로 한국형 녹색 산업화를 위한 로드맵을 만들어 나가야 한다.

제조 강국인 한국에서 탄소중립 전략은 글로벌 경쟁력을 갖는 주력 산업의 경쟁 패러다임의 전환인 동시에 제조업 기반을 도약시키는 탈탄소화(decarbonization)가 되어야 한다. '한국형 뉴딜'에서 제조업 분야의 전환 전략에서 제시된 방안은 단기와 중장기를 모두 포괄하는 것으로, 기업이 독자적으로 할 수 있는 것, 민관 협력에 의해 가능한 것, 정부가 관련 인프라를 구축한 이후 민간이 참여할 수 있는 것이 혼재되어 있다. 그러나 정책의 실현 가능성은 사회 전환에 대한 의지와 아울러 이를 뒷받침하는 제도 및 재정 투자, 그리고 산업과 기업의 자발적인 참여를 독려하는 제도의 지속성과 실효성에 따라 달라질 것이다. 이러한 관점에서 산업 부문의 녹색 전환은 정부가 적극적인 산업구조 전환에 대한 비전을 갖고 시민사회, 기업, 산업계와 공동으로 노력해야 한다.

정부와 산업계가 함께 만들어가는
탄소중립

제조업에서 녹색 전환을 위한 투자를 이끌어 내려면 R&D, 녹색금융 시스템 구축 등 개별 기업 및 산업의 투자 방향을 제시하고 이를 지원해야 한다. 기업의 기술 개발과 설비 투자의 자금 공급을 위해 조세, 탄소 시장 등 다양한 정책 수단이 있다. 정부가 출자하고 민간이 참여하는 매칭 펀드 방식의 투자 펀드를 조성하는 것도 방법이 될 것이다.

아울러 국가 전략 기술로 개발이 필요한 분야에 대해서는 산학연 협의체를 구성하여 국가 투자 로드맵을 수립하고, 주기적으로 평가·보완하는 것이 중요하다. 이를 위한 단계별 재정 투자와 민간 참여를 촉진해야 한다. 신공정·신기술이라는 점에서 R&D도 중요하지만, 향후 10~30년 이내에 상용화를 이루고 설비를 교체할 수 있도록 추진해야 한다. '기초 기술 – 응용 기술 – 규모 확대 – 상용 기술 – 설비 교체'를 고려한다면 R&D 예산 배정에도 우선순위를 두고, 핵심 사업에 대해서는 예비타당성 면제를 통한 조기 착수 등 안정적 투자 로드맵을 준비해야 한다. 산업 전환을 가져올 원천 기술에 대한 대규모 투자가 요구되므로 기업 규모의 구분 없이 대폭의 조세 특례 혹은 세액 공제를 도입해야 한다.

다음으로 그린 인프라에 대한 국가적 신뢰 기반이 마련되어야 한다. 산업 부문의 혁신 공정·기술에 대한 투자를 위해서는 RE100, 그린 수소, CCUS, 순환자원 등 그린 인프라에 대한 불확실성이 없어져야 한다. 이를 위해 그린 인프라에 대한 국내 수요 충족과 적정 가격 수준 확보가 중요하다. 이때 가격 수준은 환경뿐 아니라 산업·경제도 함께 고려해 결정되어야 한다.

산업 부문 전략이라는 관점에서 볼 때, 한국판 뉴딜 추진과 정부의 모든 정책은 산업계의 이해와 협조가 전제되어야 한다. 기후위기 대응 기업에 대한 인센티브 제공, 온실가스 배출권 수급 관리 강화 등을 통해 새로운 변화에 대한 기업 부담을 낮춰야 한다. 재사용·재활용이 가능한 제품을 생산하는 기업, 폐자원 재활용을 이행하는 기업 등에 대한 인센티브를 제공하는 것도 기업이 능동적으로 온실가스 다소비 공정을 개선하도록 유도하는 방법이 될 수 있다. 제조업의 경쟁력 유지를 위해 산업별·업종별 특성에 맞는 한국형 온실가스 배출권거래제도 마련되어야 한다. 산업계 역시 변화에 맞서 수동적 대상이 아닌 적극적 주체로서 앞장서야 하며, 사회적 가치와 비전을 공유하고 국가 경쟁력의 촉진자 역할을 해야 할 것이다. 하지만 무엇보다 가장 중요한 것은 탄소중립이라는 공동의 목표를 실현하기 위해 사회 구성원 모두가 소통하고 협력하는 것이다.

# 04

순환경제로 실현하는
탄소중립

# 순환경제로 실현하는
# 탄소중립

우리가 사용하고 있는 제품들의 상당량은
대량 생산·소비된 이후 순환되지 못하고 폐기되고 있다.
제품의 생산 과정뿐만 아니라 폐기 과정에서도 다량의 온실가스가 배출되고 있다.
소비된 제품을 폐기하지 않고 다시 사용한다면 생산과 폐기 과정에서
발생하는 온실가스를 줄일 수 있을 것이다. 순환경제는 소비된 물질을
생산 단계에 다시 투입하여 자원의 가치를 지속시키고
폐기물 발생을 최소화하는 경제 시스템으로,
탄소중립 실현의 핵심 전략으로 부각되고 있다.

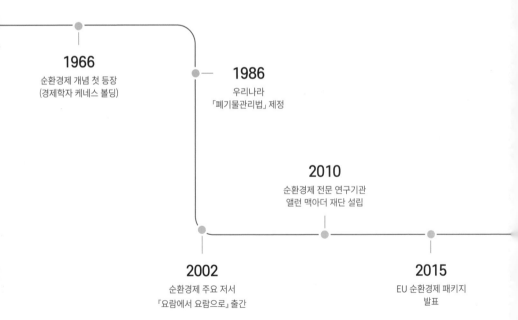

**1966**
순환경제 개념 첫 등장
(경제학자 케네스 볼딩)

**1986**
우리나라
「폐기물관리법」 제정

**2010**
순환경제 전문 연구기관
앨런 맥아더 재단 설립

**2002**
순환경제 주요 저서
「요람에서 요람으로」 출간

**2015**
EU 순환경제 패키지
발표

순환경제
Circular Economy

원자재

디사인

제품
재제조

유통

공유,
재사용, 수리

수거

재활용

**2016**
우리나라 「자원순환기본법」
제정

**2019**
EU 그린딜 정책 발표
(순환경제를 주요 정책으로 제시)

**2021**
한국판 뉴딜 2.0에서
순환경제 활성화 추가 반영

**2018**
EU 순환경제 모니터링
지표 체계 마련

**2020**
「2050 탄소중립 추진 전략」에서
순환경제 활성화 제시

## 순환경제란
## 무엇인가?

현재의 자원 경제구조는 '자원 채취 → 제품 생산 → 소비 → 폐기'로 이어지는 선형경제(Linear Economy) 구조다. 이 구조에서는 자원 사용량이 증가하고, 폐기물이 다량 배출되기 때문에 다양한 환경 문제가 발생할 수밖에 없다. 자원을 추출하고 가공하는 과정에서 전체 온실가스 배출량의 50%, 생물 다양성 손실 및 물 스트레스의 90%가 발생한다. OECD는 천연자원의 전 세계 소비량이 향후 40년 내에 2배가 될 것이며, 연간 폐기물 발생량은 2050년까지 70% 증가할 것으로 전망하고 있다. 기존의 선형경제 체계에서는 자원을 무한에 가까운 생산 요소로 여겨 왔다. 과학이 이룬 기술적 토대 위에서 우리가 필요한 만큼 얼마든지 쓸 수 있는 대상으로 자원을 바라본 것이다. 이러한 기계론적 인식은 기후변화, 자원 고갈 등 전 지구적 환경 문제를 일으켰고,

성장만을 추구하는 경제 체계는 오늘날 한계에 부딪혔다. 그 결과, 생태계의 수용 범위를 고려하여 환경·경제·사회적 균형 속에서 성장을 꾀하는 '지속가능발전'이 전 세계적인 패러다임으로 자리 잡았다. 지난 수십 년 동안 해당 개념이 정립되는 과정 속에서 지속 가능성을 측정·분석하기 위한 여러 기법들과 제품·산업·정책 단위의 새로운 방식들이 고안되어 왔다. 최근의 '저탄소경제(Low-Carbon Economy)'와 '순환경제(Circular Economy)' 역시 그 과정의 연장선상에 있다.

순환경제란 기존의 선형경제 모델에 대비되는 개념으로, 경제계에 투입된 물질을 폐기하지 않고 생산 단계에 다시 투입하여 자원의 가치를 최대한 지속시키고 폐기물 발생을 최소화하는 경제 시스템을 말한다. 이는 자원을 선순환시킴으로써 제품 제조에 투입되는 천연자원의 사용을 줄이고, 폐기물 매립이나 소각에 따른 온실가스 배출 저감에도 기여할 수 있다. 기후변화 대응이 강화됨에 따라 직접 배출에 대한 한계저감비용이 높아지면서 자연스럽게 간접 배출로 관리 영역이 확대되고 있다. 즉, 사업장에서 에너지 소비를 줄이는 것 뿐만 아니라 물질 시스템 기반의 탄소 관리를 해야만 탄소중립 목표를 달성할 수 있을 것이다. 여기서, 물질 시스템 기반이란 제품을 만드는 데 들어가는 원재료의 사용을 줄이도록 제품의 설계를 개선하고, 재사용과 재활용이 촉진되도록 물질의 흐름을 고려한 시스템을 구축하는 것이다.

순환경제가 탄소중립의 중요한 이행 전략으로 다루어지고 있는 또 다른 이유는 새로운 천연자원을 추출하는 데 소모되는 에너지를 절감하고, 제품의 교체 주기를 늘림으로써 탄소 배출량을 줄일 수 있기 때문이다.

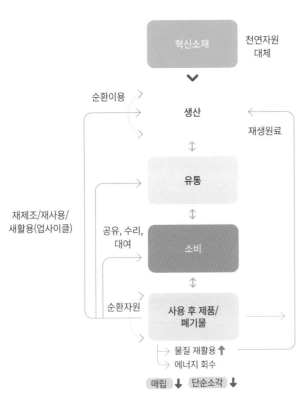

**선형경제**

자원 채취 → 제품생산 → 제품소비 → 폐기물

**순환경제**

혁신소재 — 천연자원 대체

순환이용

생산 — 재생원료

유통

재제조/재사용/ 새활용(업사이클)

공유, 수리, 대여

소비

순환자원

사용 후 제품/ 폐기물

물질 재활용 ↑
에너지 회수

매립 ↓   단순소각 ↓

## EU의 그린딜과
## 순환경제 추진 전략

순환경제는 EU에서 산업 정책의 화두가 되고 있으며, 산업계 또한 새로운 순환경제 비즈니스 모델의 발굴·도입에 역량을 집중하고 있다. EU에서는 제품의 전 주기에 걸친 종합적인 정책 추진과 함께 산업 경쟁력 강화를 위한 기술 혁신 및 투자를 진행 중이다. 특히 순환경제 패키지(Circular Economy Package)를 통해 제품의 생산, 소비, 폐기물 관리, 재생원료 시장까지 모든 영역을 포괄하는 '행동계획(Circular Economy Action Plan)'을 발표했다. 이어서 2018년에는 순환경제 모니터링 지표 체계를 마련했으며, 2019년에는 순환경제 관련 고용률, 부가가치, 재활용률 등 다양한 측면에서 순환경제 정책 추진에 따른 효과를 제시하였다.

2019년 12월, 새로 출범한 EU 집행위원회는 지속가능발전을 위한 전략으로 그린딜 정책을 발표하였다. 그린딜에서는 '탄소중립'과 '자원 효율적 경제'를 두 축으로 한다. 2050년 온실가스 순배출 제로 달성으로 기후위기를 극복하겠다는 목표 아래, 순환경제를 주요 정책으로 제시하고 있다. 순환경제와 관련하여 EU는 크게 5가지 측면에서 '산업' 부문의 추진 전략을 제시하고 있다.

첫째, 순환제품 시장을 선도적으로 창출하기 위해 순환경제에 기반한 새로운 산업 정책을 제시하고 있다. 특히 EU 산업에서 중추적 역할을 하고 있는 철강, 시멘트, 화학제품 등 에너지 집약 산업의 탈탄소화 및 현대화를 위한 법 제도화를 추진할 예정이다.

둘째, 지속 가능한 제품 정책을 강조한다. 섬유·건물·전자·플라스틱·배터리 등 자원 집약적 분야를 중심으로 재활용 이전 단계에서부터 자원 사용을 줄이고 재사용을 강화하도록 하고 있다.

셋째, 2030년까지 유럽 내 모든 포장재를 재사용·재활용이 가능하도록 하는 방안을 제시할 계획이다. 넷째, 2차 원료(Secondary Raw Material)와 부산물(By-Product)에 대한 단일 시장을 촉진해 나가고 있다. 배터리, 건설자재, 플라스틱 포장재 등 2차 원료와 부산물 사용 의무화를 통해 시장 창출을 위한 법적 요건을 검토 중이며, 특히 배터리에 대한 전략적 행동계획을 통해 지속 가능한 배터리 가치 사슬*을 보장하고 있다. 마지막으로, 디지털 기술을 통해 에너지와 자원이

가치 사슬
기업 활동에서 부가가치가
생성되는 과정

얼마나 사용되고 있는지 모니터링하고, 순환경제 성과를 평가하는 수단으로 활용하고 있다.

산업 부문뿐 아니라 건물 및 농식품 부문에서도 순환경제와 연계한 전략을 제시하고 있다. 건물 부문은 전체 에너지 소비의 40%를 차지하고 있으며, 신·개축 시 상당한 자원을 소모한다. 이에, 보다 자원 효율적인 방식으로 건물을 신·개축하도록 순환경제를 고려한 정책을 제시할 계획이다. 또한 농식품 부문에서도 환경친화적인 식품을 생산하고 소비하는 전략(Farm to Fork strategy)을 통해 순환경제를 촉진해 나가고 있다. 특히 디지털화를 통해 해당 식품이 어디에서 왔는지, 어떠한 환경 발자국을 가지고 있는지 소비자에게 알려 주고자 한다.

EU는 순환경제 전환을 통해 2030년까지 약 1.8조 유로의 경제적 이익과 함께 100만 개 이상의 새로운 일자리가 창출될 것으로 전망하고 있다. 또한 순환경제가 온실가스 배출을 저감하는 데 중심 역할을 할 것으로 기대하고 있다. EU가 탄소중립을 위한 그린딜 추진 전략에서 순환경제를 중점적으로 다룬다는 점을 우리도 참고할 필요가 있다. 무엇보다 그린딜에서 추진하고 있는 2차 원료 및 부산물 사용 의무화는 유럽으로 수출하는 우리 기업들에게 큰 영향을 미칠 수 있다. 앞으로 재사용·재활용이 어렵거나 재생원료를 일정 비율 이상 사용하지 않은 제품은 수출이 제한될 수 있어 이러한 정책 방향성에 대비해야 한다.

## 왜 순환경제로 가야 하는가?

우리나라 폐기물 발생량은 매년 지속적으로 증가하고 있다. 2019년 총 폐기물 발생량은 497,238톤/일으로, 전년 대비 약 11.5% 증가하였다. 또한 코로나19에 따른 비대면 생활, 외출 자제 등으로 가정 내 신선식품·간편식 소비가 늘어나고, 포장·배달 이용이 증가하는 추세다. 특히 온라인 배달 급증으로 일회용 용기, 아이스팩, 스티로폼 박스 등의 사용이 크게 증가하면서 폐기물 혼입 및 재활용품 품질 저하 문제도 발생하고 있으며, 폐기물 부문(매립 및 소각 등)의 온실가스 배출량도 증가 추세에 있다. 따라서 자원의 선순환을 통해 폐기물 발생을 줄이고, 기후위기에도 대응해 나가는 노력이 필요하다.

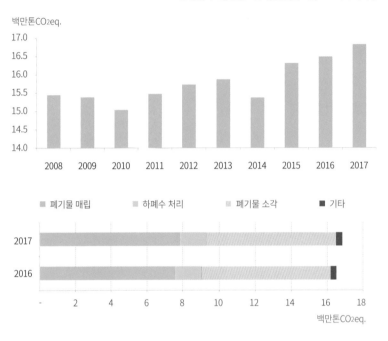

※ 온실가스종합정보센터(2019)를 바탕으로 저자 재작성

다시 말해, 우리나라가 앞으로 탄소중립을 실현하기 위해서는 기존의 '대량생산-소비-폐기'의 선형경제 구조에서 벗어나 자원의 효율성 및 선순환 촉진을 위한 '순환경제'로의 전환이 중요하다. 특히 순환경제는 전후방 산업 연계 및 신산업 창출을 통해 경쟁력을 강화할 수 있으며, 물질 재활용과 에너지 회수를 통해 천연자원을 대체하여 온실가스 배출 저감에도 기여할 수 있다. 자원 사용과 온실가스 배출을 줄이면서 일자리 창출과 경제성장을 꾀하는 순환경제 전략은 우리에게 새로운 기회가 될 수 있다. 뿐만 아니라 제품 환경 규제 강화, 친

환경차 보급 등으로 희유금속* 확보 경쟁이
가속화되는 가운데, 이에 대응하기 위한 전략
으로도 순환경제는 중요한 역할을 할 수 있다.

## 그린뉴딜과
## 순환경제의 활성화

2020년 7월 발표된 한국판 뉴딜은 우리나라 경제와 사회를 새롭게
(New) 변화시키겠다는 약속(Deal)으로, 사람 중심 포용 국가 기반 위에
'디지털뉴딜'과 '그린뉴딜'을 두 축으로 추진 중이다. 이 중 그린뉴딜
은 '탄소중립을 위한 녹색 전환 추구'라는 목표 아래, '친환경·저탄소
등 그린경제로의 전환 가속화' 및 '친환경 산업의 경쟁력 강화'를 추진
전략으로 제시하고 있다. 저탄소 경제구조로 전환해 나가면서 기후위
기에 대응하는 동시에 재생에너지 및 친환경 산업에 대한 투자로 경
기 부양과 고용 창출에 기여한다는 것이다. 이러한 그린뉴딜은 '기후·
생태·환경위기' 대응뿐 아니라 코로나19에 따른 '사회·경제위기'를 극
복하기 위한 포괄적·적극적 대응이라는 점에서 주목받고 있다.

또한 2020년 12월에는 경제구조의 저탄소화, 탄소중립 사회로의
공정 전환, 탄소중립 제도적 기반 강화 등을 목표로 「2050 탄소중립
추진 전략」이 발표되었으며, 10대 과제 중 하나로 '순환경제 활성화'가
제시되었다. 이는 재사용 및 재활용 촉진을 통해 자원 사용을 최소화
하고 온실가스를 감축하고자 하는 정부의 의지가 반영되었다고 할 수
있나. 이후 2021년 7월 발표된 한국판 뉴딜 2.0에서는 「2050 탄소중

립 추진 전략과 연계하여 '탄소중립 추진 기반 구축'이 신설되었다. 기존 그린뉴딜 사업에 '순환경제 활성화'가 추가 반영되면서 순환경제의 외연이 확대되고 그 역할이 더욱 중요해지고 있다. 앞으로는 그린뉴딜 사업에 순환경제 요소를 어떻게 담아갈 것인지, 2050 탄소중립 이행을 위한 순환경제 전략을 어떻게 구체화할 것인지 단계별 로드맵을 제시할 필요가 있다.

국내 탄소중립 선언 및 관련 계획

순환경제로 전환하기 위해서는 물질 재활용 및 에너지 회수 촉진도 중요하지만, 폐기물이 발생되기 이전 단계인 생산·소비 단계에서부터 자원 소비를 줄이고 폐기물 발생을 원천적으로 억제하는 것이 필요하다. 이를 위해서는 사회 전반의 구조 변화와 함께 전환적 혁신을 위한 사회적 공감대(거버넌스)가 필요하며, 제도뿐 아니라 혁신 기술, 녹색금융, 그린 인프라, 표준 지침, 인센티브, 통계 모니터링 등이 종합적으로 검토되어야 한다.

탄소중립 이행을 위한
순환경제 추진 전략

순환경제를 정착시키려면 구체적인 추진 전략이 제시되어야 한다. 여기에는 기술 혁신, 혁신 딜(규제 샌드박스), 녹색금융 지원, 그린 인프라 확충, 순환경제 플랫폼 구축 등 다양한 전략적 수단이 포함되어야 할 것이다. 특히 재생원료 사용 확대를 위해서는 생산 단계에서 재생원료의 사용 비율을 늘려 해당 시장을 적극적으로 견인해 나가야 하므로, 관련 공정 개선 및 시설 투자가 뒷받침되어야 한다. 순환경제의 비전과 목표, 그리고 이를 실현하기 위한 추진 방향을 제시하면 다음과 같다.

순환경제 정책 로드맵 비전, 목표 및 추진 전략(안)

※ 조지혜 외.(2021)

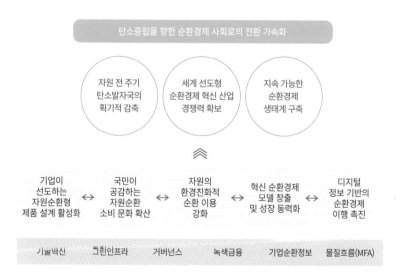

※ 조지혜 외.(2021)

탄소중립 이행 및 녹색산업 경쟁력 강화

순환경제

**재생원료 제조 혁신 소재 개발**

- 품질 기준
- 재생원료 사용 확대
- 유해 물질 정보 전달
- 저탄소 자원순환형 소재 개발

**지속 가능한 제품 설계**

- 내구성 강화, 재사용·재활용 용이성 고려
- 재생원료 이용
- 유해 물질 저감
- 생산자 책임 확대

**지속 가능한 친환경소비**

- 탄소발자국, 에코라벨링 인증
- 재활용 용이성 표시
- 공유제품 서비스 및 소비자의 수리할 권리 강화
- (공공) 공공 조달·구매 활성화 소재 개발
- (민간) 친환경 소비 생활 확대

**자원의 순환이용**

- 재제조 확대
- 새활용 산업 활성화
- 폐자원 회수 및 재활용 확대

**지원 수단**

- 혁신(기술)
- 녹색금융
- 그린인프라
- 표준, 지침

- 인센티브
- 거버넌스
- 모니터링
- 국제 협력

이러한 비전과 목표 아래, 순환경제의 핵심 요소인 ① 자원순환 전 과정 관리, ② 순환경제 이행 확산, ③ 핵심 품목 순환경제 기반 구축, ④ 이행 점검 및 모니터링 측면에서 다음과 같은 세부 전략이 추진되어야 할 것이다.

첫째, 제품 전 주기 관리 측면에서는 자원순환성을 고려하여 친환경 설계 및 소비 촉진, 지속 가능한 제품 재사용 활성화, 물질 재활용 및 에너지 회수 촉진, 재생원료 사용 확대를 위한 제도가 마련되어야 한다.

**핵심 요소 ① 자원순환 전 과정 관리**

※ 조지혜 외.(2021)

| 부문 | 세부 내용 |
|---|---|
| 자원순환성을 고려한 원료 사용 | ① 저탄소 자원순환형 혁신 소재 개발 및 상용화<br>② 재생원료 사용 확대 |
| 자원순환형 제품 설계 및 친환경 소비 | ① 지속 가능한 제품 설계 체계 구축<br>② 지속 가능한 소비 생활 확대<br>③ 자원순환형 제품 공공 조달·구매 활성화<br>※ 공유제품 서비스 및 소비자의 수리할 권리 강화 |
| 지속 가능한 제품 재사용 | ① 재제조 확대<br>② 새활용 산업 활성화 |
| 폐자원 회수·재활용 확대 | ① 금속 재자원화(도시 광산) 및 도시 유전 활성화<br>② 제조 공정 폐에너지·부산물 순환 이용<br>③ 미래 폐자원 회수·재활용 체계 구축<br>④ 에너지 회수 촉진 |

둘째, 순환경제 이행 확산을 위해서는 탄소발자국·환경표지와 같은 에코라벨링, 재질 구조 및 재활용 용이성 표시, 기업의 친환경성 유도를 위한 환경 정보 공개 확대, 녹색금융 활성화, 순환형 세제 지

원 및 배출권거래제 개선, 물질 흐름 분석 및 통계 구축 등이 뒷받침 되어야 한다. 또한 상당량의 자원이 소비되고 폐기물이 발생하는 공간인 도시와 산업단지를 대상으로 자원순환 체계를 구축하는 방안도 필요하다.

핵심 요소 ② 순환경제 이행 확산

※ 조지혜 외.(2021)

| 부문 | 세부 내용 |
|---|---|
| 정보 공개 | ① 탄소발자국, 환경표지 등 에코라벨링<br>② 재질·구조 개선 평가 및 재활용 용이성 표시<br>③ 기업의 친환경성 유도를 위한 기업 환경 정보 공개 확대 |
| 통계 기반 구축 | ① 물질흐름분석<br>② IoT 등 디지털 정보 기반의 물질 추적 시스템 |
| 국가 세제 및 녹색금융 지원 | ① 세제 지원<br>② 배출권거래제 개선<br>③ 녹색금융 활성화 |
| 공간 단위 순환경제 체계 구축 | ① 지속 가능한 순환도시<br>② 자원순환형 혁신 산업단지 |

셋째, 자원 집약적이면서 순환경제에 큰 영향을 미치는 플라스틱, 배터리, 식품, 섬유, 건물 부문에 대해서는 별도의 로드맵을 통해 품목별 특성이 고려된 순환 전략을 마련해야 한다. 특히, 사회적으로 많은 관심을 받고 있는 플라스틱의 경우 제품 생산단계부터 천연자원의 사용을 줄이고 재생자원의 선순환(친환경설계, 다회사용, 재활용)을 촉진하여 폐기물 발생을 최소화함으로써 온실가스 배출 저감을 도모해야 할 것이다.

※ 조지혜 외.(2021)

| 부문 | 세부 내용 |
|---|---|
| 플라스틱 | • 플라스틱 제품 생산에서부터 유통·소비, 분리배출 및 선별, 재활용, 재생플라스틱 활용에 이르기까지 자원의 선순환(친환경설계, 다회사용, 재활용 다변화 등)을 촉진<br>• 육상 기인 폐플라스틱뿐만 아니라 해양플라스틱, 미세플라스틱, 플라스틱 제품에 사용되는 유해화학물질 관리 측면까지 종합적으로 검토한 전 주기 순환전략 마련 |
| 배터리 | • 전기차 사용후 배터리를 포함하여 산업용 ESS 배터리 등 리튬이차전지에 대한 체계적인 회수 및 재활용체계 구축<br>• 재사용 및 재활용을 구분하기 위한 배터리의 성능평가 기준 및 방법 마련, 재제조 배터리의 품질 및 안전성 기준 등 국가 표준 개발<br>• 사용후 배터리 전 주기 정보체계 및 디지털 기반 이력관리 시스템 구축 |
| 식품 | • 범부처 음식물류폐기물 감량 전략 수립을 통한 식품폐기물 감량 목표 설정 및 성과 관리<br>• 생산·소비 예측을 고도화하여 식품손실 폐기를 사전적으로 예방<br>• 유통기한이 아닌 소비기한 등 표기 개선, 남은 음식물 전자관리시스템 구축 및 운영, 식품 폐기물의 바이오소재화 및 고부가가치 제품 생산 활용 |
| 섬유 | • 바이오유래 섬유 등 친환경소재 개발. 자원순환형 친환경섬유 소재산업 지원을 위한 기반조성으로 그린섬유 생태계 육성<br>• 폴리에스터 재생기술 등 재활용기술 개발과 함께 재생섬유 가공을 위한 자동화 설비 인프라 마련, 재활용센터를 새활용센터와 연계하여 자원순환센터로 확대하여 현대화 추진<br>• 폐의류 수거/재활용을 위한 지역적 거점화, 집중화를 통한 자원화 지원<br>• 녹색제품 인증을 활용한 공공조달 의무구매 제도 확대 |
| 건물 | • 녹색건축인증 건축물에 저탄소 인증자재 등의 적용을 확대하여 탄소 중립 건축물 구현을 통해 건물 부문 온실가스 배출량 감축 추진<br>• 순환골재 사용 확대 및 건설폐기물 발생 최소화<br>• 건축물 설계 시 녹색건축 인증제도의 지표에 대한 적용 강화 |

넷째, 순환경제 이행 지표를 통해 제대로 실행되고 있는지를 모니터링하고, 순환경제 관련 일자리, 산업 부가가치, 온실가스 배출 저감 효과 등 영향을 분석하여 정책에 환류시킬 필요가 있다. 현재도 자원순환 지표를 제시하고 있으나, 그 성격이 제품 폐기 측면에 국한되어 있

다. 이러한 폐기물 사후 처리의 관점으로는 물질 순환성에 대한 평가 및 개선이 어렵다. 따라서 자원 전반의 지속적인 이용을 판단하기 위한 지표가 마련되어야 하며, 산업 부문뿐 아니라 생활 부문의 시민 참여, 소비 부문의 공유경제 등 신경제 부문을 모두 아우르는 지표 체계가 필요하다. 예를 들어 '재생원료 이용률'은 실제 생산단계로 재투입된 재생원료의 기여율을 평가하는 지표로, 제품 제조 시 천연자원의 사용량을 줄이고 원재료를 대체해 나가는 척도로 활용될 수 있다.

아울러 이러한 통계에 기반하여 순환경제를 통한 탄소 저감 효과를 분석할 필요가 있다. 국내 재활용량 통계는 물질 재활용과 에너지 회수량이 모두 합쳐져 있어 실질적으로 물질 재활용이 얼마나 이루어지고 있는지 정량화하기가 어렵다. 따라서 향후에는 물질 재활용과 에너지 회수 통계를 분리하여 물질 재활용 목표를 설정하고, 이로 인한 온실가스 배출 저감 효과를 정량적으로 도출해야 할 것이다.

마지막으로, 순환경제 플랫폼 구축을 제안하고자 한다. 순환경제로 전환하는 과정에서 이해관계자의 참여와 정책 수용성 강화는 매우 중요하다. 순환경제로의 전환을 위해서는 생산과 소비 전 영역에 걸친 전환이 필요하며, 분야별 생산자, 유통업자, 소비자의 적극적인 참여가 필요하다. 이를 독려하기 위해서는 이해관계자 플랫폼을 구축하여 정책 수립 단계에서부터 공론의 장이 활성화되어야 하며, 산업계·시민단체·지자체·중앙정부의 역할이 명확히 제시되어야 한다.

우리나라는 에너지뿐만 아니라 자원을 다소비하는 산업구조를 가지고 있으며, 자원의 대부분을 수입에 의존하고 있어 자원효율적인 구조로 전환해 나가는 것이 중요하다. 따라서 순환경제로의 전환을 위한 제도 개선과 지원이 필요하다. 특히 폐기물이 원천적으로 발생되지 않도록 생산·소비 단계에서의 감량을 강조하고, 재사용·재활용을 고려한 순환제품 설계에 정책의 우선순위를 두어야 할 것이다. 또한 이러한 전환 과정에서 산업계가 핵심적인 역할을 수행할 수 있도록 녹색금융 및 세제지원 등 다각적 수단이 마련되어야 한다. 이를 위해서는 순환경제 비즈니스 모델 및 관련 R&D 구현을 위한 목표를 수립하고, 순환경제 인프라의 확장 및 최적화와 함께 재사용 및 재활용 네트워크를 구축·운영해 나가야 한다. 또한 IoT 등 디지털 기술을 활용해 주요 핵심품목에 대한 물질흐름을 추적하고 관련 데이터를 구축해 나가야 할 것이다. 이는 순환경제로의 이행 상황을 모니터링하는 데 활용될 수 있다.

순환경제는 자원 전 주기 가치 사슬 강화가 매우 중요하므로 정책 수립 단계부터 산업계, 시민사회 등의 참여가 필요하며, 순환경제로의 전환 필요성에 대해 사회적 공감대가 형성되어야 한다. 또한 순환경제는 다부처 정책이 서로 연계되는 분야이므로 자원순환성을 고려한 제품 설계에서부터 친환경 소비 및 소비자 수리권 강화, 폐기물의 자원 전환, 재생원료 시장 활성화 등을 고려한 범부처 차원의 융합전략이 마련될 필요가 있다. 순환경제의 전환 가속화를 위한 녹색금융의 역할도 중요하다.

이에 중앙정부·지자체·산업계·소비자·시민사회·금융기관 등으로 구성된 이해관계자 협력 소통 플랫폼이 구축될 필요가 있으며, 순환경제로의 전환을 위한 교육 및 홍보 확대도 요구된다.

또한 유관부처 정책 간 연계성, 중앙정부와 지자체와의 제휴, 기업 간 네트워크 강화, 국제 협력 등을 통해 경쟁력 있는 산업생태계를 구축해 나가야 할 것이다. 이를 통해 앞으로 순환경제가 탄소중립 이행 과정에서 중추적인 역할을 담당하기를 기대한다.

# 05

## 탄소중립과
## 모빌리티 혁명

# 탄소중립과
# 모빌리티 혁명

자동차는 생산 과정보다 소비 과정에서 막대한
이산화탄소와 오염 물질을 배출한다. 탄소중립 실현을 위해서는
기존 내연기관 자동차를 친환경 전기 자동차로 전환하려는 노력이
반드시 필요하다. 하지만 패러다임을 바꾸는 것은 쉽지 않은 일이다.
전기차 보급을 확대하려면 경제성, 산업 생태계, 충전 인프라 등
여러 문제가 해결되어야 한다. 탄소중립은 우리나라 자동차 산업이
발전하는 새로운 성장의 기회가 될 것이다.

**1885**
벤츠,
최초의 내연기관 자동차 발명

**1953**
런던
스모그 사태 발생

**1993**
EU,
유로1 환경 규제 도입

**1876**
니콜라스 오토
내연기관 발명

**1908**
포드 모델T
생산 시작

**1975**
미국,
기업평균연비 제도 도입

## 정부 10대 과제 중 수송 부문 과제

| 에너지 전환 가속화 | 미래 모빌리티 전환 | 순환경제 활성화 | 혁신 생태계 저변 구축 | 신유망 산업 육성 |

## 수송 분야 탄소중립을 위해 필요한 정책

전기차 보급 확대&
서비스 산업 육성

탄소중립
추진 체계 통합

연구 개발 확대

인력 육성 및
재교육·재훈련 강화

산업 전환과
새로운 생태계 조성

구매 보조금
지급

충전 인프라
확대

자원 외교 강화 및
친환경 연료 개발

**2009**
테슬라,
전기차 모델S 공개

**2015**
폭스바겐
배기가스 조작 사건 발생

**2025**
노르웨이, 내연기관 자동차
판매 금지(예정)

**1997**
도요타, 하이브리드 자동차
프리우스 판매 시작

**2013**
현대자동차,
세계 최초로 수소 자동차 양산

**2019**
미국,
수소경제 로드맵 2019 설정

## 내연기관차에서 전기동력차로
### : 자동차 산업 패러다임의 변화

자동차 산업 태동기에는 증기와 전기 등 다양한 에너지원을 사용했다. 하지만 1876년 독일의 니콜라스 오토가 내연기관을 개발하고, 정유회사들이 석유를 양산하면서 휘발유와 디젤 자동차 중심의 내연기관 자동차 시대가 본격적으로 열렸다. 원래 전기차는 1873년 휘발유차보다 먼저 상용화되었으나 전력 공급과 충전 등의 문제로 인해 양산·보급에 실패했다. 경쟁자가 없는 상황에서 내연기관차는 빠르게 발전했다. 미국 경제가 본격적으로 성장하기 시작한 1960년대 들어 내연기관차 수요는 큰 폭으로 증가했다. 미국 소비자들은 연료비가 저렴한 상황에서 소득이 증가하자 대형 모델을 선호했고, 당시 완성차 업체들은 이를 경쟁적으로 공급했다. 그러나 1970년대 석유파동을 겪으면서 소비자들은 에너지 효율이 높은 모델을 찾기 시작했다. 해결사는 일본 자동차 업체들이었다. 덕분에 자동차 수요는 다시 증가했으나 이번에는 화석연료 고갈이 새로운 문제로 떠올랐다.

이에 자동차 업체들은 1990년대 중반에 전기차를 다시 꺼내 들었다. 하지만 성능 부족, 충전 인프라 부족, 긴 충전 시간, 비싼 가격 등의 문제와 더불어 유가마저 하락하자 완성차 업체들은 또다시 전기차 양산을 포기했다. 일본 업체들은 교토의정서 채택에 발맞춰 하이브리드 자동차를 개발해 판매하기 시작했으나, 완성차 업체와 소비자들의 관심은 크지 않았다. 자동차 보급 확산과 함께 이산화탄소를 비롯한 공해 물질 배출이 증가하자 주요국 정부는 2000년대 중반부터 환경 규제를 강화하기 시작했다. 우리나라와 유럽 자동차 업체들은 2009년에 발효될 유로5 기준을 만족시키기 위해 클린디젤 판매를 확대했다. 이산화탄소 배출이 적고, 엔진은 작아지면서, 연비는 더욱 향상되는 1석 3조의 효과를 거둘 수 있다고 판단했기 때문이다.

한편 2000년대 후반에는 금융위기로 미국 자동차 산업이 붕괴되면서 새로운 국면을 맞게 되었다. 미국 정부가 전기동력 자율주행 자동차 산업으로의 전환을 전제로 막대한 자금을 자동차 업체에 지원한 것이다. 세계 최대의 전기차 업체로 성장한 테슬라 역시 자금 지원의 대상이었다. 미국은 부품 업체의 구조 조정을 지원하면서 친환경 자동차 부품 업체로 전환을 유도했다. 정부의 대규모 지원과 기업들의 노력으로 미국 자동차 산업은 빠르게 회복되었고, 전기동력 자율주행 자동차 산업으로의 전환을 가속화했다. 그런데도 전기차에 대한 소비자들의 반응은 미지근했다. 가격이 비싸고 모델도 제한적이며 충전 등의 불편함은 여전했기 때문이다. 하지만 친환경차의 대명사로 불리면서 세계시장에서 연 1,000만 대 이상이 판매되던 클린디젤 자동차가 배기가스 조작 사건에 휩싸이면서 사태가 급변했다.

세계 자동차 수요는 2018년부터 감소세로 전환했으며, 중국을 제외한 대부분 국가에서 전기차 수요는 부진했다. 그러나 '2050 탄소중립 목표 기후 동맹'에 가입하는 국가 수가 증가하고, 2019년 EU를 시작으로 중국, 일본, 우리나라 등이 탄소중립을 선언하면서 전기차에 대한 관심이 고조됐다. 특히 2020년 코로나19 사태로 인해 기후변화의 심각성을 소비자들이 인식하면서 전기차 수요는 큰 폭으로 증가했다. 전 세계 전기차 수요는 증가율 측면에서 내연기관차를 크게 앞지르며 증가하고 있다. 자동차 산업의 패러다임이 내연기관차에서 전기차로 본격 전환되고 있는 것이다.

이처럼 자동차 산업에서 전기동력화(Electrification, 이하 전동화)가 가속화되자 여타 수송 부문에서의 전동화도 빨라지고 있다. 철도 분야에서는 이미 전동화가 상당 수준에 올랐고, 수소를 사용하는 수소기차의 시험 주행도 이루어지고 있다. 항공과 선박 운송 부문에서의 전동화 역시 추진되고 있다. 전기동력 소형 항공기의 개발과 물류 분야에서의 시험 비행이 이루어지고 있으며, 전기와 수소를 에너지로 사용하는 선박도 상용화를 추진하고 있다. 최근 주목받고 있는 도심항공교통(Urban Air Mobility)도 배터리와 수소연료전지를 동력원으로 사용하고 있다. 자동차 산업의 전동화가 다른 모든 수송 분야로 확산되고 있는 것이다.

## 환경 규제에 따른
## 내연기관차의 퇴출

자동차는 기후위기를 초래하는 요인 중 하나다. 전 세계 자동차 수요가 꾸준히 증가하면서 각종 공해 물질을 내뿜고 있기 때문이다. 지난 140여 년간 인류의 이기였던 자동차는 점차 흉기로 변하고 있다. 자동차는 발명 초기에 마차를 대체하면서 이동의 자유와 청결함의 상징으로 칭송받았다. 특히 석유가 발견되자 증기와 전기를 동력원으로 사용하는 불편한 자동차는 자취를 감추었다. 헨리 포드의 공정 혁신으로 가격이 낮아지면서 자동차는 대중화되었고, 다양한 디자인을 통해 소비자들에게 소유의 기쁨도 안겨 주었다. 자동차 산업이 제조업의 중심으로 부상하면서 해당 산업을 보유한 국가가 선진국으로 성장했다.

그런데 자동차 보급이 증가하면서 부작용이 심각해졌다. 교통사고로 인한 피해는 물론 예상치 못했던 환경 재앙까지 닥쳤다. 대표적인 사례가 1943년의 LA 스모그 사태다. 화석연료로 인한 질소산화물과 탄화수소가 햇빛과 반응해 오존을 만들어 내면서 LA시 전체가 황갈색 안개로 뒤덮였다. 1953년 런던에서는 화석연료 사용에 따른 스모그로 인해 4일 만에 4,000여 명의 주민이 사망하는 사건이 발생하기도 했다. 이처럼 환경오염으로 인류가 곤혹을 치르게 되자 환경에 대한 관심이 높아졌다. 1971년에 국제 환경 단체인 그린피스가 출범했으며, 환경 운동이 전 세계적으로 확산됐다. 1973년에 1차 석유파동이 일어나자 미국은 1975년에 기업평균연비(Corporate Average Fuel Economy) 제도를 도입했다. 자동차 업체들은 미국 정부가 설정한 목

주요국의 내연기관 판매 금지 현황

※ 각사 발표 자료 취합

2025년
노르웨이

2027년
오스트리아(비전기)

2035년
일본, 태국

2026년
벨기에

2030년
영국, 스웨덴, 인도, 네덜란드,
아일랜드, 덴마크, 슬로베니아,
이스라엘, 중국(히이난성)

2040년
프랑스, 스페인,
캐나다, 이집트,
싱가포르, 타이완

표치를 달성하지 못하면 벌금을 납부해야 하는 상황에 직면했다. EU는 1993년부터는 유로1 환경 규제를 도입했으며 이후 지속적으로 규제를 강화하고 있다.

자동차 관련 환경 규제는 배출가스와 연비 규제 이외에도 내연기관 자동차의 판매 금지와 운행 제한 등을 들 수 있다. 2025년 노르웨이의 내연기관 자동차 판매 금지를 시작으로 주요국 정부는 2040년까지 내연기관 자동차 판매를 금지할 계획이다. 주요국 중앙정부뿐 아니라 주 정부를 비롯한 지방자치단체들도 내연기관 자동차의 주행을 제한할 예정이다. 도심지 환경 개선과 함께 전기차 구매를 촉진하려는 의도다.

자동차 산업 분야에서의 대규모 무역 적자에 시달려 온 미국은 테슬라 덕분에 세계 최대 전기차 수출국으로 부상했다. 트럼프 행정부가 환경 규제를 완화하고 국제 공조에서 이탈했지만 바이든 행정부는 다시 환경정책을 강화하고 있다. 미국은 2050년 탄소중립 달성을 위해 채찍과 당근 정책을 운용하고 있다. SNE 리서치에 따르면 미국의 친환경차(HEV, PHEV, BEV) 판매량은 2020년 기준 세계 3위[*]이며, 미국 내 친환경차 생산 비중 역시 국내외 업체들의 투자 확대에 따라 증가할 전망이다. 미국은 수소 경제 로드맵 2019 설정, 파리기후협약 재가입, 2035년 캘리포니아 내연기관차 판

1위 중국(165만 대), 2위 일본 (93만 대), 3위 미국(79만 대), 4위 독일(72만 대), 5위 영국 (29만 대) 순이다.

매 금지 선언 및 2050년 탄소중립 달성 등 친환경 정책을 강화하고 있다. 바이든 행정부는 전기차 개발과 보급 촉진을 위해 1,740억 달러를 지원할 계획이다.

주요국의 전기차 구매 의무 및 내연기관차 주행 제한 현황

※ 각사 발표 자료 취합

※ American Jobs Plan

| 정책 | 공약 |
|---|---|
| 수소경제로드맵 2019<br>(수소에너지협회, FCHEA) | • 2030년까지 수소차 누적 보급 120만 대 및 수소충전소 4,300개 구축 |
| 내연기관차 판매 금지 | • 2035년부터 캘리포니아 주 내 내연기관 신차 판매 금지 |
| 美 바이든 정부<br>친환경 관련 공약 | • 파리기후변화협약 재가입<br>• 미국 전기차 충전소 50만 개 추가, 전기버스로 전환(~2030년)<br>• 전기차 관련 세제 혜택 확대 및 친환경 자동차 생산 기업 인센티브 제공<br>• 관용차 포함해 모든 공공기관 차량 300만 대 전기차로 변경<br>• Green Act 법안 통과 시, 전기차 Tax Credit 지원 대상 물량은 기존 20만 대에서 60만 대로 증가 |

이미 세계 최고 수준의 자동차 환경 규제를 운용하고 있는 EU가 2020년부터 이산화탄소 배출 규제를 강화할 것을 발표하자 전 세계 자동차 업체들은 긴장하기 시작했다. 이에 따라 주요국 정부와 EU 집행위는 협상을 통해 강화된 환경 규제 시행 시기를 1년 연기한 2021년으로 정했다. EU는 2025년 유로7을 도입하기로 했으나 'Fit for 55' 발표로 인해 환경 규제가 더욱 강화될 예정이다. 중국 정부도 에너지와 환경 문제가 심각해지자 신에너지자동차(New Energy Vehicle) 산업 정책을 강화했다. 미국도 2026년형 경자동차(승용차와 경트럭) 모델의 평균 연비를 갤런당 52마일로 강화했다. 국내 완성차 업체는 중국 판매가 줄고 미국과 유럽 판매가 증가하자 유럽 환경 기준을 충족할 수 있

도록 전기동력 자동차의 판매를 확대하고 있다. 국내 완성차 업계는 친환경 자동차의 판매 포트폴리오를 수익성이 낮은 전기차보다는 흑자 창출이 가능한 하이브리드 자동차를 중심으로 구성했으나 앞으로는 전기차 비중을 점차 높여 갈 계획이다. 2021년 7월 G20의 2050년 탄소중립 선언과 우리 정부의 2030년 국가 온실가스 감축 목표(NDC) 상향 조정에 부응하기 위해서다.

## 전기차에 집중하고 있는 자동차 업계

2018년 기준 우리나라 수송 부문의 이산화탄소 배출 비중은 14%로 미국의 절반 수준이다. 우리나라는 제조업 비중이 높아 수송 부문의 이산화탄소 배출 비중은 상대적으로 낮다고 볼 수 있다. 유럽과 중국 정부는 환경 규제를 지속해서 강화함으로써 자동차 산업의 전동화에 속도를 내고 있다. 2021년 상반기 세계 전기차(BEV, PHEV, FCEV) 판매 비중은 중국 46.5%, 유럽 38.2%, 미국 11.5%로 이들 3개 지역이 96.2%를 차지했다. 지난해까지만 해도 세계 5위를 기록했던 국내 완성차 업체의 전기차 판매는 2021년 상반기 10위 밖으로 밀려났다. 다른 나라에서 전기차 상용화와 구매 보조금 지급 및 충전 인프라 구축을 가속화하면서 경쟁 업체들이 판매를 확대하고 있기 때문이다.

중국과 유럽이 전기차 보급을 늘리기 위해 각축을 벌이고 있는 가운데 미국은 2030년 신차 판매의 50%를 전기차가 차지하도록 할 계획이다. 중국은 2035년 전기차와 하이브리드 차량의 판매 비중을 각

각 50%로 잡고 있다. EU도 2030년 환경 규제를 충족하려면 신차 판매 중 전기차 비중을 35~45%로 맞춰야 한다. 우리나라도 2030년 전기차와 수소차 보급을 450만 대로 끌어올려 전체 자동차 보급 대수의 16% 이상 수준까지 확대할 계획이다.

전기차 보급을 위해서는 충전 인프라 구축이 필수인데 미국은 2030년까지 2,500만 대의 전기차를 충전할 수 있도록 전기차 충전소 50만 곳을 설치할 계획이다. 우리나라는 2021년 7월 말 현재 7만 6,509기의 전기차 충전기를 구축했으며, 이 중 공용 급속 충전기는 1만 1,186기로 미국의 1만 7,687기보다는 적고 일본의 7,939기보다는 많다. 환경부는 2025년까지 전기 충전기 4.5만 기를 추가 설치할 계획이다. 소비자들의 의견을 수렴해 전기차 급속 충전기는 1.5만 기를 설치하고, 수소 충전기는 450기로 확충할 것이다. 2025년까지 누적 전기차 보급 대수(113만 대)와 비교해보면 충분해 보이지만, 연휴나 명절에 고속도로 휴게소 등에 충전 수요가 급증할 수 있으므로 급속 충전기 비중을 늘리고, 수소 충전소도 확대할 필요가 있다.

정부는 「환경친화적 자동차의 개발 및 보급 촉진에 관한 법」을 일부 개정해 충전 편의성 개선을 통한 전기차 수요 창출을 촉진할 계획이다. 주거지와 생활환경을 중심으로 전기차 충전기를 확산시키기 위해 아파트는 기존 500세대 이상에서 100세대 이상으로 설치 의무 대상을 확대했다. 이와 함께 공중 이용 시설과 공영 주차장은 총 주차면 수 100면 이상에서 50면 이상으로 대상을 확대했고, 이미 구축된 충전 시설의 이용 효율을 제고하기 위해 공공 충전 시설을 개방하도록 조치했다.

## 주요 업체별 전략

※ 각사 발표 자료 취합

| 폭스바겐 | 토요타 | 닛산 | 벤츠 |
|---|---|---|---|
| • 2025년까지 전동화 420억 달러 투자<br>• 2030년 70개 전기차 모델<br>• 2030년까지 전 차종 전기동력화(HEV 포함) | • 수소경제, SW기반 공급업체 육성<br>• 전기차<br>- 2025년 100만 대<br>- 2030년 200만 대<br>• SW 인력 18,000명 확보 | • 2022년까지 중국시장 20개 모델 출시<br>• 원가 절감(3조 이상), 인력 구조조정<br>• 전기차 판매 물량 테슬라 추월 목표 | • 전기차 생산 공장 130억 달러 투자<br>• 배터리 제조 12억 달러 투자<br>• 2030년 모든 라인업 전동화 |

| BMW | GM | Stellantis | 현대기아 |
|---|---|---|---|
| • 2025년 13개의 BEV와 12개의 PHEV 출시<br>• 2030년 판매 물량의 50% 이상을 전동화 | • 2025년까지 전기동력 자율주행 분야 350억 달러 투자 및 25개 전기차 모델 출시<br>• 인력 교체 (Salaried Worker의 40%가 입사 5년 미만) | • 2030년까지 유럽 신차 판매의 70%, 미국 신차 판매의 40% 전동화 | • 2025년까지 410억 달러 투자 및 전기동력 자동차 103만 대 판매<br>• 23 BEV, 6 PHEV, 2 FCEV 모델 출시 |

| 포드 | 혼다 | 테슬라 |
|---|---|---|
| • 2030년 신차 40% 전기차로 판매<br>• 2025년까지 300억 달러 투자<br>• 2022년까지 16개 전기차 모델 출시<br>• 유럽 판매 전 차종 2030년까지 전동화 | • UAM 육성<br>• 2025년까지 유럽 판매 차종 전동화 및 중국시장 25개 모델 출시<br>• 2030년 이후 중국 판매 전 차종 전동화 | • 상하이·베를린·텍사스 공장 건설에 104억 달러 투자<br>• 6개 신모델 출시<br>- 2022년 100만 대<br>- 2030년 2,000만 대 전기차 판매<br>• 신사업 (충전, SW 업데이트) |

※ 전동화는 BEV, PHEV, FCEV, 전기동력화는 전동화 차종에 HEV 포함

국내 전기차 생산·보급이 경쟁국이나 경쟁 업체에 밀리는 이유는 자동차 산업이 우리 산업의 성장을 이끄는 쌍두마차로 부상하면서 이해관계자 간 갈등이 심화되었기 때문이다. 또한 국내 자동차 관련 기업들이 미래차 기술 전망을 오판하여 위기가 가중되고 있다. 국내 자동차 산업에 있어 탄소중립은 피할 수 없는 과제이며, 고통이 뒤따를 수밖에 없다. 전기차 핵심 부품 중 배터리를 제외하고는 우리 자동차 업계가 세계에 내놓을 만한 부품이 없다. 내연기관차 시대가 오래갈 것으로 오판한 나머지 인력 양성과 기술 개발을 등한시해 왔기 때문이다. 특히 전기동력 자율주행 자동차의 경쟁력은 하드웨어뿐 아니라 소프트웨어를 비롯한 관련 서비스업이 균형 있게 발전해야 한다는 점을 간과했다. 다행히 정부와 업계가 이러한 문제점을 인식하면서 대응책 마련에 적극적으로 나서고 있으나, 탄소중립으로 인해 전동화가 예상보다 빨라지면서 자동차 업계의 고민도 깊어지고 있다. 정부는 이러한 업계의 부담을 완화하면서 탄소중립의 길로 나아가기 위해 다양한 지원 방안을 모색하고 있다.

## 탄소중립을 위한
## 지속 가능한 성장 기반 강화

2020년 코로나19로 인해 산업 활동과 자동차 운행 등이 감소하면서 이산화탄소 배출량이 사상 최저치를 기록했다. 하지만 이러한 감소세를 유지하기 위해서는 수송 부문의 이산화탄소 배출 저감 노력이 강화돼야만 한다. 기후위기를 극복하기 위한 2050 탄소중립 달성은 범

세계적인 과제로 정립되었다. 정부가 2020년 12월에 발표한 10대 과제 중 '미래 모빌리티로 전환', '에너지 전환 가속화', '신 유망 산업 육성', '혁신 생태계 저변 구축', '순환경제 활성화'는 수송 부문과 밀접한 관계가 있다.

미래 모빌리티로의 전환은 전동화는 물론 자율주행과 공유 경제와도 닿아 있다. 자율주행차가 상용화되면 교통 정체와 주차 구역을 찾기 위한 이동 거리를 대폭 축소해 공해 배출을 줄일 수 있다. 코로나19로 인해 공유 경제가 위축되면서 공유 차량 수요가 감소했지만 코로나19가 극복될 경우 자가용 수요를 줄임으로써 환경 및 에너지 문제에 긍정적인 영향을 미칠 것이다. 전기차 수요를 촉진하려면 에너지 전환을 통한 재생에너지 공급도 원활히 이루어져야 한다. 정부가 탈화석연료와 탈원전 정책을 추진하고 있는 상황에서 재생에너지 공급에 차질을 빚을 경우 전기차가 전주기평가(LCA)에서 친환경적이지 못하다는 비판이 힘을 얻을 것이다. 친환경 수송 부문에서 신 유망 산업 육성도 가능하다. 혹자는 전기차가 부품과 공정 수가 적어 고용에 부정적인 영향을 미친다고 한다. 하지만 재생에너지, 배터리 재활용과 충전 인프라 관련 서비스 산업에서 새로운 고용을 창출해 충분히 상쇄할 수 있다.

혁신 생태계 조성은 장기적으로 접근해야 한다. 내연기관차 시대에는 우리나라가 빠른 추격자로서 성과를 달성했지만, 전기차 시대에는 산업을 앞에서 이끌어갈 수 있는 역량을 보유하고 있다. 특히 전기차의 연관 산업 범위는 내연기관차보다 넓기 때문에 내연기관 부품 업체의 사업 전환 등을 통해 새로운 혁신 생태계를 조성해야 한다. 마지막으로 순환경제의 활성화는 이미 자동차 부품 소재의 재활용 및 효율적인 사용을 통해 어느 정도 이루어지고 있다. 다만 부품 구조가 다르기 때문에 부품 재제조 산업 육성 전략을 전환하는 한편, 자원순환을 효율적으로 추진할 수 있는 기반 구축이 요구된다. 탄소중립으로의 정의로운 전환을 위해서는 다음과 같은 분야에서 정부의 역할이 필요하다.

## 전기 자동차 보급 확대 및 세계 시장 점유율 유지 확대

2020년 10월 관계 부처 합동으로 발표된 「미래 자동차 확산 및 시장 선점 전략」 보고서에는 국내 자동차 산업의 미래 전략이 종합적으로 제시되었다. 정부의 보조금·세제 등 높은 수준의 인센티브 지급에도 불구하고 친환경차 구매 수요는 보급 목표 대비 부족한 실정이다. 또한 배터리 단가는 인하되었으나, 탑재 용량이 증가하면서 내연기관 대비 높은 가격 차는 여전히 유지되고 있다. 더하여 거주지 주변 충전 인프라 부족, 전기 상용차 출시 지연에 따른 승용차 위주 보급 정책 등 연간 1조 원의 재정 투입(보조금)에 비해 환경 개선 효과는 미미한 상태다. 이러한 가운데 국내 자동차 산업의 경쟁력은 미국·유럽 차량의 브랜드와 성능, 중국의 가격 경쟁력 사이에 끼어 있는 상황이다. 수입 제작사는 이미 보급된 자율주행 레벨 2.5 수준의 수천 대 차량으로 국내 도로 정보를 쌓아가는 중이지만 국내 제작사는 동일한 수준의 차량조차 아직 출시하지 못하고 있는 상황이다. 연료전지, 배터리, 모터, 인공지능 등 미래차 부품 업체의 육성이 중요한데도 국내 부품 업체 중에서 미래차 부품 업체의 비중은 5%에 불과하다. 코로나19 확산 등으로 자동차 및 트레일러 산업의 일자리가 2020년 1월 35만 1,650명에서 2021년 5월 34만 6,891명으로 4,759명 감소하였으며, 미래차 핵심 인력 유출도 우려되는 현실이다. 따라서 정부는 미래차 인력 양성과 기존 인력의 재교육·재훈련을 통한 전환 배치, 미래차 연구 개발 예산 확대, 내연기관 부품 업체의 전장 부품 업체로의 사업 전환이나 사업 다각화 지원, 신기술 부품 시험 인증 기반 구축, 미래차 부품 수출 지원 정책 등을 강화해야 한다.

## 탄소중립 추진 체계의 연계 통합

정부는 2003년 '차세대 성장 동력 사업'을 통해 전기차의 개발과 상용화를 지원했다. 또한 2005년에는 '제1차 친환경 자동차 보급 5개년 계획'을 수립해 운용하기 시작했다. 2008년 금융위기는 자동차 산업의 패러다임 전환을 가속화했다. 미국 정부는 테슬라가 전기차를 본격적으로 양산하고 GM이 친환경 자동차를 발판으로 부활할 수 있도록 대규모 자금을 지원했다. 2015년에는 디젤게이트와 함께 세계 195개국 대표가 파리에 모여서 교토의정서를 대체할 기후협정을 체결했다. 미국 트럼프 행정부가 파리협정에서 탈퇴해 목표 달성에 차질을 빚는 듯했으나 바이든 행정부가 협정에 복귀하자 G20 국가들은 2050년 탄소중립을 선언했다.

우리 정부는 2050 탄소중립 목표 달성을 위해 2030년 온실가스 감축 목표를 40%로 상향 조정했다. 이 과정에서 전기차 보급 목표가 도전적으로 잡히자 업계와 학계에서 볼멘소리가 나오고 있다. 가뜩이나 준비가 부족한 국내 자동차 업계에서 대량 실업이 발생할 수 있다는 우려 때문이다. 또한 전기 생산 포트폴리오가 비현실적이며, 탄소중립을 위한 시나리오가 다른 국가의 연구 결과를 바탕으로 급조되었다는 비판도 있다. 물론 일리 있는 주장이다. 그러나 제조업과 수출 비중이 높은 우리나라가 탄소중립과 관련해 국제사회와 공조하지 못하면 더 큰 피해를 입을 수 있다.

탄소중립을 위해 배터리전기차와 수소전기차가 강조되고 있지만, 내연기관차보다는 다양한 각도에서 정책이 요구된다. 세계 최대 자동차 시장인 중국은 전기차 관련 부처만 11개에 달한다. 그만큼 정책적으로 고려해야 할 사안이 많다는 것이다. 이러한 가운데 산업 육성 부처와 규제 관련 부처 간의 이해 상충은 불가피하다. 주요 자동차 생산국 중 미국과 영국은 전술한 바와 같이 환경 문제로 인해 곤욕을 치른 국가다. 독일은 디젤게이트로 인해 신뢰성을 상실한 바 있다. 프랑스는 특유의 환경 규제를 도입했지만 자동차 산업 기반이 약화되었다. 일본과 중국은 연안 도시의 침수 피해를 우려하고 있다. 선진국 자동차 업계는 위기를 기회로 바꾸면서 성장한 우리 자동차 업계가 전기차 산업을 선도할 수 있다고 평가하고 있다. 세계 최고의 경쟁력을 보유한 배터리 산업과 환경에 대한 소비자들의 높은 인식 때문이다.

그러나 실상은 다르다. 자동차 부품 업체들이 전동화에 늑장 대응하면서 피해가 불가피하다. 산업이 존재해야 탄소중립의 필요성도 강조할 수 있다는 논리는 타당하다. 하지만 해외시장 의존도가 80%를 차지하는 국내 자동차 산업이 국내에서 중장기적으로 탄소중립을 달성하지 못하면 탄소국경세 등의 장벽에 부딪히면서 수출도 하지 못하는 상황이 발생할 수 있다. 또한 자동차 신 소비 계층으로 부상하고 있는 소위 MZ 세대는 전기차에 대한 높은 선호도를 보인다. 전술한 수요자 중심 정책 운용 차원에서도 자동차 산업의 전동화는 더 이상 늦출 수 없는 과제다.

지난 7월 탄소중립 달성을 위한 G20의 공동성명 이후 선진국과 중국의 자동차 업체들은 전동화 관련 투자를 대폭 확대하고 있다. 국내 완성차 업체도 미래차 분야에 61조 원을 쏟아부을 계획이다. 정부도 대규모 지원 계획을 수립하고 있다. 주요국 정부는 자동차 산업의 전동화를 지원하기 위해 인력 양성, 연구 개발 지원, 중소기업 지원센터 설립, 충전 인프라 구축, 구매 보조금을 포함한 금융 세제 지원을 확대해 왔다. 미국은 탄소중립을 포함해 자동차 산업의 전동화를 지원하기 위해 1,740억 달러의 예산을 책정해 놓고 있다. 이러한 자금 지원과 함께 자동차 산업의 전동화를 신속히 추진하기 위한 체계 개편이 필요하다. 미국을 비롯한 선진국에서는 전동화 관련 기관 간 협력과 통합을 가속화하고 있다. 다양한 의견 개진도 필요하지만, 전동화를 일사불란하게 추진하기 위해서다. 미국은 자동차 관련 협회를 통합하고 업체 간 협력을 촉진하고 있다. 따라서 탄소중립위원회의 역할도 중요하지만, 환경부가 탄소중립 정책을 총괄 조정할 수 있도록 권한을 강화할 필요가 있다. 산업 성장도 중요하지만 탄소중립은 더 이상 미룰 수 없는 지상 과제이기 때문이다.

### 연구 개발의 확대

그동안 정부에서는 꾸준히 미래형 자동차 개발을 위한 재정 지원을 확대해 왔다. 그러나 아직 미래형 자동차 보급이나 기술 단계로 볼 때보다 공격적인 투자가 필요하다. 이와 관련된 주요 이슈로 다음과 같은 것들을 생각해 볼 수 있다. 첫째, 친환경 자동차의 기술 및 보급 확대를 위해 배터리전기차와 수소전기차에 대한 재정투자 비중을 어떻게 가져가야 할 것인가의 문제이다. 둘째, 전기차 보급 정책과 관련하여 인프라 구축에 대한 우선 투자 비중의 문제이다. 셋째, 향후 친환경차 보급 확대에 따른 중고 전기차나 폐배터리 처리 등 친환경차 생태계를 조성하기 위한 정책 마련이다.

전 세계 자동차 산업의 연구 개발 투자는 2020년 코로나19로 인해 감소한 것으로 추정되나 2019년 기준 약 170조 원에 달했다. 독일이 60조 원, 일본이 33조 원, 미국이 30조 원, 중국이 12조 원을 상회했으며, 우리나라는 8.7조 원으로 추정된다. 미래차 연관 산업인 자동차, 전기·전자, 소프트웨어 3개 산업의 연구 개발 투자액을 국제적으로 비교해보면 문제가 더욱 심각해진다. 세계적인 차량용 소프트웨어 업체는 전무하고, 소수 대기업과 계열사들이 혁신을 주도하고 있기 때문이다.

전장 부품 산업의 안정적인 공급망과 생태계를 구축하기 위해서는 소위 빅3 전략이 요구된다. 즉 대형 연구 개발 과제의 기획, 대형 지원 센터의 구축, 대규모 인력 양성이다. 이미 선진국과 중국은 정부 주도로 대형 연구 개발 과제를 부품과 소재 분야에서 추진 중이고, 미국은 대형 제조혁신센터, 데이터센터와 혁신 커뮤니티센터를 구축하고 있다. 이러한 혁신 인프라 운영을 위해서는 무엇보다 사람이 중요하기 때문에 인력 양성 및 재교육·재훈련 시스템도 구축해야 한다. 즉, 자동차 산업의 적재적소에 배치할 수 있는 인력 확보와 연구 개발 투자 지원 및 전장 부품 산업 생태계의 조성이 시급한 과제다.

## 인력 육성 및 재교육·재훈련 강화

내연기관 자동차에서 전기차로 전환하기 위해서는 기계공학 엔지니어뿐 아니라 전기·전자, 소프트웨어, 신소재공학, 인공지능, 로봇공학, 통신, 데이터, 수학 등 다양한 인력이 요구된다. 미국은 이미 25만 명이 넘는 친환경 자동차 인력을 확보해 우리의 6배를 상회하고 있다. 또한 2019년 기준 미국은 11만 명의 엔지니어를 보유하고 있으며, 독일은 12만 6,400명을 보유하고 있다. 미래차는 소프트웨어로 구동한다. 미국은 소프트웨어 최강국답게 자율주행 자동차 관련 소프트웨어 인력만 2019년 말 기준 2만 3,000명을 돌파했다. 차량용 소프트웨어 인력 부족으로 어려움을 겪는 일본 역시 토요타가 2022년부터 신규 채용 인력의 40% 이상을 소프트웨어 인력으로 충원해 1만 8,000명을 확보할 계획이다. 하지만 우리나라 자동차 업계의 소프트웨어 전문 인력은 1,000여 명에 불과한 것이 현실이다.

국내 자동차 산업의 재교육·재훈련도 매우 부진하다. 우리나라가 내연기관 자동차의 후발주자로서 노사 모두가 재교육·재훈련에 관심이 없었기 때문이다. 우리 자동차 산업의 낮은 생산성도 이러한 재교육·재훈련 부족이 크게 작용했다. 국내 미래형 자동차 산업 인력 수요는 연평균 22% 증가할 것으로 전망되며, 2030년까지 생산 기술 인력 2만 명, 고급 연구 개발 인력 3,000명 정도가 요구된다고 한다. 정부는 미래 자동차 시대에 자동차 산업의 경쟁력 확보와 일자리 창출을 위해 석·박사급 연구 개발 전문 인력을 양성하기 위한 사업을 지원하고 있다. 이를 위해 교육부에서는 '디지털 신기술 인재 양성 혁신공유대학' 사업을 신설하여 미래형 자동차 분야를 포함한 대학 컨소시엄을 선정하였으며, 산업통상자원부에서도 미래형 자동차 관련 석·박사 인력과 정비 인력을 양성하는 등 관련 사업을 지원하고 있다.

인력 양성 분야 지원 사업

※ 부처별 2021년도 예산 및 기금운용계획 사업설명자료 정리(단위: 백만 원)

■ 2020년 예산안   ■ 2021년 예산안

산업부 / 자동차 산업 고용위기 극복 지원
(미래형 자동차 현장 인력 양성 사업)
0, 1,368

산업부 / 산업혁신 인재성장 지원
(친환경차(xEV) 부품개발 R&D 인력 양성 사업)
0, 1,660

산업부 / 산업혁신 인재성장 지원
(미래형 자동차 R&D 인력 양성 사업)
6,055, 6,055

교육부 / 디지털 신기술 인재 양성
혁신공유대학(미래차 분야)
0, 10,200

## 산업 전환과 새로운 생태계 조성

주요국이 탄소중립을 추진하면서 우리나라는 벌써 이들 국가로부터 탄소 과다 배출국이라는 오명을 쓰고 있다. EU는 우리나라의 석탄화력발전소를 문제 삼고 있으며, 철강 업체에 대해 탄소세 부과를 예고했다. 주요국의 탄소중립 노력이 강화될수록 수출에 의존하는 우리 산업계의 부담은 가중될 것이다.

선진국 기업들은 향후 2~3년 이내에 제조 공정에서 사용하는 전기를 재생에너지를 통해 공급하는 등 무탄소 공정 혁신을 추진하고 있다. 또한 완성차 업체들을 포함한 대기업들은 공급 업체가 탄소중립에 적극적으로 동참하도록 유도하고 있다. 정부는 국내 자동차 산업 생태계의 쐐기돌(Keystone)이라 할 수 있는 완성차 업체의 전략을 충분히 수렴해 탄소중립 목표를 설정했다고 볼 수 있다. 그런데도 자동차 관련 협·단체는 정부의 탄소중립 정책을 선뜻 받아들이지 않고 있다. 국내 자동차 업계가 과거 미국의 빅3와 같이 단기 수익성에만 치중해 탄소중립에 적극적으로 동참하지 못할 경우 자칫 큰 위기에 빠질 수도 있다.

그나마 완성차 업체들은 자력으로 사업 전환이나 신규 사업에 진출하고 있지만 부품 업체들은 투자 방향조차 설정하지 못하고 있다. 자동차 산업의 패러다임 전환에 발맞춰 전장 부품 사업으로의 전환이나 사업 다각화가 필요하나 정보 부족으로 인해 어려움을 겪고 있는 것이다. 따라서 부품 업체에 탄소중립 관련 정보를 제공할 수 있는 포털이나 학습의 장을 한시적으로나마 운용할 필요가 있다.

부품 업체들의 사업 전환 방향이 설정되어야만 투자도 이루어질 수 있기 때문에 완성차 업체와의 협력을 통해 정확한 투자 방향을 설정해야 한다. 정부가 역량을 보유한 기업을 선정해 전기차 핵심 부품의 개발과 국산화를 지원하는 방안도 모색할 필요가 있다. 정부는 1975년 국내 자동차 산업의 기반 조성 시기에 핵심 부품의 중복 투자를 방지하고 국산화하기 위해 '계열화 촉진법'을 도입한 사례가 있는데, 이와 유사한 제도를 도입하는 방안도 검토할 수 있다.

한편 미래차의 경쟁력은 부품, 소재와 함께 관련 서비스 산업이 결정할 전망이다. 특히 전장 부품이 전체 조립 부품에서 차지하는 비중은 최대 70%까지 증가할 전망이다. 우리나라가 정보통신기술(ICT) 강국이지만 자동차용 전장 부품 산업의 경쟁력은 상대적으로 낮은 편이다. 미래차 전장 부품은 내연기관의 전장 부품과는 차원이 다른 고전압과 소프트웨어 구동 부품이 큰 비중을 차지한다. 이에 따라 우리 정부도 자동차 부품 업체의 사업 전환을 지원해 5%에 불과한 국내 전장 부품 업체 비중을 2030년까지 선진국 수준인 최소 20% 이상으로 끌어올릴 계획이다.

## 전기차 서비스 산업 육성

현재는 전기차 보급 확대를 위한 방향으로 정부 지원이 이루어지고 있지만, 향후 전기차 보급이 확대되고 나면 중고 전기차에 대한 합리적인 시장 형성이 중요해진다. 폐배터리 처리 및 재활용을 위한 생태계 구축을 포함한 친환경차 생태계 조성을 위한 정책이 수반되어야한다. 리튬, 니켈, 코발트 등 양극재용 금속 자원을 회수하고 전기차 배터리에 재활용할 수 있는 사업 등이 이뤄져야 할 것이다. 아울러 데이터 기반 미래차 산업 생태계를 조성할 수 있도록 전기차 모빌리티, 배터리, 차량 상태, 운행 정보 등 다양한 데이터를 수집하고 활용할 수 있는 플랫폼 구축이 필요하다.

이를 위해 전기차 신산업 생태계 협의체를 만들어 활성화시킬 필요가 있다. 여기에는 완성차 업체뿐 아니라 부품 소재 장비 업체와 서비스 업체들이 참여하는 것이 중요하다. 아울러 내연기관 부품사들이 전기차 부품 생산을 준비할 수 있도록 지원 하부구조를 마련하고, 민간이 충전 인프라 확대에 기여할 수 있도록 지원하는 정책이 필요하다. 즉, 친환경 자동차의 생태계 조성 방안을 마련함으로써, 차량 및 부품 제조사들은 친환경 자동차의 경제성을 더욱 향상시키고, 공공 부문은 초기 친환경 자동차 시장이 지속해서 확대되도록 지원 정책을 강화해야 할 것이다. 미래형 자동차 산업 활성화를 위한 서비스 사업이 2020년부터 정부 사업으로 시작되었으나, 아직은 미미한 실정이다. 친환경 자동차, 자율주행 자동차, 퍼스널 모빌리티 등과 연계된 데이터 서비스를 포함하여 미래형 자동차 산업 생태계가 형성될 수 있는 투자 지원 확대가 이뤄져야 한다.

한편 배터리 전기차 충전 인프라는 충전 시간을 고려할 때 기존 주유소 인프라 대비 매우 부족한 상황이다. 수소 충전 인프라 부족은 수소전기차 보급 확대에 큰 걸림돌이며, 수출의 관점에서도 나라별 충전 인프라가 물량을 좌우할 것이다. 현재 전 세계적으로 전기차에 대한 기술 개발 및 보급 확대 정책이 증가하고 있다. 정부에서 계획 중인 배터리 전기차 보급 및 지원 규모로는 세계시장에서 앞서 나갈 수 없는 상황이다. 따라서 이에 대한 확대 정책 검토가 필요하다. 또한 정부가 추진하고 있는 수소경제 활성화 로드맵*은 수소전기차의 경제성 평가, 수소 충전소에 대한 안전성, 주민 수용성 등의 측면에서 정밀한 검토가 선행되어야 한다.

수소경제 활성화 로드맵
수소를 에너지원으로 하는 새로운 산업 생태계 구축을 선도하고 수소전기차를 국내 총 자동차 대수의 30%인 620만 대를 보급할 계획

## 구매 보조금의 합리적 지원

세계 각국은 차량 가격과 성능, 제조사별 판매량 등을 고려해 구매 보조금 지급 기준을 설정하고 있다. 국내에서도 구매 보조금 지급 시 차량 가격과 성능 등을 종합적으로 고려하되, 구매 보조금 예산 규모는 당분간 지속해서 늘릴 필요가 있다. 중앙정부와 지자체로 이원화된 보조금 지급 체계를 재검토해 거주지 및 신청 시기에 따라 보조금 수령 가능성이 달라지지 않도록 제도를 합리화해야 한다. 전기차 보조금 지급은 현재 전 세계 주요국들도 증액 또는 연장하고 있어 우리도 관련 정책을 탄력적으로 검토해 볼 수 있다.

친환경차 보급 확대를 위해서는 전기차가 내연기관차와 가격이 같아지는 시점(Parity)까지는 지원이 필요하다. 전 세계적으로 전기차 수요가 증가하면서 배터리 관련 광물 가격이 상승하고 있다. 이에 따라 전기차와 내연기관차 간의 가격이 동등해지는 시점이 지연될 가능성도 고려해야 한다. 정부는 구매 보조금 지급과 관련해 장기 계획을 세우고 공표함으로써 각종 불확실성을 줄일 필요가 있다. 소비자에게 적기에 합리적인 가격으로 전기차를 인도받을 수 있다는 확신을 심어 주어야 전기차 보급 확대가 이루어질 것이다.

## 충전 인프라 확대

전기차 충전 패턴은 거주–통행 행태와 연관성이 높다. 대부분의 전기차 이용자들은 거주지 및 직장에서는 완속 충전기 위주로, 장거리 통행이 잦은 일부 전기차 이용자들은 거주지에서의 완속 충전기와 공용 급속·완속 충전기 모두를 활용하는 경향이 있다. 즉, 전기차 이용자의 충전 패턴에 있어 수도권 근교 도시에서는 거주지 기반 완속 충전 수요가, 서울 등 대도시 내에서는 급속 충전 수요가 높게 나타난다. 따라서 전기차 충전 인프라 설치 시 설치되는 장소(거주지, 직장, 숙박 시설, 공공주차장, 쇼핑몰, 영화관 등)의 특성을 고려하여 적합한 유형(급·완속 충전기)의 충전 인프라 보급 계획을 세워야 한다. 아울러 전기차 충전 수요가 충분히 있는 지역에 대해서는 민간 사업자에게 사업 확대 및 수익 창출 기회를 제공함으로써 경쟁에 의한 효율적인 전기차 충전 사업 생태계가 마련될 수 있도록 해야 한다.

## 자원 외교의 강화와 친환경 연료의 개발

전기차 관련 주요 광물의 안정적인 확보를 위해 자원 외교를 강화해야 한다. 물론 기업 자체의 노력도 중요하지만, 중국이 해외 광물 자원을 선점하고 있으며, 선진국들도 아프리카와 중남미 등 자원 보유국과 긴밀하게 협력해 자국 기업들이 안정적으로 광물을 확보하도록 지원하고 있다. 우리가 이러한 대열에서 낙오될 경우 국내 기업의 전기차 관련 투자가 해외에 집중되면서 국내 일자리 창출이 어려워질 수 있다.

한편 정부는 정유 업계와 자동차 업계의 충격을 완화하기 위해 탄소중립 연료인 e-fuel(Electricity-based Fuel)과 에탄올 등 바이오 연료를 개발하고 있다. 내연기관 차량에 공급할 e-fuel은 이산화탄소를 공기에서 직접 포집하고 이를 수소와 합성해 탄화수소를 만드는 과정에서 생산된다. 기존 내연기관을 그대로 사용할 수 있다는 장점이 있지만 경제성 문제는 해결해야 할 과제다. 한국환경산업기술원에 따르면 e-fuel 1리터 당 생산원가는 5,000원 정도로 추정된다. 또한 자동차와 함께 전동화가 어려운 선박과 항공기 분야에도 e-fuel 사용이 가능하지만, 이들 분야에서도 이미 전동화가 추진되고 있다. 독일 자동차 업체들이 관련 연구를 진행하고 있는데 2022년에 결과 보고서를 제출할 예정이어서 예의 주시할 필요가 있다.

## 다음 세대를 위한
## 자동차 산업

전기차에 대한 다양한 논의는 바람직하다. 그러나 왜곡된 정보와 소비자에 대한 교육 및 홍보 부족은 전기차 수요에 걸림돌로 작용할 수 있다. 기성세대는 기후변화에 관한 관심이 소위 MZ 세대에 비해 낮은 실정이다. 따라서 다음 세대에게 지속 가능한 한국 자동차 산업을 물려주기 위해서는 탄소중립으로 인식을 전환해야 한다. 우선 탄소중립 목표가 비현실적이며, 달성 불가능하다고 비판만 하지 말고 이해관계자 간 소통을 통해 자동차 관련 탄소 배출을 점진적으로 줄여나갈 수 있는 전략을 강구해야 한다. 자동차 산업은 생산과정보다는 판매 후 주행 과정에서의 이산화탄소 등 공해 배출이 심각하다. 하지만 내연기관차의 기술적 한계로 인해 주행 중 이산화탄소 배출을 큰 폭으로 낮추기는 어려운 실정이다. 따라서 자동차 산업에서의 이산화탄소 배출 저감을 위해서는 내연기관차의 효율화도 필요하지만 전기차의 보급 촉진이 불가피하다.

탄소중립이 어차피 맞을 매라면 빨리 맞고 가는 게 좋다. 탄소중립에 역행할 경우 우리 자동차 기업이 계속기업(Going concern)으로 살아남을 수 없기 때문이다. 주요국 정부가 전기동력 자동차 관련 규제를 강화하면서 예산 지원을 확대하는 이유는 전기차 산업의 연관 산업 범위가 넓고 고용 창출 효과가 크기 때문이다. 물론 전동화에 따라 완성차 조립과 내연기관 관련 부품 산업에서의 고용 감소는 불가피하다. 전기차 관련 서비스 산업의 고용 창출 효과를 아직 정확히 추정하기 어려우나 선진국 연구를 분석해보면 고용에 긍정적인 영향을 미치는 것으로 나타났다. 또한 전기차에 안전과 편의성 관련 부품이 증가하면서 기존 내연기관 자동차의 부품 감소를 보완할 수 있기 때문이다.

기후위기는 이미 도래했고 우리가 탄소중립의 길에서 이탈할 경우 자동차 산업은 물론 우리 산업 전체가 돌이킬 수 없는 수렁에 빠져 후대에 지속 가능한 대한민국을 물려줄 수 없게 될 것이다. 따라서 자동차 산업 관련 이해관계자들이 이해타산을 떠나 우리 자동차 산업이 탄소중립의 길로 나아갈 수 있도록 힘을 모아야 한다.

# 06

기후위기 적응을 위한
건물과 도시

# 기후위기 적응을 위한
# 건물과 도시

인간은 공간 속에서 살아가며, 많은 양의 온실가스가 건축물에서 배출된다.
특히 도시 지역에서 건축물의 온실가스 배출 비중이 상대적으로 높게 나타난다.
이는 도시화 비율이 높은 우리나라의 경우, 탄소중립 실현 과정에서
건축물의 온실가스 감축이 매우 중요하다는 것을 의미한다.
건축물의 에너지 사용을 줄이는 기술들을 살펴보고,
이를 확산시키기 위해서는 어떤 노력이 필요한지 알아본다.

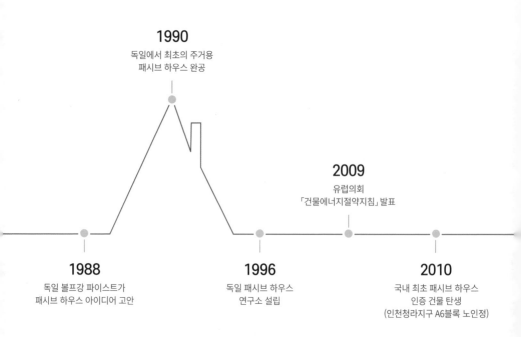

**1990**
독일에서 최초의 주거용
패시브 하우스 완공

**2009**
유럽의회
「건물에너지절약지침」 발표

**1988**
독일 볼프강 파이스트가
패시브 하우스 아이디어 고안

**1996**
독일 패시브 하우스
연구소 설립

**2010**
국내 최초 패시브 하우스
인증 건물 탄생
(인천청라지구 A6블록 노인정)

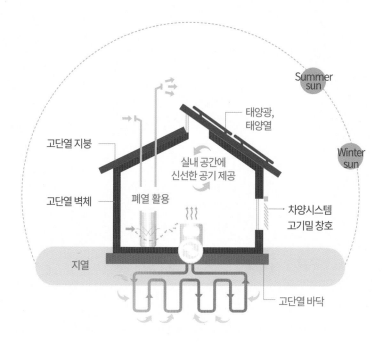

**고단열 지붕**

**태양광, 태양열**

**실내 공간에 신선한 공기 제공**

**고단열 벽체**

**폐열 활용**

**차양시스템**
**고기밀 창호**

**지열**

**고단열 바닥**

Summer
sun

Winter
sun

**패시브 하우스**

**2015**
독일에서 신규 주택
패시브 하우스 의무화 시작

**2018**
국내 최초 제로에너지건축물 탄생
(판교 제2 테크노밸리 기업지원허브/아산 중앙도서관)

**2021**
「2050 탄소중립 달성을 위한
녹색건축 활성화 방안」 발표

**2017**
- 제로에너지건축물 인증 제도 도입
- 충북 청주 양촌에 국내 최초
패시브 하우스 단지 건설

**2019**
세계 최고층 목조 건축물
노르웨이 미에스토르네 완공

## 건축물은 온실가스 배출에
## 얼마나 영향을 미칠까?

건축물과 도시는 우리 삶과 분리해서 생각하기 어렵다. 우리는 대부분의 시간 동안 건물에서 밥을 먹고, 잠을 자고, 일을 한다. 그리고 따뜻하고 시원하게 지내기 위해, 맛있는 음식을 먹기 위해, 위생적인 생활을 위해, 업무 효율을 높이기 위해 건물 안에서 전기·가스 등 에너지를 사용한다. 사실 온실가스 배출은 우리가 생활하는 건축물을 짓고 공간을 조성하는 순간부터 시작해서 건축물을 철거하고 폐기하는 과정까지 계속된다. 그래서 우리 삶의 방식을 바꾸지 않고 과연 건물에서 탄소중립이 가능한지 의문이 든다.

※ UNEP/IEA(2017) & 온실가스인벤토리보고서(2019)

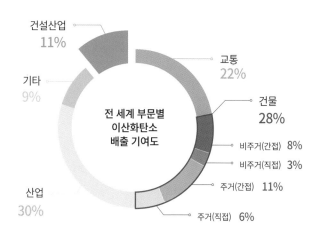

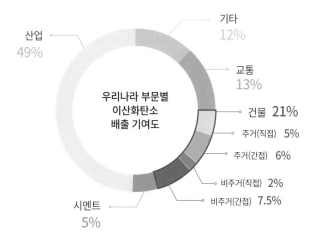

유엔환경계획(UNEP)에 따르면, 건축물은 2019년 전 세계 온실가스의 약 39%를 배출했다. 건물에서 에너지를 사용하면서 배출한 양이 약 28%에 해당하고, 건축자재를 생산하고 건물을 짓는 과정에서 배출한 양이 약 11% 정도이다. 건축물의 에너지 사용에 의한 온실가스 배출 비중은 산업이 고도화된 국가나 대도시에서 더 높게 나타나는데, EU 전체 배출량의 약 36%, 뉴욕시의 약 66%, 도쿄시의 약 73%, 런던시의 약 78%를 차지한다. 건물 부분의 온실가스 배출량은 우리나라 배출 총량의 약 25.2%, 총에너지 소비량의 약 21.9%를 차지한다. 하지만 도시 단위에서 건물 부문의 온실가스 배출량은 훨씬 높으며, 서울시는 건물 부문이 약 69%의 온실가스를 배출한다. 도시 지역 인구 비율이 거의 92%에 달하는 우리나라에서 건물 부문의 온실가스 배출을 간과할 수 없는 이유다.

건물과 도시의 온실가스 배출과 이로 인한 기후변화는 악순환의 연속이다. 기후변화로 극한기후 현상이 잦아지면서, 삶의 질은 낮아지고 온실가스 배출은 더 늘어나고 있다. 폭염과 혹한은 냉난방 에너지 사용량을 증가시키고, 단열이 취약한 노후 주거지의 온열 질환 위험을 높인다. 강도 높은 태풍과 폭우, 홍수와 해일은 우리 삶의 터전을 파괴하고, 인명과 재산 피해를 가져온다. 반복되는 재해 복구 과정에서도 온실가스는 계속 발생한다. 기후변화로 증가한 온실가스 배출로 기후변화는 더 빨라질 수 있다.

게다가 이미 배출한 온실가스만으로도 기후변화는 당분간 진행될 수밖에 없다. 온실가스 감축과 함께 기후위기에 대한 적응을 고민해야 하는 이유다. 다행히 우리는 이런 기후변화 과정에서도 온실가스 배출량을 줄이는 동시에 변화한 기후에 적응하여 삶의 환경을 유지할 수 있는 기회가 있다. 건물의 온실가스를 감축하는 동시에 외부 환경의 영향을 최소화할 수 있는 기술들도 있기 때문이다. 건축물의 환경과 성능을 개선함으로써 온실가스 배출량을 줄이고 기후위기에 대한 적응력을 높이는 한편, 기후변화의 속도를 늦추는 선순환으로 전환하는 것이다.

## 건물에서 사용하는 에너지를 줄이는 방법

건축물은 건축에서 해체까지 전 생애 주기를 통해 온실가스를 배출한다. 그중 건물에서 에너지를 사용하면서 발생하는 온실가스 비중이 가장 크다. 도시가 오래되고 건축물의 수명이 길어질수록 사용 중의 배출 비중은 커질 수밖에 없다. 따라서 건물 부문 탄소중립을 위해서는 건물에서 사용하는 에너지부터 면밀히 살펴볼 필요가 있다.

건물에서 사용하는 에너지는 크게 계절의 영향을 받는 냉난방 에너지와 기타 활동에 필요한 에너지로 구분할 수 있다. 냉난방 에너지 사용량은 기후변화에 민감하며, 혹서·혹한 등 극한기후가 증가함에 따라 사용량이 더 증가하고 있다. 하지만 제로에너지건축 기술을 통해 탄소 배출을 거의 제로 수준으로 줄일 수 있으며, 기후위기 적응에도 기여할 수 있다. 반면, 냉난방 에너지를 제외한 사용자 활동 과정에서 소비되는 에너지는 한 가지 기술을 통해 획기적으로 줄이기 어려우며, 절약이나 쓰지 않는 방식으로 줄이는 데에도 한계가 있다. 따라서 고효율 기기를 통한 효율화나 스마트 기술을 활용하여 운영을 최적화함으로써 사용량을 최소화하고 신재생에너지로 대체하는 등 다양한 노력이 동시에 필요하다.

### 계절의 영향을 받는 냉난방 에너지 사용의 최소화

건물의 냉난방 에너지 사용량은 건축물의 용도, 성능, 운영 방식, 그리고 기온 변화에 따라 그 비중이 다르게 나타난다. 다음 장의 그래프는 일 년 중 월별 에너지 사용량* 변화를 도식화한 것이다. 이를 통해 에너지 사용량 최저점을 기준으로 하는 기저 사용량과 계절에 따른 변동량을 나타내는 계절 에너지 사용량을 구분할 수 있다. 주거용 건물처럼 온종일 적정 실내 온도를 유지해야 하는 건물은 주로 낮에만 사용하는 상업용 건축물보다 계절 변화에 따른 에너지 사용량(계절 에너지 사용량)의 비중이 높게 나타난다. 따라서 제로에너지건축 기술 적용에 따른 온실가스 감축 잠재량 역시 클 것으로 예상된다.

비교를 쉽게 하기 위해 여기서는 단위 연면적당 월별 전기와 가스 사용량으로 표시함.

※ 에너지전환포럼(2018), 환경부

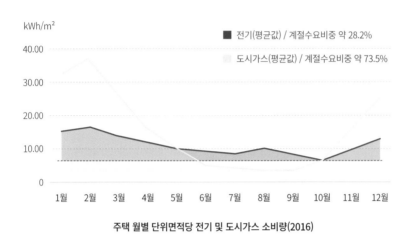

주택 월별 단위면적당 전기 및 도시가스 소비량(2016)

업무시설 월별 단위면적당 전기 및 도시가스 소비량(2016)

실제 노후 주택과 최근 단열 기준에 따른 신축 주택, 제로에너지 주택의 계절 에너지 사용량을 비교해보면, 제로에너지 주택은 계절 에너지 사용량뿐 아니라 변화의 폭, 즉 변동성도 줄어든다. 이는 탄소중립의 가능성은 물론 혹한과 폭염에 대한 기후 탄력성을 의미한다. 더욱이 냉난방 에너지 수요의 기온 변동성을 줄이면 도시의 안정적인 에너지 수급에도 기여할 수 있다. 이렇게 건축물의 성능 변화를 통해 우리는 건축물의 계절 에너지 사용량 부문에서 의미 있는 수준의 온실가스를 감축할 수 있다.

주택 성능별 월별 단위면적당 1차 에너지 소비량 변화

※ RE도시건축

kWh/m²
■ 일반주택　　■ 18년 이후 신축주택　　■ 제로에너지주택

## 효율적인 기기로의 교체

계절 변동성이 적은 에너지 사용량은 전체의 약 60% 정도를 차지한다. 여기에는 건물 에너지 성능과 관련된 조명이나 환기 장치에 사용되는 에너지 외에도 TV·세탁기·냉장고와 같은 가전 기기, 컴퓨터·모니터·프린터·서버와 같은 사무 기기, 음식점에서 사용하는 조리 기기, 병원의 의료 기기처럼 건물 용도별로 상시 필요한 기기들의 에너지 사용량이 포함된다. 대부분 건물 고유의 목적인 사용자 활동과 연결되어 있기 때문에 사용량을 줄이기 위해서는 가장 효율적인 기기들로 교체해 나가는 것이 필요하다. 대기전력을 차단하거나 가전 기기 사용 횟수를 줄일 수는 있어도 병원 입원실의 의료 기기, 대학교 실험실의 실험 기기, 사무실의 컴퓨터, 음식점의 조리 기기를 에너지 절약을 위해 사용하지 않을 수는 없기 때문이다.

국제에너지기구(IEA)의 로드맵에서는 향후 전열기와 조명 기술의 발전에 따라 개별 기기의 효율을 2030년까지 약 25%, 2050년까지 약 40% 높이는 것을 중요한 과제로 보고 있다. 우리나라도 22개 품목에 고효율에너지기자재 인증제도와 32개 품목에 에너지소비효율등급 표시제도를 운영하고 있다. 이 중 에너지소비효율등급 표시 14개 품목에는 최저소비효율기준(MEPS: Minimum Energy Performance Standard)을 적용하고 있다. 5등급 미만 제품의 생산과 판매를 금지하고, 냉장고·에어컨·TV에 중장기 목표 소비효율기준을 도입해 3년마다 최고 등급과 최저 등급을 갱신하여 최저 성능 제품을 시장에서 퇴출하는 방식이다. 주요 가전제품 1등급과 5등급의 소비 전력량 차이는 약 30% 이상이다. 따라서 기존 기기들을 가장 효율적인 기기들로 교체한다면 탄소 배출을 줄이는 데 크게 기여할 수 있을 것이다. 물론 교체되는 폐기기들의 자원 활용도를 높이는 방안도 함께 검토되어야 하며, 새롭게 개발·보급되는 기기들에도 꾸준히 관심을 기울여야 한다.

## 에너지원의 전력화와 신재생에너지 사용의 확대

에너지원의 전력화는 건물 부문 탄소중립에서 중요한 과제이다. 사실 건물에서 화석연료를 충분히 대체할 만한 재생 가능한 열원을 찾기란 쉽지 않다. 전기는 유연하고 안정적으로, 그리고 직접 연소에서 발생하는 실내 공기 오염 물질을 줄이면서 기존 보일러나 가스레인지를 대체할 수 있다. 예를 들어, 가스레인지를 에너지 효율이 높은 전기 인덕션으로 바꾼다면, 조리용 도시가스를 바이오 연료로 대체하는 것보다 비용도 적게 들고, 실내 공기 질도 개선할 수 있다. 태양열 온수기나 난방 시스템은 재생 가능한 열원을 직접 사용하는 효과적인 방법이지만, 에너지 수요가 높은 겨울철에는 오히려 생산량이 줄어들기 때문에 태양열에너지만으로 난방·온수 에너지 수요를 감당하기란 쉽지 않다. 반면 공기열 히트펌프나 지열 히트펌프는 투입되는 전기에너지의 약 3~8배에 이르는 열에너지를 생산할 수 있다. 따라서 같은 재생에너지라도 상대적으로 저장이 용이한 전기를 사용하는 것이 탄소 배출을 줄이는 데 유리하다. 제로에너지건축물에서 전력화는 가스 네트워크와의 연결 없이 설비 시스템을 단순화함으로써 건축 비용을 낮추는 데도 기여한다.

※ RE도시건축

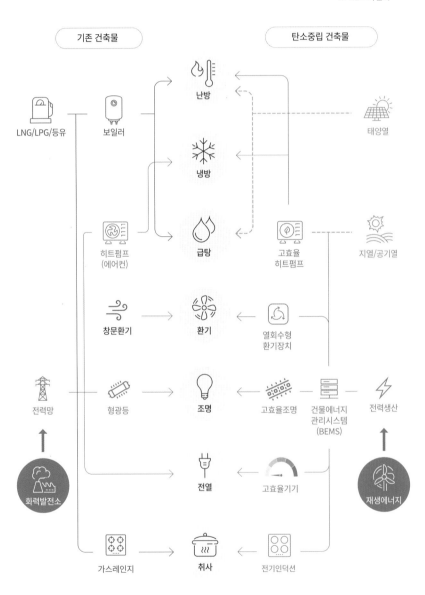

기존 건축물

탄소중립 건축물

LNG/LPG/등유

보일러

난방

태양열

냉방

히트펌프
(에어컨)

급탕

고효율
히트펌프

지열/공기열

창문환기

환기

열회수형
환기장치

전력망

형광등

조명

고효율조명

건물에너지
관리시스템
(BEMS)

전력생산

화력발전소

전열

고효율기기

재생에너지

가스레인지

취사

전기인덕션

그러나 우리가 지금 당장 가스보일러를 전기보일러나 히트펌프로 바꾸고, 가스레인지 대신 전기 인덕션을 사용한다고 탄소중립이 달성되지는 않는다. 건물 에너지 수요가 높고 재생에너지 전력 생산 비중이 낮은 상태에서 전력화만 진행할 경우 전력망 부담만 높이게 되며, 결과적으로 전력 사용을 통한 간접 배출 비중만 높아지기 때문이다. 건물 자체의 재생에너지 전력 생산을 함께 고려해야 하는 이유이다. 예를 들어, 전기 히트펌프를 설치하면서 태양광을 함께 설치하고, 인덕션을 사용하는 만큼 미니 태양광을 설치하는 것이다. 건축물 자체의 전력 생산은 에너지 전환 과정에서 추가로 설치해야 하는 송배전망 구축의 부담도 덜고, 에너지 손실도 줄이는 효과적인 탄소중립 방법이다.

물론 서울처럼 고밀화된 도시에서는 건물 자체의 에너지 자립률을 높이는 데 한계가 있다. 빽빽한 빌딩 숲 사이에서는 건물 외벽에 태양광을 설치한다고 해도 음영으로 생산량이 충분치 않을 수 있기 때문이다. 따라서 도시에서는 건물 단위 에너지 자립뿐 아니라, 지역·지구 단위 에너지 자립, 도시 차원의 에너지 자립도 함께 고려되어야 한다.

### 4차 산업의 발달과 스마트 시티

4차 산업 기술의 발전은 건물의 전력화와 더불어 탄소중립 실현과 기후위기 적응에 크게 기여할 수 있다. 분산형 자원의 공급자와 수요자 사이의 정보를 교환함으로써 수요·공급의 균형을 유지하고, 재생에너지의 취약점인 에너지 수급의 안정성을 해결할 수 있기 때문이다.

먼저 개별 건물의 에너지 수요를 모니터링하고 최적화하는 건물에너지관리시스템(BEMS)은 건물 단위에서 에너지 사용량을 최소화하고, 제로에너지건축물에서 생산·수요의 균형을 조절한다. BEMS는 온습도와 같은 실내 환경과 에너지원별, 용도별, 실별 에너지 사용 현황을 모니터링하는 것에서 출발한다. 데이터를 통해 건물의 에너지 사용 패턴을 파악하고 유사 건물의 사용량과 비교하는 것만으로도 에너지 효율을 개선할 수 있다. 불필요하게 사용되는 에너지원을 찾거나, 효율이 떨어진 설비·기기의 오작동을 찾아낼 수 있기 때문이다. 건물의 에너지 사용량과 비용 분석을 통해 건물 유지·관리를 최적화할 수도 있다. 특히 제로에너지건축물처럼 성능이 높은 건물은 에너지 수요가 매우 작다. 따라서 관리상 부주의나 기기 설비 오작동이 전체 에너지 사용량에 미치는 영향이 커 최적화가 더 중요하다.

BEMS와 연결된 자동 제어 시스템은 직접적으로 에너지 사용량을 줄인다. 실제로 호텔이나 업무 시설에서 냉난방 기기의 온도를 최적 온도로 재설정하거나 시스템을 효율적으로 관리하고, 투숙객의 입실 여부나 실내 조도에 맞춰 조명 에너지 사용을 조절하기도 한다. 또한 재생에너지 생산량 변동과 연계하여 전력 생산에 여유가 있는 시간에 세탁기가 돌아가도록 설정해 두거나, 히트펌프를 이용해 남는 전기를 열로 전환하여 급탕 탱크에 저장하는 등 건물의 안정적 운영에도 기여한다.

도시 차원에서는 지능형 전력계량기 (AMI)에 기반한 실시간 전력 요금제, 수요 반응 자원 거래, 가상발전소*(VPP), V2G(Vehicle to Grid), 마이크로그리드* 같은 기술 분산형 자원에 기반한 지역 단위의 에너지 전환을 실현한다. 지능형 전력계량기(AMI)는 양방향 통신망을 이용해 에너지 사용량 정보를 수집하고 실시간으

**가상발전소**
VPP, Virtual Power Plant
다양하게 분산된 전원을 모아서 마치 하나의 발전소처럼 운전 및 제어하는 가상의 발전소

**마이크로그리드**
소규모 분산 전원과 부하로 구성되며 양방향 송배전이 가능한 전력 그리드

로 변하는 요금제를 수요자에게 제공함으로써 수요가 낮은 시간대에 에너지를 사용하도록 안내한다. 예를 들어 가정에서는 상업용 건물의 난방 에너지 사용량이 늘어나는 낮 시간대를 피해 세탁기나 청소기를 사용하도록 유도할 수 있다. 에너지 수요가 급격하게 올라가는 시간대에 에너지 사용량을 줄이면 보상을 받는 수요 반응 자원 거래도 가능하다. 건물에 설치한 태양광에서 남는 전기를 이웃과 나누어 사용하면서 잉여 생산에 대한 동기도 생긴다. 전기차는 잉여 생산량을 저장하는 중요한 분산형 저장 장치인데, V2G 기술은 양방향 인버터를 사용하여 전기차에 저장된 전력을 다시 전력망으로 보낼 수 있다. 가상발전소나 마이크로그리드 같은 스마트그리드 기술은 개별 건축물에서 발생하는 에너지 수요와 생산을 지역 단위에서 효율적으로 관리함으로써 에너지망이 안정적으로 운영되도록 한다.

이외에도 전 세계 많은 도시가 계측 기술과 정보통신기술(ICT), 빅데이터 등을 활용하여 환경·교통·상하수도·쓰레기 등의 인프라를 최적화하고, 기후 재난 대응이나 건강·보건·돌봄·복지 등 다양한 도시 문제

에 신속하게 대응할 수 있는 모델로 스마트 시티를 구상하고 있다.

## 탄소중립에 대한 시민 참여

건물·도시와 관련된 다양한 온실가스 저감 기술은 우리가 기후위기에 대응할 수 있는 기술적 잠재력을 보여 주지만, 탄소중립은 기술 발전만으로 이루어지기 어렵다. 새로운 기술은 기후변화 완화와 적응이라는 편익과 가치를 제공하겠지만, 우리 사회 전반의 변화와 혁신을 의미하기 때문이다. 시민 개개인은 새로운 기술 도입에 따른 사회적 비용을 분담하게 될 것이고, 일상의 소소한 생활양식에도 익숙하지 않은 변화가 생길 수 있다. 예를 들어, 향후 30년 동안 신축이나 리모델링을 통해 모든 건축물을 제로에너지건축물로 전환하기 위해서는 많은 비용이 필요하다. 시민들은 직접적으로 공사 비용을 지불해야 할 수도 있고, 집을 마련하거나 임차할 때 그 비용을 분담해야 할 수도 있다. 기존에 살고 있는 건물의 성능 개선을 위해서는 공사에 대한 불편을 감수해야 할 수도 있다. 신재생에너지를 효과적으로 이용하기 위해 방바닥을 뜨겁게 달구는 대신 좀 더 낮은 온도의 물로 난방을 한다거나, 도시가스가 아닌 전기 인덕션으로 조리하는 것은 생활양식의 변화를 의미한다. 새로운 에너지 효율화 설비나 기기로의 교체, 태양광·태양열 이용 등 건물 내 직접 에너지 생산에 대한 시민들의 참여도 관건이다. 특히 재생에너지 기반의 에너지 전환에서는 에너지 생산량 변화에 맞춘 적극적인 수요 관리 참여가 필요하다. 에너지 절약 습관 역시 여전히 중요하다. 적정 냉난방 온도를 유지하고, 불필요한 조명을 끄고, 대기전력을 차단하는 일 등은 비용도 들지 않으면서 지금 당장 탄소 배출을 줄이는 방법이다. 건물 부문의 탄소중립은 결국 시민 한 사람 한 사람이 각자 생활의 영역에서 필요한 변화를 수용하고, 공정한 비용 분담에 대한 사회적 합의에 참여해야만 이루어질 수 있다.

## 온실가스도 줄이고 기후위기 적응도 돕는 제로에너지건축물

### 기후위기 적응을 준비하는 제로에너지건축물이란?

우리가 당장 온실가스를 배출하지 않는다고 해도, 지난 100년 동안 인류가 배출한 온실가스로 인한 기후변화는 이미 진행되고 있다. 앞으로 우리는 이 변화에 적응해야만 한다. 제로에너지건축물은 기본적으로 건축물을 탄소 배출 없이 재생에너지를 통해 운영하는 기술이다. 하지만 이는 단순히 재생에너지로 사용 에너지를 상쇄하는 것만을 의미하지 않으며, 기후위기로 증가할 극한기후 상황에서 회복 탄력성을 높이고, 안전한 피난처를 제공해 줄 수 있는 패시브 건축 기술에 기초할 필요가 있다.

패시브 건축 기술은 기본적으로 자연의 원리를 이용해 거주 환경을 개선하는 기술로, 전통적으로 우리가 이미 잘 알고 이용해 온 것들이다. 추우면 옷을 더 따뜻하게 입어 체온 손실을 막고, 집 안의 바람이 새는 곳을 막으며, 따뜻한 햇볕을 이용할 수 있도록 남향으로 건물을 배치하는 것, 여름에는 처마나 발을 내려 햇볕이 과도하게 집안으로 들어오지 못하게 막고, 앞뒤로 창문을 내어 통풍이 잘되도록 하는 것이 패시브 건축 기술의 원리이다. 기후위기에 적응하고 탄소 배출을 줄이기 위한 제로에너지건축물에도 이러한 원리들을 적극적으로 활용하고, 더 정교하게 발전시킬 필요가 있다.

건축물의 외피는 옷이나 아이스박스와 비슷하다. 우리는 겨울철 몸의 열을 빼앗기지 않고, 여름철 냉방이 잘 유지될 수 있도록 단열을 두껍게 한다. 그러나 겨울철에 아무리 두꺼운 외투를 입었다고 하더라도, 신발이나 양말을 신지 않고 맨발로 눈밭을 걷는다면 추위를 막기 어렵다. 건축물의 외피도 마찬가지다. 빠지는 곳 없이 단열을 꼼꼼하게 해야 하는데, 건물 내부의 열이 단열재를 빠뜨린 부분으로 더 빠르게 빠져나가기 때문이다. 우리나라 공동주택의 천정 모서리에서 종종 발견되는 곰팡이나 결로는 단열이 누락되어 생기는 대표적인 현상이다. 슬래브 부분에 단열하지 못하다 보니 여기서 집중적으로 열을 뺏기고, 표면 온도가 낮아져 공기 중의 물방울이 맺히는 것이다. 또한 창문의 단열 성능이 중요한데, 아무리 고효율 창호라고 해도 단열을 잘한 벽체보다 열 손실이 4배 이상 되기 때문이다.

단열 다음으로 중요한 것은 기밀이다. 기밀은 창문을 닫아도 느껴지는 바람, 즉 외풍을 막는 일이다. 오래된 창호가 특히 취약한데, 창틀과 창틀 사이에 틈이 벌어져 있고 시간이 지나면서 외벽이 뒤틀리거나 창호와 외벽 사이 틈새를 메워 둔 모르타르가 수축하면서 틈이 생기기 때문이다. 그러나 창틀과 창틀 사이를 고무 가스켓 등으로 밀폐하고, 창틀과 외벽 사이에도 기밀 테이프를 붙이는 등 건물이 변형되어도 공기가 새지 않도록 조치하면 외풍은 물론 곰팡이나 결로 현상도 막을 수 있다.

한편 기후변화에 따라 더 길어질 여름을 시원하게 보내는 방법은 건물 외부에 차양을 설치하는 것이다. 커튼이나 블라인드를 실내에 설치하면 비용은 덜 들겠지만, 이미 열이 유리를 통과해 들어왔기 때문에 차양의 효과는 반감된다. 열대야가 있는 날을 빼면, 맞통풍이 잘되도록 창을 내는 것도 여름을 시원하게 보내는 방법이다.

패시브 건축의 외피와 일반 건축물의 외피 비교

※ RE도시건축

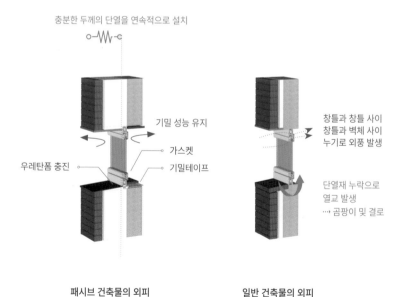

패시브 건축물의 외피     일반 건축물의 외피

이렇게 패시브 기술을 이용하여 건물을 설계하면 제로에너지건축물이 아니더라도 일반 건축물보다 냉난방 에너지 소비를 80~90%까지 줄일 수 있다. 그리고 여름철 폭염이나 겨울철 혹한이 와도 실내온도 변화가 크지 않아 쾌적한 환경을 유지할 수 있다.

아래의 그림의 두 건물은 모두 제로에너지건축물이다. 하지만 왼쪽은 기존 건물에 재생에너지만 설치하여 제로에너지건축물로 전환한 것이고, 오른쪽은 패시브 기술을 기반으로 에너지 소비를 줄이고 최소한의 재생에너지 설치를 통해 제로에너지건축물을 구현한 것이다. 두 건물 모두 생산과 소비의 합을 맞추어 제로에너지건축물이 되었지만, 왼쪽은 여전히 겨울에는 춥고 여름에는 더운 환경이다.

두 가지의 제로에너지건축물 비교
.................................................................................................
※ RE도시건축

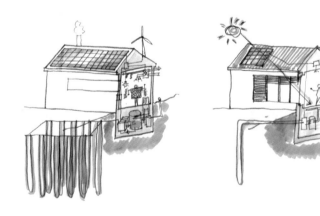

기존 건물에 재생에너지만 설치하여 구현          패시브 기술을 기반으로 구현

반면 오른쪽은 극한기후에도 에너지를 많이 사용하지 않고 실내 온도를 유지하는 기후 탄력적인 환경이다. 또한 왼쪽의 제로에너지건축물은 건물 외피에 대한 공사 비용은 들지 않지만, 재생에너지와 건물 환경 유지를 위한 기계 설비의 규모가 커질 수밖에 없고, 넓은 공간을 기계실로 내주어야 한다. 집에서 방 하나가 기계실로 바뀐다면 우리나라 주택 시장에서 매력적인 대안이 될 수 없다. 더욱이 매우 좁은 대지에 층수가 높은 건물이라면 대지 내에서 필요한 에너지를 모두 생산한다는 것 자체가 비현실적이다. 반면 패시브 기술에 기반한 제로에너지건축물은 외피 성능을 개선하는 데 비용이 들지만, 최소한의 재생에너지만으로도 자립이 가능하기 때문에 제로에너지건축물 실현의 전제 조건이라고 할 수 있다.

패시브 기술을 통해 건축물의 에너지 요구량*을 최소화하면, 고효율 에너지 설비를 통해 실제 사용되는 에너지량을 더 줄일 수 있다. 예를 들어, 난방을 위해 고효율 콘덴싱 보일러나 히트펌프를 사용하고, 환기할 때 열을 회수하여 빠져나가는

에너지 요구량
건축물의 난방, 냉방, 급탕, 조명 부문에서 표준 설정 조건을 유지하기 위해 해당 공간에서 필요로 하는 에너지량

에너지를 줄일 수 있는 열 회수형 환기장치를 설치할 수 있다. 열 회수형 환기장치는 에너지 사용량을 줄일 뿐 아니라 필터를 설치해 미세먼지의 유입을 막고, 실내 공기 오염 물질의 농도도 낮춘다. 또한 조명 에너지는 LED 조명 기기로 교체하여 효율을 높이고, 조광기나 센서를 통해 불필요한 사용을 줄일 수 있다. 온수는 제로에너지 주택에서 가장 부담이 되는 에너지원인데, 효율이 높은 보일러나 히트펌프를 사용

※ RE도시건축

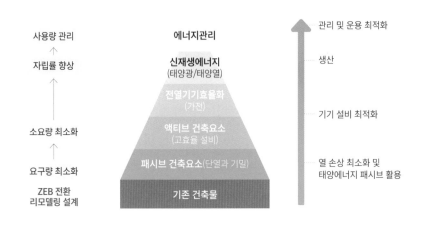

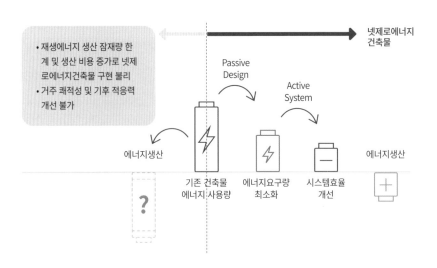

하는 것 외에는 온수 사용량을 줄이는 것이 최선이기 때문이다.

　이제 제로에너지건축물을 구현하기 위한 마지막 단계는 패시브 기술과 고효율 에너지 설비를 통해 최소화한 에너지 사용량을 태양광, 태양열, 지열과 같은 재생에너지로 공급하는 일이다. 에너지 사용량을 줄였기 때문에 층수가 낮은 건물에서 재생에너지 잠재량을 최대한 활용하면, 오히려 에너지를 생산하는 플러스에너지건축물이 될 수도 있다. 사실 제로에너지건축물은 이론상의 소비와 생산의 합이 '0'이기 때문에 관리만 잘해도 플러스에너지건축물이 될 수 있으며, 건물에 필요한 에너지뿐 아니라 전기차에 필요한 에너지까지 공급할 수도 있다.

### 제로에너지건축물 보급을 위한 제도 개선

우리나라는 「녹색 건축물 조성 지원법」 제2조 4항에 따라 제로에너지건축물을 "건축물에 필요한 에너지 부하를 최소화하고 신에너지 및 재생에너지를 활용하여 에너지 소요량을 최소화하는 녹색 건축물"로 정의하고, 2017년 제로에너지건축물 인증 제도를 도입하였다. 이에 따라 건축물 에너지효율등급 1++등급 이상인 건물에 원격 검침 계량기나 건물에너지관리시스템(BEMS)을 설치하면, 신재생에너지 생산량을 통한 에너지 자립률에 따라 제로에너지건축물 인증을 1~5등급까지 받을 수 있다. 또, 2020년 이후 설계되는 연면적 1,000m² 이상 공공 건축물은 의무적으로 인증을 받아야 한다.

※ 한국에너지공단(2020) 제로에너지건축물 2020 인증안내서

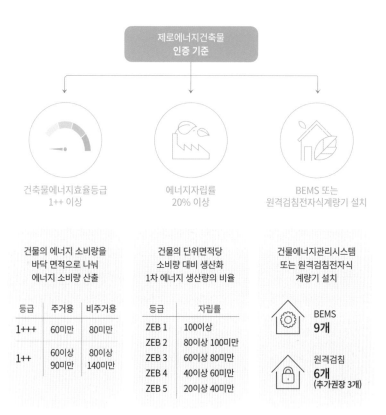

제로에너지건축물
**인증 기준**

건축물에너지효율등급
1++ 이상

에너지자립률
20% 이상

BEMS 또는
원격검침전자식계량기 설치

건물의 에너지 소비량을
바닥 면적으로 나눠
에너지 소비량 산출

| 등급 | 주거용 | 비주거용 |
|---|---|---|
| 1+++ | 60미만 | 80미만 |
| 1++ | 60이상 90미만 | 80이상 140미만 |

건물의 단위면적당
소비량 대비 생산화
1차 에너지 생산량의 비율

| 등급 | 자립률 |
|---|---|
| ZEB 1 | 100이상 |
| ZEB 2 | 80이상 100미만 |
| ZEB 3 | 60이상 80미만 |
| ZEB 4 | 40이상 60미만 |
| ZEB 5 | 20이상 40미만 |

건물에너지관리시스템
또는 원격검침전자식
계량기 설치

BEMS
**9개**

원격검침
**6개**
(추가권장 3개)

제로에너지건축물의 보급 확대는 건물 부문 탄소중립의 핵심 정책이다. 국토교통부는 2021년 6월 「2050 탄소중립 달성을 위한 녹색 건축 활성화 방안」을 통해 강화된 제로에너지건축물 의무화 로드맵을 발표하였다. 이에 따라, 2023년부터 의무 대상 신축 공공 건축물이 연면적 500㎡ 이상 규모로 확대되고, 의무 기준은 2025년부터 4등급 이상, 2030년부터 3등급 이상으로 점차 강화될 예정이다. 민간 건축물의 제로에너지건축물 인증 의무화는 2025년부터 30세대 이상의 공동주택 또는 1,000㎡ 이상 신축 건축물에 적용하고, 2030년부터는 500㎡ 이상 신축 건축물에 적용될 계획이다. 2050 탄소중립위원회가 발표한 「2050 탄소중립 시나리오 초안」은 2050년 건물 부문 탄소중립에 대한 장기적인 전망을 담고 있는데, 모든 신축 건축물의 제로에너지건축물 인증 1등급 적용과 기존 건축물의 100% 그린리모델링이 목표다.

　　사실 제로에너지건축물은 이미 전 세계적으로 상용화된 기술이다. 최근 10년간 거의 모든 건축물이 제로에너지건축물로 지어졌으며, 자카르타에는 99층 초고층 제로에너지건축물도 있다. 우리나라에서도 2020년 공공 건축물의 인증 의무화와 함께 인증 건축물이 증가하고 있다. 그러나 2021년 9월 기준으로, 예비 인증을 받은 건축물을 포함해 제로에너지건축물은 약 1,300여 동에 불과하다. 이는 2050년까지 달성해야 할 450만 동에 비하면 너무나 미약한 수치다. 제로에너지건축물을 본격적으로 확대하기 위해서는 풀어야 할 숙제가 많은 셈이다.

변경된 제로에너지건축물 의무화 로드맵

※ 한국에너지공단

**4등급** **3등급**

| | 2020 | 2021 | 2023 | 2025 | 2030 |
|---|---|---|---|---|---|

공공  1000m² 이상 │ 서울시 500m² 이상 │ 500m² 이상

민간  1000m² 이상 공동주택 30세대 이상 │ 500m² 이상

　　민간의 새로운 제로에너지건축물을 보급하는 것은 건물 부문 탄소중립의 첫걸음이며, 탄소 예산을 고려하면, 가능한 빠른 시일 내에 전환하는 것이 중요하다. 2018년 기후변화에 관한 정부 간 협의체(IPCC) 특별보고서에 따르면 지구 평균기온 상승을 1.5℃ 이하로 억제하기 위해 우리가 앞으로 배출할 수 온실가스의 양, 즉 탄소 예산은 약 420Gt으로 정해져 있다. 각각의 건축물은 성능에 따라 매년 거의 같은 양의 온실가스를 배출하기 때문에 우리가 건축물의 성능을 개선한 시점부터는 매년 같은 양의 온실가스를 줄이게 되고 탄소 예산을 아껴 쓸 수 있게 된다.

반면, 효율 개선의 시기를 늦춘다면 우리는 다음 세대가 배출할 수 있는 최소한의 온실가스까지 빠르게 소진해 버릴 수 있다. 게다가 건물의 성능을 개선시키는 데 소요되는 비용은 시일을 늦춘다고 거의 줄어들지 않는다. 단위비용 대비 누적 온실가스 감축 총량만 줄어들기 때문에 탄소 예산의 관점에서는 합리적이지 못하다.

제로에너지건축물 보급을 위해서 '인증 의무화 로드맵' 같은 법적 규제의 도입은 가장 쉽고 효과적인 방법이다. 실제로 EU는 2021년부터 모든 신축 건축물에 제로에너지건축 기준을 의무화하고 있다. 그러나 전체의 약 85%를 차지하는 500㎡ 미만의 건축물에 우리나라는 그동안 단열 규정 외에 별다른 건물 에너지 성능 규제를 하지 않았다. 당장 모든 건축물에 제로에너지 의무화 규정을 도입하는 것은 시장의 기술 수용성이나 자금 조달 측면에서 쉽지 않기 때문이다. 인증 의무 대상인 큰 규모의 건물들은 완공까지 시간이 걸리기 때문에 사실 2030년까지 실제 보급될 제로에너지건축물의 규모도 불투명하다. 따라서 건물 부문의 1.5℃ 목표 달성을 위해서는 민간 제로에너지건축물의 조기 보급을 유도하는 혁신적인 인센티브를 강구해야만 한다.

독일은 오랫동안 융자 및 보조금을 통해 현행법보다 높은 성능의 건물 구매를 지원했다. 그러다 보니 자연스럽게 비용 부담이 적은 효율 좋은 주택이 시장에서 선호되었고, 효율이 낮은 주택은 지어지지 않는 현상으로 이어졌다.

우리나라도 제로에너지건축물 인증에 인센티브 제도가 운영되고 있지만, 시장에서 자발적으로 제로에너지건축물을 신축할 만큼 매력적이지는 않다. 제로에너지건축물로 인한 비용 증가 폭은 해당 건축물의 규모·용도·목적 등에 따라 다르며, 추가적인 자금이 필요하기 때문에 건축물의 사업성과도 긴밀하게 연결된다. 그러므로 조기에 제로에너지건축물로 유인 가능한 그룹을 최대한 발굴하여 시장 특성에 맞는 혜택을 제공하는 정책이 필요하다.

공사비 증가율을 살펴보면, 제로에너지 인증 의무화 로드맵에서 소외된 작은 건축물들이 대규모 건축물보다 더 많은 투자가 필요한 것으로 보인다. 그러나 작은 건축물은 전체 공사 금액 자체가 상대적으로 적고, 층수가 낮을 때에는 부지 내 에너지 생산만으로도 플러스에너지건축물을 구현할 수 있다. 소규모 플러스에너지건축물의 잉여 생산량은 배전 인프라에 대한 추가 투자 없이 지역 네트워크의 에너지 수급 안정에 기여한다. 따라서 이를 보상하는 요금제를 운영한다면 효율 개선뿐 아니라 수요 관리도 가능하다. 또한 부설 주차장 건설 기준으로 신축이 불가능하거나 사업성이 현저히 떨어지는 도심의 소규모 노후 건축물에 대한 완화 규정도 생각해 볼 일이다.

우리가 지난 수십 년 동안 주택 공급 활성화를 위해 국민주택 규모(85㎡) 이하에 적용해 온 다양한 혜택들을 제로에너지건축물 신축에 적용하는 것도 고려해 볼 만하다. 지금도 해당 규모 주택을 건설할 때에는 「조세감면규제법」에 의해 부가가치세가 면제되고, 저리 융자를 지원할 뿐만 아니라 도시 및 건축 규제를 완화하기도 한다. 기후위기 시대에 제로에너지건축물 보급을 통해 안전하고 안정적인 주택 재고를 확보하는 것은 해당 규정들의 입법 취지인 주택법(구 주택건설촉진법)의 '국민의 주거 안정과 주거 수준의 향상에 이바지'하기 위한 목적에도 부합한다. 단독주택을 제외하면 대다수 건축물의 사용자는 건축주가 아닌 불특정 다수다. 따라서 제로에너지건축물에 대한 지원은 개인의 자산에 대한 지원이 아닌 공공복지의 증진이자 기후 탄력성을 높이는 일이 될 것이다.

## 기존 건축물의 성능 개선을 통한 탄소중립
## : 그린리모델링

제로에너지건축물을 많이 짓는다고 해도, 기존 건축물의 성능 개선이 없다면 건물 부문의 탄소중립은 불가능하다. 따라서 취약 계층의 기후위기 적응과 이로 인한 불평등 완화를 위해서라도 노후 건축물의 그린리모델링이 시급하다. 2020년 기준 국토교통부의 건축물 현황 통계에 따르면, 신축 건축물은 동수 기준으로 약 17.2%, 연면적 기준으로는 약 25.3%에 그친다. 더구나 신축 건축물 대부분이 기존 건축물의 대체보다는 나대지 건축이나 연면적 증가를 수반하는 재건축으로, 이는 에너지 총사용량 증가로 이어진다. 10년 미만 멸실 면적은 약 74만㎡로, 신축 면적의 약 0.1% 수준이다. 더군다나 현재 제로에너지건축물 인증을 받은 건축물이라 하더라도 2050년에는 30년 이상의 노후 건축물이 된다. 그 때문에 현재 에너지 자립률 5등급 기준을 단계적으로 높이고, 노후화에도 대비하는 장기적인 유지·관리 계획이 필요하다.

### 유럽의 그린리모델링 확산
이미 2009년 2050 저탄소 경제 로드맵을 발표한 EU는 연평균 2%의 비율로 기존 건물을 리모델링함으로써 2050년까지 건물 부문의 온실가스를 80%까지 줄이는 계획을 실행해 오고 있다. 이를 위해 가장 먼저 모든 건축물에 에너지 평가서를 도입하였다. 또한 부동산 거래 시 증빙을 의무화함으로써 건물 에너지 성능이 시장에서 평가될 수 있는 기준을 마련하였다. 더불어 에너지효율화지침(EED: Energy Efficiency Directive)에 따라 공공건물은 선도적으로 매년 냉난방 면적의 3%를 리모델링하도록 하고 있다. 그런데도 기존 건축물의 에너지 효율화 리모델링은 초기 투자 비용 조달, 임대·임차 등 복잡한 이해관계, 공사 기간 중 불편 등으로 유럽에서도 목표 달성이 쉽지 않아 최근 EU 그린딜 정책에서도 중요하게 다뤄지고 있다.

EU 회원국들은 EED에 따라 기존 건물 리모델링 촉진을 위한 장기 전략을 수립하고, 국가별 상황에 따라 현재 약 420개의 정책 수단을 도입·시행하고 있는데, 재정 지원 정책과 의무 규제 정책이 가장 보편적이다. 많은 나라가 기존 건축물의 에너지 효율화 리모델링에 융자 지원이나 세제 감면 등 다양한 재정 인센티브를 도입하고 있을 뿐 아니라 주택의 성능 개선에 대해서는 보조금을 지원하고 있다. 최근에는 에너지공급자효율향상의무제도(EEOs)*를 활용하여 에너지 사용 요금과 연계한 재정 정책 수단이 유럽 여러 지역으로 확대되고 있다. 리모델링 시 최저 에너지 성능 기준은 EU 건물 에너지효율화지침(EPBD)에 따라 모든 회원국이 도입하고 있는 규제 수단이다. 독일에서는 건물을 리모델링할 때, 노후 보일러를 교체하고 냉난방

에너지공급자효율향상
의무제도
우리나라에서도 시범적으로 시행되고 있으며, 미국과 우리나라에서는 EERS로 칭한다

설비 효율을 개선해야 한다. 또한 리모델링 면적이 전체 면적의 10% 이상일 경우 신축 건축물에 준하는 건물 외피 규정을 적용하며, 1차 에너지 소요량도 신축 건축물의 140% 이하 수준으로 개선하도록 의무화하고 있다.

임대용 건축물은 인센티브 제도를 통해서는 자발적인 성능 개선이 어렵다. 이에 영국은 기준 이하로 에너지 성능 등급이 낮은 건축물은 임대를 금지하는 파격적인 최저에너지효율기준(MEES: Minimum Energy Efficiency Standard)을 도입하여 모든 건축물의 에너지 성능을 단계적으로 개선하고 있다. 2018년 도입된 이 제도는 A부터 G까지의 건물 에너지 평가서 등급 중 가장 낮은 두 개 등급인 F와 G등급의 임대를 금지하고, 위반 시 약 16만 파운드의 벌금을 부과하였다. 2020년부터는 기존에 이미 유지하고 있는 주거용 건물의 임대 계약에도 이 기준이 적용되었고, 2030년까지 최저에너지효율기준은 B등급까지 상향될 예정이다.

영국의 최저에너지효율제도는 개별 건물의 단계적 성능 개선의 필요성을 시사한다. 한 번에 제로에너지에 준하는 수준으로 에너지 성능을 높이는 것이 비용 면에선 효과적이지만 초기 비용이나 공사 규모에 대한 부담이 크고, 개별 건물의 생애 주기 특성도 고려해야 하기 때문이다. 이 때문에 영국의 에너지 평가서는 최저에너지효율기준 도입과 함께 다음 성능 등급으로 가기 위한 가장 효과적인 성능 개선 방법과 연계 가능한 재정 지원 정보까지 제공한다. EU 역시 최근 에너지 진단 및 성능 기준에 기초한 단계별 성능 개선 정보 지원의 중요성을 강조하고 있다. 벨기에나 프랑스, 독일 등의 국가들은 소유주의 재정적 상황이나 리모델링 주기까지 반영하여 개별 건축물이 장기적인 리모델링 로드맵을 수립할 수 있도록 기술적·경제적 지원을 하고 있다.

## 국내 그린리모델링 활성화를 위한 제도 개선

"국민 생활과 밀접한 공공시설의 제로에너지화"는 한국판 그린뉴딜의 건물 부문 핵심 과제이다. 공공임대주택이나 학교, 국공립 어린이집 및 보건 의료 시설 등의 그린리모델링은 취약 계층이 이용하는 시설의 환경을 개선함으로써 기후위기에 대한 적응력을 높여준다. 그리고 기존 건축물의 그린리모델링 과정에서 부딪히게 되는 제도적·기술적 장애 요인을 해결하여 민간에 적용 가능한 모델을 제시한다는 점에서 의미가 크다. 하지만 2019년 기준 공공 건축물은 전체 건축물의 약 2.99%(연면적 기준 약 5.61%)에 그치기 때문에 민간 건축물 그린리모델링으로의 확대를 고려하지 않으면 건물 부문 온실가스 배출량 감축에 미치는 직접적인 영향은 제한적일 수밖에 없다.

하지만 재건축·재개발에 대한 기대 심리가 큰 우리나라에서 그린리모델링은 쉽지 않은 문제다. 부동산 시장에서는 건축물의 사용 가치보다 교환 가치를 중심으로 건축물을 평가하고, 비현실적인 에너지 가격으로 에너지 성능 개선에 따른 투자 비용 회수도 불투명하기 때문에 투자 동기가 거의 없다. 게다가 전체 건축물의 85%는 사용자의 결정권이 제한된 임대용 건축물이거나 아파트·오피스텔·지식산업센터 등의 집합 소유 건축물이기 때문에 에너지 비용 절감이나 실내 환경 개선 등의 동기는 투자자의 관심 대상이 아니다. 따라서 기존 건축물의 탈탄소화를 위해서는 민간 그린리모델링 시장을 만들어 가기 위한 포괄적이고 과감한 전략 수립이 필요하다.

건물 에너지 성능을 시장에서 다루기 위해서는 가치 평가를 위한 정보 제공이 우선되어야 한다. 사실 건축물은 가장 비싼 소비재 중 하나이지만 성능이나 제원 정보는 자동차·노트북·휴대전화는 물론 슈퍼마켓에서 구입하는 식료품보다도 부족하다. 건축물대장에는 면적과 층수, 주요 구조부에 대한 정보가 제공되지만 오래된 건축물에는 그마저도 누락되어 있고, 85%의 건축물에 대해서는 에너지 소비 정보 및 각종 인증 정보도 없다. 150세대 이상의 공동주택 단지와 3,000㎡ 이상의 업무 시설에 에너지 평가서가 발행되고 있지만, 동 단위로 성능을 평가하기 때문에 세대 간 에너지 효율 개선의 차이를 알 수 없으며 개별 세대의 리모델링 동기 부여도 어렵다. 사용 인원, 거주 시간, 생활 방식에 영향을 받는 세대별 에너지 사용량 등급은 객관적인 성능 정보가 아니다. 따라서 부동산 거래 시 이해하고 확인하기 쉬운 방법을 통해 건축물 제원 정보가 제공되어야 한다. 그리고 부동산 포털이나 지리 정보 서비스와 연계하여 관련 정보를 통합한다면 시민들의 의사 결정에 영향을 미칠 수 있게 된다. 미국의 경우 에너지 효율이 개선된 임대 건축물에 에너지스타 라벨링을 부여하고, 지리 정보 서비스와 연계하여 임대 소비자들에게 차별화된 정보를 제공한다.

유럽의 사례처럼 초기 투자 자금에 대한 재정적 지원도 기존 건물의 성능 개선을 촉진하기 위해 중요하다. 현재 우리나라도 도시 재생 지역에서 노후 주택의 집 수리 보조금을 지원하는 제도가 일부 시행되고는 있다. 하지만 탄소중립에 의미 있는 수준으로 그린리모델링을 확대하기 위해서는 이보다 더 과감하고 큰 규모의 지원이 필요하다. 건물 에너지 효율화에 대한 공적 자금 지원은 개인의 자산이 아닌 기후 재난에 취약할 수 있는 사용자에 대한 지원으로 생각해야 한다. 자금 지원을 통해 온실가스 감축의 사회적 비용을 분담하고, 불특정 다수가 사용하는 건축물에 기후 재난에 대비한 사회적 안전망을 갖출 수 있다는 인식 전환이 필요하다. 이런 관점에서 종합부동산세와 같은 보유세나 부동산 거래 시 발생하는 취·등록세 및 양도소득세에 대한 세제 완화도 적극적으로 고려해 볼 수 있다. 현재도 제로에너지 건축물 인증을 받을 때 취득세 20% 감면의 인센티브가 있지만, 아주 큰 규모의 개발 사업이 아닌 이상 제로에너지건축물 인증을 위한 행정 비용조차 확보하기 어려운 실정이다. 반면 부동산 거래에 따른 취·등록세나 양도소득세, 다주택자의 종합부동산세 부담은 훨씬 크기 때문에 인증 취득을 전제로 한 세제 완화가 이루어진다면 제로에너지건축물 전환을 유도할 수 있을 것이다. 인증 보유 기간의 세제 완화 혜택은 해당 건물의 구매 가치와도 연결되므로 시장에도 영향을 줄 수 있다. 세제 완화로 부자 감세에 대한 비판이 있을 수 있으나, 결국 세금 부담이 큰 건축물의 상당수는 임대용 건축물일 가능성이 크다. 따라서 이러한 유인을 통해 전체 건축물 재고 중 투자 여력이 있는 부분을 우선 전환함으로써 전체 건축물의 성능 개선으로 연결시킬 수 있다. 2020년 현재 우리나라 종합부동산세 과세 현황은 약 4조 원 규모로 건물 에너지 효율화를 위한 재정 정책 수립에 따른 부담도 일부 해소할 수 있다.

## 주어진 시간이 많지 않다: 단계적 성능 개선 및 총량 제안

'2050년 100% 제로에너지건축물 전환'이라고 하면, 아직 시간이 충분한 것처럼 보인다. 하지만 30년 이후 450만 동의 성능 개선을 위해 당장 10년 후인 2030년까지 150만 동의 리모델링이 필요하다. 이를 생각해 볼 때, 건물 하나하나의 성능을 최대한 높이는 딥-리모델링*만이 답은 아니다. 「탄소중립기본법」의 35% 감축 목표 달성도 현재까지 제시된 정책들로는 쉽지 않다. 공공건축물은 100% 그린리모델링을 한다고 해도 감축량 규모가 제한적이며, 보조금·세제 완화 등을 통해 전체 건축물의 3분의 1을 당장 리모델링으로 유도하는 것도 비현실적이다. 리모델링을 대대적으로 추진하기에는 시장의 준비가 더디고, 실제 건물을 개선하는 데는 기획부터 설계·인허가·시공 등 긴 시간이 소요된다. 따라서 2030년까지 감축 목표를 달성하려면 빨리 시행할 수 있는 수단들을 모든 건물에 적용하는 의무 규정 도입이 필요하다. 그린리모델링과 비교하여 상대적으로 감축 잠재량이 적더라도 대규모로 개선하면 총감축량은 많아질 수 있기 때문이다.

딥-리모델링
건물의 수명 연장을 고려하여 외피 성능 개선부터 전반적인 설비 효율까지 종합적으로 개선하는 리모델링

우리나라에서 기존 건축물의 성능 개선을 의무화하기 위해서는 건축법을 통한 규제보다 부동산 거래나 인허가 업종의 신고·허가 절차에 의무 규정을 도입하는 것이 효과적일 수 있다. 건축물 인허가 절차

없이 임의로 리모델링하는 일이 만연하기 때문이다. 영국처럼 임대 건축물에 대한 최저에너지효율기준을 도입하는 것은 임대용 건축물의 비중이 높은 우리나라에서 특히 효과적인 온실가스 감축 방안이 될 수 있다. 우리나라는 에너지 평가서가 일반화되어 있지 않기 때문에 당장 건물 에너지 효율 등급 수준을 상향하는 기준을 도입하기는 어렵다. 하지만 임대용 건축물에 15년 이상 노후 보일러를 교체하고, 홑유리 창호, 형광등, 5등급 이하의 빌트인 가전들을 바꾸기만 해도 그동안 에너지 효율 기준을 적용하지 못한 85%의 건물을 변화시킬 수 있다. 임차인과 중개인, 임대인이 현장에서 확인할 수 있기 때문에 확인 절차나 비용을 간소화할 수 있는 것도 장점이다. 물론 성능 개선 비용 부담에 대한 임대인의 경제적에 차이가 있으므로 소득분위에 따라 EERS나 별도의 보조금, 무이자 지원 등을 통해 초기 투자 비용을 조달하는 지원 정책도 필요하다. 여름철 전기요금 할인과 같은 매몰 비용을 에너지 효율 향상에 투자한다면, 온실가스도 감축하면서 필요한 가구에 냉난방 에너지 비용을 지원할 수 있게 된다.

성능 개선 비용이 임대료 상승을 통해 임차인에게 전가되지 않도록 임대차보호법 정리도 필요하다. 독일은 에너지 효율화 리모델링에 대한 비용 회수를 보장하면서도 임차인의 권리를 보호할 수 있도록 임대차법(Mietrecht)을 수정해 오고 있다. 이에 따르면, 에너지 관련 리모델링 비용의 8%까지 연간 임대료에 추가 반영할 수 있도록 하되, 보일러 교체, 노후 배관 교체, 위생 도기 교체 등 건축물의 유지·관리와 관련된 부분이 아닌 단열·태양광·태양열 설비 설치 등 추가적인 에너지 성능 개선으로 범위를 제한한다. 에너지 효율화 리모델링을 진행할 때 임차인의 동의를 받도록 하고, 리모델링 중의 불편을 임대료에 보상하도록 하고 있다. 중요한 것은 에너지 효율화 리모델링에 대한 보조금과 같은 공적 자금 지원이 원칙적으로 임대인에 대한 지원이 아닌 임차인에 대한 지원이기 때문에 보조금을 받은 부분은 임대료를 올릴 수 없도록 한다. 이렇게 제한적으로 임대료를 올리더라도 임대료가 전체 소득의 40% 이상인 에너지 빈곤 가구에 대한 부담은 클 수 있기 때문에 별도의 직접 주거비를 지원하고 있다.

모든 건축물과 지역 단위 배출 총량을 제한하는 것도 중요한 정책 수단이다. 이미 도쿄시는 2010년부터 'Cap and Trade' 정책으로 에너지 다소비 상업 건물에 배출권거래제와 연계한 온실가스 배출 총량 제한을 시행하고 있다. 뉴욕시 역시 뉴욕의 탄소중립 목표와 연계하여 2.5만ft²(약 2,323㎡) 이상 규모의 건물에 단위면적당 배출량 목표를 제시하고 한도 초과 시 벌금을 부과하는 제도를 운영하고 있다. 서울시 또한 2021년 시에서 소유한 건물 51개 소를 시작으로, 2023년부터 1만㎡ 이상 총 3,515개 소 민간 건물의 자발적 참여를 통한 시범 사업을 추진할 예정이다. 2026년부터는 중대형 건물을 대상으로 총량제를 본격적으로 도입하는 것이 목표다. 총량제는 탄소중립 목표 달성을 위해 건물 부문이 감축해야 할 온실가스양을 개별 건축물의 특성에 맞게 할당할 수 있고, 개별 건축물도 장기 로드맵에 따라 감축 계획을 수립할 수 있다는 장점이 있다. 「녹색건축물 조성지원법」은 지역별 건축물의 에너지 소비 총량을 제한할 수 있는 근거를 두고 있는데, 이는 대규모 신규 개발 사업으로 인한 온실가스 배출량 증가를 제한할 수 있는 효과적인 방법이다. 신규 택지 개발 사업은 해당 지역 내

배출량을 상쇄할 수 있는 재생에너지 부지를 확보하거나, 지역 내 소규모 노후 건축물·사업장의 감축 잠재량을 활용하여 지역 단위의 탄소중립을 계획할 수 있다.

## 건축물 생애 주기를 고려한 탄소중립

탄소중립 로드맵에 따라 건축물의 에너지 사용에 따른 탄소 배출 비중을 줄여나가면, 건설 산업을 통한 온실가스 배출량의 비중이 상대적으로 높아지게 된다. 온실가스는 건축자재를 생산하거나 이를 사용하여 건축물을 건설하는 과정에서도 배출되며, 기존 건축물을 철거하는 과정에서 발생하는 건설 폐기물을 통해서도 배출된다. 매년 전체 건축물의 약 2%에 해당하는 면적이 신축으로 꾸준히 증가하는데, 신축 건축물의 75% 이상은 탄소 집약도가 높은 철근 콘크리트 또는 철골 철근 콘크리트 구조이다. 산업 부문 배출 통계 중 시멘트 산업의 배출량이 전체 온실가스 배출량의 약 5%를 차지한다. 또한 환경부 자료에 따르면 2019년 국내에서 하루 평균 배출되는 폐기물 50만 톤 중 건설 폐기물은 약 22만 톤(44.5%)으로 가장 비중이 높다. 15층짜리 아파트 4동만 철거해도 전국의 하루 생활 폐기물 배출량의 약 12%가 배출된다. 국내 온실가스 배출 통계가 아직 건축자재의 생산이나 수송, 시공 과정 또는 건축물이 폐기되는 과정에서 배출하는 온실가스양을 제공하고 있지 못하지만, 간과하기 어려운 수치이다.

① 오스트리아 빈 Hoho Wien(24층, 높이 84m, 주상복합)
② 노르웨이 브루문달 미에스토르네(18층, 85m, 친환경 호텔)
③ 캐나다 밴쿠버 Earth Tower(40층 계획 중)
④ 일본 도쿄 스미모토산림주식회사 W350 프로젝트(70층, 350m 계획 중)

　　건축물과 도시 인프라 건설 과정의 탄소 배출을 줄이려면 건축물 전 생애 주기 배출 관리가 필요하다. 우선 건설 과정에서는 건축 재료를 효율적으로 사용하는 건축 설계나 프리패브 공법이 확산되어야 하며, 지역에서 생산되는 저탄소 건축 재료 사용도 확대해야 한다. 예를 들어, 목재는 1㎥에 약 250kg의 탄소를 저장하므로 연면적 100㎡ 주택에 약 20m$^3$ 정도의 목재를 사용할 경우 5톤 가량의 이산화탄소를 저장할 수 있다.

목재의 생산·유통 과정에서 발생하는 이산화탄소 배출량은 시멘트의 절반, 철근의 약 4분의 1 수준이며, 목조건축의 이산화탄소 발생량은 철근 콘크리트 건축물의 40% 수준에 불과하다. 고층 건물이 많은 우리나라에는 목조건축이 어렵다고 생각할 수도 있다. 하지만 전 세계는 이미 고층 목조 건축물 경쟁에 돌입했다. 2018년 완공된 오스트리아 Hoho Wien은 세계에서 두 번째로 높은 목조 건축물로 업무 시설·호텔·체육관·레스토랑·아파트 등으로 사용되고 있다. 세계에서 제일 높은 목조 건축물은 2019년 노르웨이 브루문달에서 완공된 높이 85.4m 규모의 미에스토르네이다. 그뿐 아니라 더 높은 목조 건축물 프로젝트들이 계속 진행 중이다. 캐나다 밴쿠버에는 40층 제로카본 타워가, 일본 도쿄에는 350층 초고층 목조건축물에 대한 계획이 진행 중이다. 우리나라의 국립산림과학원도 이러한 세계적인 추이에 따라 5층 규모의 한그린 목조관을 경북 영주에 건설하였다. 하지만 2018년 기준으로 전체 건축물 허가 건수 중 목조 건축물의 비율은 약 5%에 불과하다. 탄소발자국이 낮은 국산 목재 이용률을 높이는 것도 과제다. 현재 국산 목재 이용률은 10~15% 수준에 머무른다.

철근 콘크리트에 이용되는 시멘트와 철근의 탄소 배출을 줄이는 것도 시급하다. 유럽시멘트협회는 시멘트 제조 공정의 개선과 에너지 전환 등을 통해 약 30%의 이산화탄소를 줄일 수 있으며, 이후 약 45%는 CCUS나 기타 기술 혁신을 통해 가능할 것으로 전망한다. 실제 미국 뉴저지의 솔리디아는 시멘트 제조 과정에 저탄소 공법을 사용하면서 탄소 배출을 30% 정도 줄이기도 했다.

　해체 및 철거 과정에서는 세 가지 과제가 있다. 첫째, 배출되는 건설 폐기물의 재활용률을 높일 수 있는 사회적 기반을 마련해야 한다. 여기에는 분리 배출뿐 아니라 배출된 폐기물에 대한 재활용률을 높이는 것까지 포함된다. 둘째는 설계 과정에서 폐기물의 재활용·재이용을 고려하는 것이다. 설비나 인테리어 요소들은 건축물의 구조체와 수명이 다르기 때문에 각 건축 요소들을 구조체와 쉽게 분리하여 교체할 수 있도록 계획해야 한다. 이렇게 되면 필요에 따라 건물의 용도나 구조를 바꿀 수 있고, 교체 시에도 해당 부분만 철거할 수 있다. 건축물의 수명이 다해서 완전히 해체할 때도 폐기물 사이에 이물질이 섞이지 않아 재활용률을 높이는 데도 도움이 된다. 셋째, 건축물을 더 오랫동안 사용할 수 있도록 장수명 구조를 확보하는 것이다. 여기에는 주 구조의 내구성을 높이고, 설비나 공간 구조의 리모델링이 쉽도록 설계하는 것까지 포함된다. 주택의 평균수명이 약 140년인 영국과 약 74년인 미국과 비교해 우리나라 단독주택의 평균수명은 약 32년, 아파트의 평균수명은 약 23년에 불과하다. 다량의 건설 폐기물과 온실가스를 배출하는 재건축과 재개발보다 건물을 오랫동안 사용할 수 있도록 잘 관리하는 체계가 필요하다. 공동주택 리모델링 과정의 탄소 배출량은 재건축과 비교해 3분의 2 수준이다.

　우리나라의 아파트는 1990년대 주택 보급 정책에 따라 대량으로 보급을 시작했기 때문에 전체 재고의 약 50%가 2030년 무렵 30~40살이 된다. 공동주택은 주민들의 이해관계를 조정하는 데 많은 시간이 소요된다. 따라서 10년 앞으로 다가올 생애 전환기에 개별 공공주택을 어떻게 탄소 배출을 줄이는 건축물로 전환할지에 대해 이해관계자 간 논의가 지금부터 시작되어야 한다. 건축물별로 생애 주기 배출에 대한 검토가 필요하며, 구조 안전이나 재난에 대한 대비도 고려해야 한다. 건축 행위가 일어날 때 내재된 탄소 배출을 최소화하는 방법도 고민되어야 한다. 관련 공정의 배출 통계 마련 등 관리 체계를 구축하고, 관련 산업 육성 및 제도 정비를 통해 이를 지원할 수 있다. 세계그린빌딩협의회는 건축 행위에 대한 넷 제로 탄소 계획을 통해 2030년까지 내재된 탄소 배출량의 약 40%를 줄일 수 있을 것으로 전망한다.

## 기후변화에 대응할 수 있는 탄소중립 도시 구축

삶의 터전으로서 도시의 중요성은 점점 커지고 있다. 2014년 UN의 세계 도시화 전망 보고서에 따르면, 전 세계 도시가 매일 뉴욕 맨해튼 면적만큼 확장되고 있으며, 2050년까지 약 25억 명이 도시로 유입되면서 전 세계 인구의 약 68%가 도시에 거주할 것이라고 한다. 도시는 경제활동의 중심지로서 2016년 상위 780개 도시의 GDP는 전 세계 총생산의 약 59%를 차지하며, 전 세계 온실가스 배출량의 약 70%를 차지한다. 하지만 역설적이게도 IPCC 보고서는 기후변화로 인한 GDP의 감소를 전망했다. 2021년 4월 스위스 보험회사 Swiss Re의 보고서는 우리나라 GDP 감소 전망을 지구 평균온도가 2℃ 미만 상승할 경우에서도 2.7% 감소, 3.2℃까지 상승 시 12.8% 감소할 것이라 밝혔다. 도시의 온실가스 배출은 건물과 도시의 생활 공간 외에도 에너지·교통·상하수도·폐기물·통신망 등 기반 시스템 전반에 걸쳐 이루어지며,

기후위기로 인한 재난은 이 모든 부분에 심각한 피해를 가져올 수 있다. 따라서 탄소중립을 위한 전체 도시 시스템의 전환과 함께, 이미 배출한 온실가스가 삶에 미칠 변화에 적응하기 위한 준비를 해야 한다.

'고밀화'와 '팽창'은 우리나라 도시화의 두 가지 특징이다. 우리는 도시의 밀도를 높이는 방법으로 단시일 내에 증가한 도시 인구를 수용하고, 효율적으로 도시의 서비스망을 제공해 왔다. 하지만 고밀 도시에서 건물 단위의 에너지 자립은 에너지 생산 잠재량 측면에서 한계에 부딪힐 수밖에 없다. 따라서 이를 상쇄할 수 있는 주변 지역과의 연결을 고려해야 한다. 신규 개발 택지라면 에너지 자립을 위한 배후 생산지를 고민할 수도 있다. 하지만 기존에 이미 개발된 고밀 지역은 주변 저밀 지역이나 산업 단지, 기반 시설 인프라 등과 연결하여 지역 단위 에너지 전환을 고민해야 한다. 스마트그리드 기술의 도입은 이러한 지역 단위 에너지 수급의 안정성을 높이는 데 결정적인 역할을 할 것이다. 고밀 도시는 도시 내 자원의 이동 거리를 줄이고 녹지 훼손을 최소화하는 장점도 있다.

반면 신도시 개발로 인한 도시의 '팽창'은 고밀화에도 불구하고 주거 지역과 상업·업무 지역을 분리하고, 시민들이 출퇴근에 많은 시간을 보내게 한다. 주거와 직장 사이의 거리를 줄이는 토지 이용 계획의 변화는 교통 부문의 온실가스 배출을 줄이는 데 매우 중요하다. 출퇴근에 소요되는 시간이 줄면 개인의 삶을 돌아볼 수 있는 여유가 생기면서, 식생활이나 소비 생활에서도 탄소발자국을 줄여나갈 수 있다. 또 그린벨트를 해제해 새로운 주택을 공급하는 것보다 노후 도심 정비를 통해 건축물의 성능을 개선하고, 녹지와 복지시설들을 확대해 나가는 것이 기후위기로 인한 양극화를 최소화하는 길이기도 하다. 2015년 포틀랜드의 '20분 이웃', 2017년 호주 플랜 멜번의 '20분 커뮤니티', 2020년 프랑스 파리의 '15분 도시'는 모두 자동차 없이도 직장·학교·시장·공원과 같은 일상의 중요 공간에 접근할 수 있는 지속 가능한 도시다.

기후위기에 대한 도시의 회복 탄력성*을 높이기 위해서는 도시 외곽의 그린벨트를 보호하는 것만큼 도시 안의 녹지 인프라를 확충하고, 물순환을 회복하는 것이 중요하다. 녹지가 제공하는 그늘은 열섬 현상에 의한 도시의 기온 상승을 억제하고, 시민들에게 건강한 휴식 공간을 제공할 뿐만 아니라 홍수와 가뭄에도 대비할 수 있게 해 준다. 스웨덴 스톡홀름은 녹색공간지표(Green Space Index)를 활용하여 모든 시민이 200m 이내로 녹지 공간에 접근할 수 있도록 계획하고 있다. 스위스 바젤에서는 옥상녹화를 의무화하여 시민 1인당 옥상녹화 면적을 약 5.71㎡까지 확보하였다.

회복 탄력성(Resilience)
도시가 기후변화로 인한 자연재해나 테러와 같은 충격적인 사회적 사건 등 큰 재난에도 불구하고, 이에 적응해 나가거나 변화에 맞게 시스템을 변형해 가면서 도시의 시스템을 회복하고 지속성을 유지할 수 있는 역량을 의미한다. 재해에 대한 취약성(Vulnerability)과 적응할 수 있는 능력(Adaptive Capacity)에 따라 복합적으로 평가될 수 있는 것으로 본다

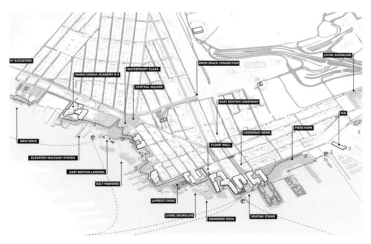

보스턴 기후변화 대응 계획
(Climate Ready East Boston)

※ 보스턴시, http://boston.gov

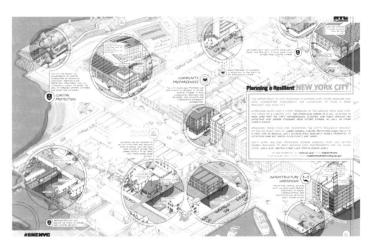

해야 침수에 회복 탄력적인
뉴욕 시티 계획

※ 뉴욕시, http://www1.nyc.gov

이미 많은 지역에서 기후변화에 대한 회복 탄력성을 높이기 위해 도시 계획을 정비하고, 방재 시스템을 구축하고 있다. 독일이나 스위스는 기후변화로 인한 침수 피해를 예상해 위험도 지도를 제공하고, 풍수해 보험이나 건축물·인프라 개선 등에 대한 재정적 지원을 강화하며 도시 계획을 정비하고 있다. 연안 도시들은 해수면 상승에 대비하여 더욱 적극적인 인프라 구축 및 방재 계획을 수립하고 있다. 뉴욕시 역시 증가하는 해안 지역 침수에 대비하여 습지와 방파제를 설치하고, 풍수해 위험과 관련된 정보 제공과 관련 건축법 정비를 통해 개별 건물의 구조를 개선하고자 노력하고 있다.

## 우리의 일상을 지키는
## 가장 합리적인 방법

2021년 8월에 발표된 IPCC 6차 보고서는 지금의 배출이 유지되면 2021년부터 2040년 사이에 전 지구 온도가 산업화 이전보다 $1.5℃$ 이상 상승할 수 있고, 우리가 모든 감축 수단을 통해 $1.5℃$ 목표를 달성한다고 해도 이미 배출한 온실가스로 인류의 삶에 많은 변화가 있을 것으로 예측한다. 건축물과 도시는 이러한 변화에 적응할 수 있도록 다각적인 노력과 함께 회복 탄력성이 높은 정주 환경을 조성해야 한다. 탄소중립과 기후위기에 대한 적응은 많은 비용과 노력이 필요하지만, 기후변화로 인한 경제적 손실과 생존의 위협을 고려하면 더 이상 늦춰서는 안 되는 부분이다.

도시는 탄소중립을 실현할 충분한 잠재력을 가지고 있지만, 더 과감한 실행과 시민들의 참여와 협력 없이는 성공하기 어렵다. 2030년까지 8년 남짓한 시간 동안 건물 부문 온실가스 배출량의 3분의 1을 줄이는 국가 온실가스 감축 목표를 지키기 위해서 우리는 각자의 영역에서 당장 할 수 있는 실천을 해야 한다. 가정에서는 에너지 절약뿐 아니라 오래되고 자주 쓰는 효율이 낮은 가전제품을 고효율 제품으로 교체해야 한다. 보일러의 수명은 10년 정도이므로 노후화한 보일러는 콘덴싱 보일러로 교체하거나 재생에너지를 사용한 더 효율적인 난방 시스템의 도입도 고려해야 한다. 도시가스 대신 인덕션으로 바꾸고, 태양광을 설치하는 것은 비교적 간단한 노력이다. 단열이 취약한 2005년 이전의 건축물은 단열 공사를 하고, 고효율 창호로 교체하는 일도 필요하다.

우리가 살고 있는 집의 성능을 2050년 전에 어떻게 개선할지에 대한 예산 계획도 세워야 한다. 기업과 일터도 마찬가지이다. 내가 직접 에너지 비용을 내는 영역이 아닐 수 있지만, 불필요한 에너지 사용을 줄이는 사용자의 노력이 필요하다. 에너지 이용을 최적화할 수 있는 인프라에 대한 투자도 필요하다. 건축물 자체의 성능 개선에 대한 비용도 분담해야 한다. 정부는 시민들이 각자의 분야에서 우리가 사는 도시의 인프라를 전환할 수 있도록 다양한 지원책을 마련해야 하며, 때로는 강력한 규제를 통해서 목표를 달성할 수 있도록 이끌어 가야 한다. 배출권이나 소규모 재생에너지 거래 등을 활용해 더 많이 줄일 수 있는 곳에서 더 빨리 줄이고, 줄이기 어려운 부분에서는 이에 대한 비용을 분담할 수 있는 시장 경제 수단을 활성화해야 한다. 사회적 비용을 최소화하면서 온실가스 감축 부담을 좀 더 공평하게 나눌 수도 있다. 사회적으로는 기후 재난에 취약한 부분을 찾아 광범위하고 체계적인 대안도 마련해 가야 한다. 홍수와 가뭄에 취약한 물순환 체계를 개선하고, 도심부의 열섬을 완화할 수 있도록 그늘과 녹지 면적을 늘려가야 한다. 건축물의 성능을 최적화하여 사회적 안전망을 갖추고, 시민들이 에너지를 많이 소비하지 않고도 복지를 누릴 수 있도록 도시의 공간을 개선해야 한다.

건물과 도시의 탄소중립 전환은 모두가 나누어야 하는 부담이기도 하지만 모두가 공유할 수 있는 안전하고 지속 가능한 사회의 비전이기도 하다.

숲에서
탄소중립의 길을 묻다

7장은 한국산림과학회(회장: 최정기)
산림탄소중립위원회(워원장: 이우균) 활동으로 이루어진
'산림 탄소 경영의 과학적 근거' 연구를 기반으로 작성되었음.

- 산림탄소흡수원: 이우균, 시정욱, 박주원
- 산림탄소거감고: 이수영, 손요환, 이징내
- 산림탄소대체재: 민경택
- 산림탄소계정: 이경학, 손요환, 김영환

# 숲에서
# 탄소중립의 길을 묻다

산림은 다양한 기능을 지닌 자원이며 여러 측면에서 탄소중립에 기여한다.

산림은 그 자체로 이산화탄소를 흡수하는 역할을 수행한다.

그리고 잘 관리된 산림은 흡수된 이산화탄소를 탄소 형태로 저장할 수 있다.

자연적인 탄소 포집 저장고 역할을 하는 셈이다. 우리가 목재제품을 사용하는 것은

산림에 저장된 탄소를 사회로 이동시키는 것과 같으며, 시멘트·철강 등

온실가스 과다 배출 제품을 대체하여 온실가스 감소에 기여한다.

이처럼 탄소를 흡수·저장·대체하는 산림의 탄소순환 기능을

어떻게 하면 극대화시킬 수 있는지 살펴본다.

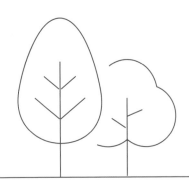

**1996**
**IPCC GL**
온실가스 통계 산출 방법,
IPCC 기본계수(임상)

**2006**
**IPCC GL**
Tier 수준 구분(축적차이법/획득손실법),
수확된 목재제품(HWPs) 추가

CO2 흡수

산림

CO2 고정

CO2 배출

목재자원

구조재

목재제품

화석연료 대체

연료재

산림의 탄소순환

**2013**
**KP보충서**

산림 부문의 인위적 활동에 의한
흡수량 산정 방법
(산림경영기준선)

**2019**
**개선 보고서**

상대생장식 추가,
토양 부문 산출 방법 개선,
IPCC 기본계수 확대

## 탄소중립과
## 산림의 역할

산림은 매우 중요한 이산화탄소 흡수원(Sink)이다. 나무는 광합성을 통해 지구온난화의 주요 원인인 이산화탄소를 흡수하여 나무와 토양에 탄소 형태로 저장한다. 전 세계 산림 면적은 육상 면적의 약 3분의 1을 차지하며, 매년 26억 톤의 이산화탄소를 흡수하고 있다. 우리나라의 경우 국토의 63%가 산림이며, 2018년 기준 연간 4,560만 톤의 이산화탄소를 흡수한다. 국가 총배출량의 약 6.3%를 산림에서 흡수하는 것이다. 따라서 산림을 비롯한 토지 및 환경 생태 기반 탄소 흡수는 2050년 탄소중립 실현을 위해 반드시 필요하다.

하지만 산림은 흡수원인 동시에 온실가스 배출원(Source)이기도 하다. 나무와 토양에 저장된 탄소는 자연 상태에서 식물의 호흡이나 토양 내 유기물 분해 등을 통해 대기 중으로 배출된다. 특히 인간이 산림을 파괴하는 과정에서는 온실가스가 배출된다. 또한 산불, 산사태, 병해충 등에 의한 산림 피해 역시 온실가스 배출의 주요 원인이 된다. 전 세계 온실가스 배출량의 14%는 산림 파괴 등 산림지 이용 변화로 부터 생성된다. 따라서 산림에서 온실가스 배출이 발생하지 않도록 산림을 정상적으로 잘 관리하는 것이 중요하다.

산림의 탄소순환

※ The Forest Foundation

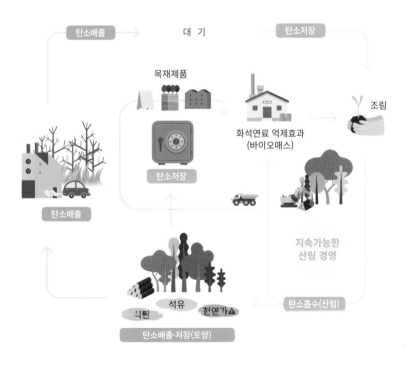

정상적으로 관리된다면 산림은 대기 중의 이산화탄소를 흡수해 탄소 형태로 저장하는 천연 '탄소 포집 저장고(CCS: Carbon Capture and Storage)' 역할을 한다. 여기서 정상적으로 관리된다는 것은 산림이 흡수원, 저장고, 대체재로 각각 구분해 관리되는 것을 뜻한다. 탄소가 많이 배출되는 시멘트나 철강 대신 목재제품을 사용하는 것은 산림에 저장된 탄소를 배출 없이 이동하는 것이므로 온실가스 감축에 기여할 수 있는 것이다. 즉, 산림은 이산화탄소를 흡수(Sequestration)하여 탄소로 저장(Storage)하고, 생산된 목재제품이 온실가스 고배출 제품을 대체(Substitute)하는 소위 '3S 탄소순환 기능'으로 탄소중립에 기여할 수 있다.

## 숲이 탄소를 빨아들인다
### : 탄소 흡수원으로서의 산림

### 기후변화로 인한 산림의 변화

산림은 기후변화 대응에 기여하면서 한편으로는 기후변화에 영향을 받는다. 오늘날 기후변화는 산림의 생장, 분포, 구성 등에 영향을 주고 있다. 우선 기후변화의 영향으로 우리나라 산림 생장이 둔화하여 이산화탄소 흡수량이 점차 감소하는 추세다. 침엽수종은 기후변화에 의한 온도 증가로 생장이 둔화하고 있으며, 특히 고산 침엽수의 쇠퇴가 뚜렷하게 나타난다. 실제로 우리나라 산림의 절반 정도를 차지하고 있는 소나무, 잣나무, 낙엽송은 기온 상승으로 생장이 둔화한 반면 참나무류의 생장은 촉진되고 있는 것으로 보고된다.

침엽수의 생장 저하로 인해 침엽수종의 분포 역시 감소하고 있다. 2050년대에는 2000년대 대비 생육 가능 면적이 3분의 1 수준으로 감소할 것으로 예상되며, 2080년대에는 더 심각한 수준에 이를 것으로 보인다. 고산 침엽수종의 고사 현상도 뚜렷하여 가문비나무, 분비나무, 구상나무 등의 고산 침엽수종의 쇠퇴 현상이 뚜렷하게 나타나고 있다.

기후변화로 인한 산림의 수종별 생장 변화는 우리나라 산림의 수종 분포 변화로도 이어질 수 있다. 예컨대 기온이 상승하면 난대 및 아열대 수종이 남부 지방으로부터 침입하면서 우리나라 고유의 온대림은 점차 그 면적이 줄어들 것이다. 이외에 기후변화로 인한 폭염, 가뭄, 폭우 등의 이상기후로 산불, 산사태, 병해충 피해 등의 산림 재해도 증가하게 될 것이다.

이처럼 기후변화로 인한 산림 생장 저하 및 쇠퇴, 수종 분포 변화, 산림 재해 증가는 이산화탄소 흡수량의 변화와 감소로 이어진다. 특히 활엽수림보다 침엽수림의 탄소 흡수량이 더욱 낮아질 것으로 보인다. 지구온난화로 침엽수림의 생장이 현격히 둔화하고 있기 때문이다. RCP 8.5 시나리오*와 현재 기후유지(CT) 시나리오*를 비교하면, 탄소 흡수량은 침엽수림에서 평균 30% 감소한 반면 활엽수림에서는 12% 감소하는 것으로 나타났다.

RCP 8.5 시나리오
저감 없이, 현재 추세로 온실가스가 배출되는 경우

CT 시나리오
Constant Temperature
현재의 기온이 미래에도 지속적으로 일정하게 유지되는 경우

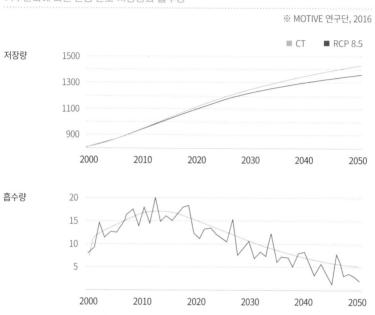

기후변화에 따른 산림 탄소 저장량과 흡수량

※ MOTIVE 연구단, 2016

■ CT　■ RCP 8.5

저장량

흡수량

## 시간이 지날수록 감소하는 탄소 흡수량

임령(숲의 나이)이 증가하면 생장량 및 탄소 흡수량도 저하되기 마련이다. 현재 우리나라에서는 기후변화뿐 아니라 산림의 고령화로 인한 이산화탄소 흡수량 저하가 심각하다. 우리나라는 1970년대부터 전국적으로 나무 심기가 시작되었으며, 현재 국내 산림의 임령은 대부분 40~50세 정도다. 2050년대에는 노령기(50년 이상)에 접어드는 숲이 전체 산림 면적의 76.2%를 차지할 것으로 전망된다. 산림과학원에 따르면, 산림의 노령화로 연간 축적되는 탄소 저장량은 늘어나지만 연간 흡수량은 저하되어 전체 흡수량은 급격하게 감소할 것으로 나타났다.

따라서 단위면적당 탄소 저장량은 시간이 지나면서 누운 S자 형태의 생장곡선을 그리게 된다. 이는 숲의 나이가 증가함에 따라 임분 밀도*가 낮아지게 되고, 그에 따라 증가 폭이 둔화되기 때문이다. 나무는 자라면서 더 많은 공간이 필요하고, 인접 나무 간의 경쟁에서 진 나무는 하층을 이루거나 고사한다. 이러한 과정을 거치면서 생존해 상층을 점유하는 나무 수는 점차 줄어들게 되고, 당연히 증가 폭도 둔화되는 것이다. 현재 우리나라의 산림이 바로 이런 시기에 접어들었다고 할 수 있다.

임분 밀도
임분에서 임목이 차지하는 부분의 양적인 척도

우리나라 산림의 이산화탄소 저장량 및 흡수량 추이

※ 온실가스종합정보센터, 2020

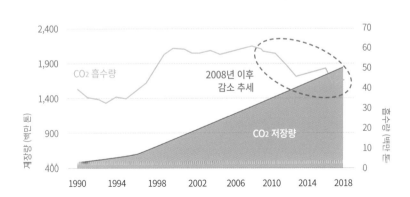

※ 산림 경영학, 2017

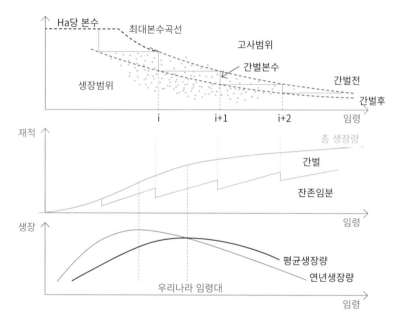

결국 산림을 '경영'한다는 것은 '나무가 말라 죽지 않도록 밀도를 관리하는 것'과 같으며, 그 과정에서 수확된 목재제품과 남겨지는 산림이 존재하게 된다. 산림 관리를 위해서는 남겨지는 산림의 경쟁을 완화해 생장 촉진과 흡수량 증진이 이뤄지도록 해야 한다.

적절한 산림 관리는 탄소 흡수량 감소세를 완화할 수 있다. 산림청의 6차 산림기본계획(2018-2037)에 따르면, 현재보다 산림 관리 규모를 늘려야 일정 수준으로 흡수량을 유지할 수 있을 것으로 보인다. 또한 남겨지는 산림에서 생태계 기능 및 서비스가 유지되도록 해야 하며, 수확된 목재제품에 저장된 탄소가 배출되지 않도록 목재제품을 오래 사용하는 것도 탄소중립을 위한 좋은 실천이다.

## 숲이 탄소를 저장한다
### : 탄소 저장고로서의 산림

산림 내 살아 있는 나무는 자연적인 탄소 저장고 역할을 하는 동시에 다양한 생태계 기능을 수행한다. 산림은 목재, 물, 식용·약용 자원 등의 공급, 생물서식처 및 다양성 지원, 기후 완화 및 공기·수질 정화, 휴양·교육·문화유산 등의 문화 기능이 있으며, 대부분 기능이 그 대가에 대한 지불이 어루어지지 않는 서비스 형태로 제공된다. 이러한 상황에서 시장 가치화되어 있는 목재 생산 활동은 산림의 비시장 가치인 생태계 기능 저하로 인식되어 사회적 갈등을 유발하기도 한다. 그러나 목재 수확은 산림 내 살아 있는 나무에 저장된 탄소를 대기 중으로 배출하는 것이 아닌, 목재제품을 통해 사회로 이동시키는 활동으로 보아야 한다. 단, 여기에는 두 가지 조건이 있다. 첫째, 수확된 목재제품이 목재로 제대로 사용되어야 한다. 둘째, 남겨진 산림 생태계의 기능 저하를 최소화해야 한다.

앞서 언급한 것처럼 산림 관리는 밀도 관리다. 밀도 관리 차원에서 이루어지는 '숲 가꾸기(솎아베기)'를 통해 산림의 수자원 저장 기능은 향상된다. 솎아베기를 통해 공간이 생기면서 수관의 빗물 차단이 줄어들어 많은 양의 빗물이 지면에 도달하기 때문이다. 즉, 솎아베기는 토양 함수율도 높여주고, 수자원의 탁도를 일정하게 유지하는 효과가 있다.

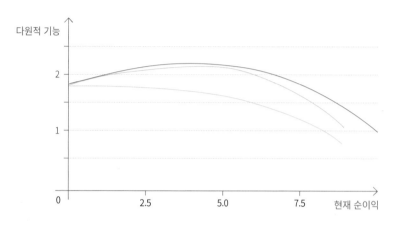

택벌, 개별 및 혼합 방식에 따른 생태계 다기능성 및 경제성

※ Eybindson et al., 2021

■ 택벌+개별

■ 택벌(Selective Cutting)
  성숙목을 벌채 이용하고 그 자리에 다시 어린나무가 자라게 하여 숲을 유지하는 벌채 방법

■ 개별(Clear Cutting)    일시에 임목 전체를 벌채하는 것

또한 솎아베기는 경쟁을 완화하고 남아 있는 수목들의 생장을 향상시켜 산림의 여러 기능에 긍정적인 영향을 미친다. 실제로 솎아베기인 간벌로 인한 하층 식생의 다양성 증가와 그로 인한 초식동물의 증가 등으로 먹이사슬의 연결성이 높아졌다는 보고도 있다.

일반적으로 '숲 가꾸기'는 나무가 크지 않은 산림에서 목재 생산 없이 '솎아서 베내는' 밀도 관리로 인식된다. 주로 목재는 성숙한 산림의 밀도 관리 차원에서 이루어지는 간벌과 주벌을 통해 생산된다. '솎아베기'의 일종인 간벌과 달리, '모두베기'가 가능한 주벌은 저장고 손실과 생태계 기능 훼손을 유발할 수 있다. 남아 있는 산림의 생태계 기능 유지 측면에서는 주벌 시 '모두베기'보다는 '솎아베기'가 바람직할 것이다.

모두베기를 하지 않고 일부 나무를 남기는 방법(잔존목 유지 임업)은 생물 다양성과 생태계 기능을 유지해 준다고 보고된다. 유사한 형태로 중간 정도의 교란 형태가 종 다양성, 바이오매스 등을 최적으로 유지시킬 수 있다는 연구도 있다.

지금까지 설명한 내용을 종합하면 산림의 흡수 능력 및 생태적 기능을 유지하기 위해서는 솎아베기, 또는 일부 나무를 남겨 중간 정도의 교란이 이루어지도록 하는 산림 관리가 추천되고 있다. 목재 생산을 위한 산림 관리는 어느 정도의 산림 교란을 유발하고, 일부 생태적 기능을 저하시킬 수밖에 없다. 이처럼 유발된 교란이나 저하된 기능은 산림의 자정 작용으로 의해 회복되는데, 그 회복기를 고려하여 산림 관리의 방법과 주기가 결정되어야 한다.


## 목재제품 사용으로 이루는 탄소중립
## : 대체재로서의 산림

숲에는 나무, 뿌리, 토양, 낙엽, 고사목 등 5개의 탄소 저장고가 있다. 정상적으로 수확된 목재제품은 나무에 저장된 탄소가 다른 지역으로 이동하는 것을 의미하므로 이 또한 저장고 역할을 한다. 이동된 목재가 오래 사용되거나 다른 온실가스 배출 제품을 대체하면 탄소중립에 크게 기여할 수 있다. 이동된 탄소는 시간이 지나면 다시 공기 중에 배출되지만, 목재는 그 기간(반감기)이 가장 길며, 장시간 저장이 가능하기 때문이다. 이러한 목재제품이 시멘트, 철강 등의 온실가스 고배출 제품을 대체한다면 산업 부문의 온실가스 감축에 기여할 수 있다.

나무는 목재제품으로 사용되는 줄기 외에도 가지 등의 바이오매스에도 탄소를 저장하는데, 이를 열이나 전기에너지로 활용하면 기존 화석연료보다 탄소 배출량을 현저히 낮출 수 있다. 이는 앞에서 기술한 숲 가꾸기의 부산물과 목재 생산 이후 남는 줄기 및 가지 등의 바이오매스를 활용해 이룰 수 있다.

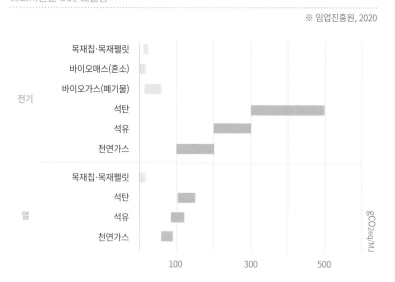

에너지원별 CO$_2$ 배출량

※ 임업진흥원, 2020

목재제품 반감기

| | 소재 | 구조용 패널 | 비구조용 패널 | 종이 | 기타 |
|---|---|---|---|---|---|
| 반감기(년) | 35 | 30 | 20 | 2 | 3.5 |
| 연간 분해율 | 0.0198 | 0.0231 | 0.0347 | 0.3466 | |

산림에서의 목재제품 대체효과에 따른 탄소 저장량 변화

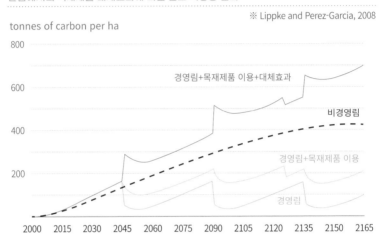

tonnes of carbon per ha

※ Lippke and Perez-Garcia, 2008

우리나라 그린뉴딜의 '녹색 산업 혁신 생태계 구축' 분야의 이산화
탄소 포집·저장·활용(CCUS: Carbon Capture, Utilization and Storage) 기술은
목재 생산업과 밀접한 관계가 있다. 나무는 자연적인 탄소 포집·저장
(BECCS: Bio Energy with Carbon Capture and Storage)이 가능하지만, 이것만으
로는 한계가 있다. 산림 분야 탄소중립의 핵심은 '목재제품 이용+대
체효과'에 있다. 적극적으로 목재제품을 활용하고, 산림 바이오매스
를 에너지로 이용하는 한편, 기존 에너지 소비형 물질을 목질 재료로

대체하는 것이 산림 부문에서 탄소중립에 기여하는 길이다.

여기서 우리가 주목해야 하는 것은 국제사회에서는 정상적으로 관리된 산림에서 흡수된 것만 인정된다는 것이다. 따라서 나무 심기–숲 가꾸기–목재제품 활용, 그리고 다시 나무를 심는 순환형 임업이 이루어져야 한다. 임업의 활성화는 국산 목재제품을 이용하는 관련 산업이 활성화되어야 가능하다. 그러나 우리나라 산림의 67%에 해당하는 사유림은 규모가 영세하고, 아직 베어낼 시기에 도달하지 않은 상태에서 절반 정도가 보전 지역으로 되어 있어 임업의 활성화가 어려운 상황이다. OECD 국가들은 평균적으로 전체 목재 자원량의 1% 정도를 수확한다. 하지만 우리나라에서 수확되는 목재량은 전체 목재 자원량의 0.6%에 불과하며, 그중에서도 13%만 제재목 생산으로 이어지고 있다. 이에 따라 목재 수요 대부분을 수입에 의존하고 있으며, 전체 목재 수요 중에서 국산 목재가 차지하는 비율은 16%에 불과한 실정이다.

국산 목재제품 활용이 저조한 만큼, 이를 개선하기 위한 공공 부문의 국산 목재제품 활용, 목조 주택 보급, 가구 등의 국산 목재 가공업 지원 등의 정책이 필요하다. 그린뉴딜 부문 중 '도시·공간·생활 인프라 녹색 전환' 분야에는 도시 숲 외에도 그린리모델링, 스마트 그린도시, 생태계 복원 등이 있다. 그린리모델링 사업에 수확된 목재제품을 사용하면 '영급 구조* 개선을 통한 산림의 탄소 흡수능력 강화'라는 탄소중립 추진 전략 과제 달성에도 기여할 수 있다. 또한

영급 구조
영급은 나무의 나이를 10년 단위로 구분하는 산림 용어
1~10살은 1영급, 11~20살은 2영급, 21~30살은 3영급 등으로 부르며, 산림청은 30년생 이상 산림이 전국 산림 면적의 72%를 차지하고 있는 것을 '불균형한 영급 구조'로 규정

목재제품 생산·가공·유통의 수익성이 개선되면 임업 발전에도 도움을 줄 수 있을 것이다. 목조 주택 1동은 철근 콘크리트 주택과 비교해 탄소 배출량은 4분의 1, 탄소 저장량은 4배에 이른다. 단열 성능도 뛰어나 냉난방비를 30% 정도 절약할 수 있다.

또한 목조 건축물은 가벼워서 하중을 부재와 접합부에서 흡수 및 분산하여 지진에도 강하다. 하지만 우리나라에서는 수확된 목재제품의 대체효과*가 국가 탄소 계정에 포함되어 있지 않아 국가 온실가스 통계에 반영되지 않고 있다. 이는 반드시 개선되어야 할 부분이다.

대체효과
수확된 목재제품(Harvested Wood Products, HWPs)이 온실가스를 많이 배출하는 제품을 대체함으로써 감축되는 이산화탄소량

주택 1동 건축에 의한 이산화탄소($CO_2$) 방출량

※ 국립산림과학원, 2021

18.85톤

54.06톤
(목조의 2.86배)

79.98톤
(목조의 4.24배)

목조주택

철골 프리패브 주택

철근 콘크리트 주택

## 우리나라
### 산림 탄소 계정 관리 현황

산림이 탄소중립에 기여하는 방법은 ① 산림 밀도 관리를 통해 산림의 생장과 이산화탄소 흡수량을 증진시키면서, ② 산림 내 저장된 탄소가 배출로 이어지지 않게 관리하고, ③ 탄소를 포집하고 있는 목재제품을 장기간 활용하여 온실가스 배출 제품을 대체하는 것이다. 그리고 이러한 산림 경영활동이 산림 탄소 계정으로 측정·보고·검증되어야 한다.

각국의 온실가스 통계는 국제적 검증을 받아야 한다. 유엔기후변화협약(UNFCCC) 당사국들은 기후변화에 관한 정부 간 협의체(IPCC)의 지침에 따라 국가 온실가스 배출량과 흡수량을 산정하여 UNFCCC에 보고하게 되어 있다. 우리나라는 국가 온실가스 인벤토리 요약 보고서를 4차례, 격년 갱신 보고서를 3차례 작성하여 UNFCCC에 제출한 바 있다.

산림 부문의 탄소중립 기여와 산림 탄소 계정 범위

※ 한국임학회, 2010

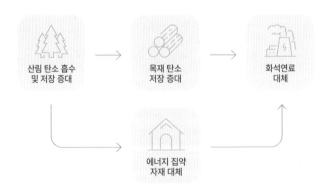

산림 부문의 IPCC 지침은 1996년 공표된 이래 계속 보완되고 있다. 우리나라에서는 2006년 지침에 따라 축적차이법으로 탄소 변화량을 산정하고 있으나, 당시 새롭게 추가된 '수확된 목재제품'은 아직 산정하지 않고 있다.

축적차이법은 시간 경과에 따른 탄소 저장량의 차이로 연간 탄소 축적 변화량을 산정하는 방식이다. 이에 따르면 목재 수확은 산림에서 저장량을 감소시키므로 산림 탄소 계정상 배출로 이어진다. 수확된 목재제품이 타 부문에서 감축으로 인정되어야 하는 이유다. 한편 자연 상태에서 산림 토양의 탄소 저장량 변화는 크지 않기 때문에 축적차이법에서는 산림 토양을 탄소 계정에서 제외하기도 한다. 그러나 인위적 활동에 의해 산림 토양의 탄소 저장량 변화가 크다면 포함시켜야 할 것이다.

산림 부문의 흡수량 산정을 위해서는 수종별로 온실가스 흡수량 산정이 가능해야 하고, 면적 단위로 이루어지는 활동이 파악되어야 한다. IPCC 2006 지침에서는 온실가스 통계 산정 시 산정 수준과 범주별 토지이용변화 접근법에 대한 기준을 제시하고 있다. 온실가스 산정 수준(Tier)은 국가 고유 계수가 없는 1단계부터 국가 고유 계수가 있는 2단계, 그리고 국가 내 공간별·시간별 변화를 반영하는 3단계로 구분할 수 있다. 토지이용변화 접근법(Approach)도 3단계로 구성되어 있으며, 토지 이용 분류 체계에 따른 국가 단위의 총면적만을 제시하는 1단계, 토지이용 간 전용되는 면적 변화 흐름이 파악되는 2단계, 토지이용 간 변화가 시공간적으로 파악되는 3단계로 구분한다. 각각의 수준과 방법에 따라 온실가스 통계 산정을 위한 활동 자료와 배출·흡수 계수에 대한 요구도 다르다.

우리나라에서는 지상부 및 지하부 바이오매스에 대해 수종별 온실가스 산정 계수를 개발하여 활용하고 있다. 이에 따라 산림 지상부 바이오매스만 'Tier 2'이고 산림 토양/낙엽/고사목, 농경지, 초지, 습지는 'Tier 1' 수준이며, 정주지는 산정되지 않고 있다. 산림지에서 'Tier 1'인 토양, 낙엽, 고사목 등에 대해서는 계수가 개발된 상태이며, 수확된 목재제품과 함께 산림 탄소 계정에 포함할 예정이다.

우리나라 '토지이용, 토지이용변화 및 임업(LULUCF: Land Use, Land Use Change and Forestry)'의 부문별 면적은 국가통계자료를 이용하여 총 면적만 산출하고 있어 토지이용변화는 'Approach 1' 수준에 있는 것으로 파악된다. 이러한 낮은 수준으로는 언제, 어디서, 어떤 산림 시업이 이루어지는지에 대한 활동 파악이 어려워 사회적 갈등으로 이어지기도 한다.

온실가스 산정 수준(Tier) 및 토지이용변화 접근법 기준(Approach)

| 구분/수준 | 1 | 2 | 3 |
|---|---|---|---|
| Tier | 국제 및 IPCC 계수 적용 | 국가 고유계수 적용 | 시공간단위 계수 적용 |
| Approach | 국가 전체 비공간자료 | 토지이용별 공간자료 | 토지이용별 시공간변화자료 |

※ 온실가스종합정보센터

| 나무 종류 | 목재 기본밀도(g/cm³) | 바이오매스 확장 계수 | 뿌리·지상부 비율 |
| --- | --- | --- | --- |
| 강원지방소나무 | 0.42 | 1.48 | 0.26 |
| 중부지방소나무 | 0.47 | 1.41 | 0.25 |
| 낙엽송 | 0.45 | 1.34 | 0.29 |
| 굴참나무 | 0.72 | 1.34 | 0.32 |
| 상수리나무 | 0.72 | 1.45 | 0.31 |
| 신갈나무 | 0.66 | 1.60 | 0.39 |
| 리기다소나무 | 0.50 | 1.33 | 0.36 |
| 곰솔 | 0.48 | 1.52 | 0.29 |
| 잣나무 | 0.41 | 1.74 | 0.28 |
| 삼나무 | 0.35 | 1.31 | 0.23 |
| 편백나무 | 0.43 | 1.35 | 0.20 |
| 기타침엽수 | 0.46 | 1.43 | 0.27 |
| 졸참나무 | 0.66 | 1.55 | 0.43 |
| 붉가시나무 | 0.83 | 1.70 | 0.19 |
| 기타활엽수 | 0.68 | 1.51 | 0.36 |
| 아까시나무 | 0.64 | 1.47 | 0.48 |
| 자작나무 | 0.55 | 1.30 | 0.29 |
| 백합나무 | 0.46 | 1.24 | 0.23 |
| 현사시나무 | 0.36 | 1.17 | 0.16 |
| 밤나무 | 0.51 | 2.63 | 0.50 |
| 대나무 | 0.24 | 1.26 | 0.06 |
| 상록활엽수종 | 0.70 | 2.29 | 0.30 |

※ 한국임학회, 2010

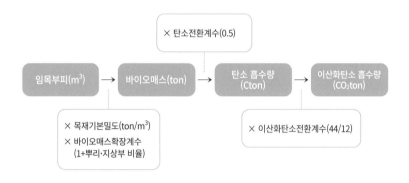

## 탄소중립을 위한
## 산림관리 방법

산림은 다양한 기능을 지니고 있는 자원이며, 모든 자원은 활용을 전제로 한다. 이러한 측면에서 산림 관리는 자원을 활용하는 산업, 즉 임업적 측면에서 접근해야 한다. 탄소 흡수원을 규정하는 LULUCF(Land Use, Land-Use Change and Forestry)에서 마지막 'F'를 산림(Forest)이 아닌 임업(Forestry)으로 규정한 것은 산림 관리가 탄소 흡수원으로서 중요하다는 것을 방증한다. 임업은 전통적으로 '친환경적'으로 운영하게 되어 있다. 현재도 임업으로 인해 산림 생태계가 훼손되지 않도록 지속 가능한 산림 경영이 국제적으로 추천되고 있다. 탄소중립 측면에서 보면 정상적인 임업이 아닌 비정상적인 벌채를 경계해야 한다. 또한 임업은 토지를 기반으로 하고 있어 국가적으로는 국토 관리라는 측면도 생각해야 한다. 탄소 흡수원으로서 산림이 탄소중립에 제대로 기여하기 위해서는 이처럼 임업, 환경, 국토 관리가 통합적으로 고려되어야 한다.

우리나라는 기후변화의 영향으로 생장 둔화, 침엽수종 쇠퇴, 온대 수종 감소에 따른 수종 분포 변화, 재해 증가 등이 발생하고 있으며, 이로 인해 산림의 탄소 흡수 능력이 저하되고 있다. 산림을 방치할 경우 이러한 현상은 더 심해질 것이기에 기후변화 대응을 위한 산림 관리는 반드시 필요하다. 1970년대 이후 나무 심기 성공으로 현재 대부분의 산림이 생산기에 접어들고 있으며, 임령 증가로 인한 생장 둔화 및 흡수량 감소가 뚜렷이 나타나고 있다. 따라서 임령 증가에 따른 과밀 문제가 발생하지 않도록 숲 가꾸기와 함께 적정 시기에 도달한 산림의 수확이 이뤄져야 한다. 지금보다 산림 관리의 규모와 양을 늘려야 탄소 흡수량 감소세를 완화할 수 있을 것이다.

탄소 흡수원으로서 산림은 다양한 생태계 기능을 지니고 있다. 산림 관리는 어느 정도 산림 생태계의 기능 저하를 일으킬 수밖에 없다. 따라서 훼손을 최소화하여 회복기를 줄이는 것이 중요하다. 모두베기보다는 솎아베기를 우선 적용하고, 잔존목을 남겨두어야 한다. 만약 산림의 생태계 기능 때문에 임업 활동 및 흡수원 관리 활동에 제약이 생긴다면 산림 생태계 서비스가 시장에서 거래되는 '서비스 임업'을 고려해야 한다. 이를 통해 민간 참여형 '산림 탄소 경영'의 길을 찾는 것이 국가 탄소중립에 기여할 수 있는 방법이다.

산림은 탄소 저장고다. 그 저장고가 고사, 산불, 산사태, 병해충 등을 통해 배출로 이어지지 않도록 해야 한다. 산림의 흡수·저장 기능만으로는 탄소중립에 크게 기여할 수 없다. 살아 있는 나무에 저장된 탄소가 수확된 목재제품을 통해 사회로 이동하고, 그 자리를 새 나무로 채워 다시 저장고 역할을 하도록 하는 순환 임업이 이뤄져야 한다. 즉, 목재제품을 많이 그리고 오래 써야 한다. 목재제품이 기존의 온실가스 배출 제품을 대체한다면 이는 탄소 저감으로 이어져 탄소중립에 더 빨리 도달할 수 있다. 수확된 목재제품 외에도 미이용 바이오매스를 에너지로 활용해 화석연료를 대체하는 것도 탄소중립에 기여할 수 있는 방법이다.

이와 같은 활동을 통해 얻은 탄소 흡수량은 국제적 기준에 부합되도록 산정 및 검증받아야 한다. 또한 어느 시기, 어느 장소에서 어떠한 산림 활동이 이루어지는지 모니터링해야 한다. 이를 위해서는 온실가스 흡수원의 정확한 면적 파악과 시공간 흡수량 산정이 필요하다. 현재 전국 단위로 되어 있는 산정 수준에서 벗어나 토지 이용 및 흡수량 변화를 시공간적으로 파악할 수 있는 'Approach 3', 'Tier 3' 수준으로 높여야 한다. 그러기 위해서는 먼저 온실가스 흡수원 간 경계 및 면적이 정확해야 한다. LULUCF는 부문 간 유기적 연계성이 크기 때문에 방법론, 데이터 수집·활용 등에서 발생하는 오류를 최소화할 필요가 있다. 우리나라는 주요 선진국처럼 하나의 기관에서 LULUCF 부문을 통합적으로 산정·관리하는 체계가 아니므로 부문별 경계를 명확히 설정해야 한다. 나아가 향후 통합 관리 시스템 구축을 고려하는 차원에서 부문별로 비교적 동일하게 적용될 수 있는 데이터를 수집해

정의 및 범위를 도출할 필요가 있다.

## '적극적'이고 '포괄적'인
## 산림 탄소 경영을 위해

산림이 탄소 흡수 능력을 충분히 발휘하려면 '적극적'이고 '포괄적'인 산림 탄소 경영이 필요하다. '적극적'이라는 말은 산림 탄소 경영에 필요한 구역을 설정하고, 그 지역에서는 흡수량 유지 및 증진을 위한 산림 관리를 임업 활동으로 해야 한다는 의미다. 우리나라 산림의 3분의 1은 이러한 적극적인 산림 탄소 경영의 대상지라고 할 수 있다. '포괄적'이라는 말은 탄소 저장고인 목재제품을 많이 그리고 오래 쓰는 것을 포함한다. 이를 위해서는 산림 탄소 경영에서 수확된 목재제품이 탄소 저장고로서 사용될 수 있는지 면밀히 검토해야 한다. 그렇지 않을 경우, 목재 수확은 자칫 탄소 배출로 이어지기 때문이다. 따라서 벌목 시기에 도달했다 하더라도, 목재제품 수확이 없는 단순 벌목은 지양해야 한다. 또한 생물 다양성 유지 등과 같은 산림의 환경 생태적 기능의 훼손을 최소화하는 것과 산림의 환경 생태 서비스에 대한 지불 및 시장을 가치화하는 것 역시 '포괄적 산림 관리'에 속한다. 물론 산림 탄소 경영에서의 탄소중립형 수익성도 '포괄적으로' 고민되어야 할 부분이다.

탄소 흡수원인 산림은 토지 및 환경 자원으로서 각 정부 부처에서도 높은 관심을 끌고 있다. 산림은 땅과 나무로 구성된 만큼 토지 관리, 나무의 환경 관리 측면이 함께 고려되어야 한다. 산림 탄소 경영에 있어 부문 및 부처 간 협력이 필요한 이유다. '다(多)'기능의 산림은 결국 '다(多)'부처 간 협력을 통해 탄소중립의 거대한 숲을 이룰 수 있을 것이다. 이것이 바로 '산림 탄소 경영'이다.

# 08

배출되는 탄소를
저장·활용하다

# 배출되는 탄소를
# 저장·활용하다

탄소중립을 실현하기 위해서는 궁극적으로 100% 재생에너지를 사용해야 한다.
하지만 이를 위해서는 꽤 많은 시간이 필요하며, 에너지 효율 등을 고려해
당분간은 화석연료를 사용할 수밖에 없다.
기존 산업화 과정에서 이미 배출된 이산화탄소도 줄여나가야 한다.
탄소 포진·활용·저장 기술은 배출원이나 자연 상태의 이산화탄소를 포집해
땅 속 깊은 곳에 저장하거나 산업적으로 활용하는 기술로,
탄소중립을 실현하기 위한 핵심 기술 중 하나다.

## CCUS
## 기술적 흐름

**1970년대 초반**
이산화탄소 주입을 통한
석유 증산 기술 도입

**1988**
기후변화 대응과 온식가스 감축 논의
본격화

**2010**
우리나라 국가 CCS
종합추진계획 수립

**1990년 중반**
CCUS 기술 도입 및 상용화 시작

**2017**
국내 기술 기반으로
이산화탄소 주입 실증 성공

**2021**
국내 CCUS 기술 기반 구축을 위한
다부처 사업 개시

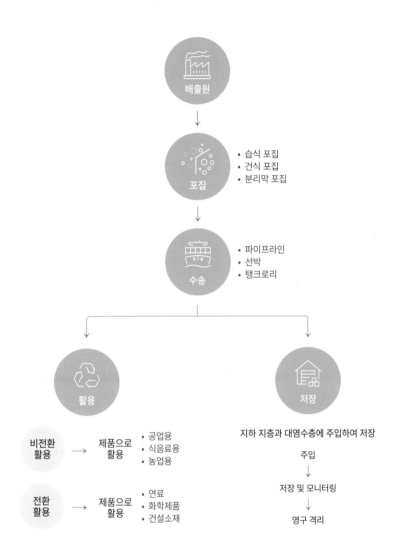

배출원

포집
• 습식 포집
• 건식 포집
• 분리막 포집

수송
• 파이프라인
• 선박
• 탱크로리

활용

저장

비전환
활용 → 제품으로
활용
• 공업용
• 식음료용
• 농업용

전환
활용 → 제품으로
활용
• 연료
• 화학제품
• 건설소재

지하 지층과 대염수층에 주입하여 저장

주입
↓
저장 및 모니터링
↓
영구 격리

2022

서해 군산 분지 탐사시추(예정)

CCUS

## CCUS, CCS, CCU란
## 무엇인가?

탄소 포집·활용·저장(CCUS: Carbon Capture, Utilization and Storage) 기술은 배출원이나 자연 상태의 이산화탄소를 포집하여 산업에 활용하거나 심부 지층에 영구 저장하여 대기 중 이산화탄소 농도를 낮추는 기술이다. 이산화탄소를 산업적으로 사용하기 위해 포집하는 기술, 이산화탄소를 활용하여 화학물질을 만드는 기술, 이산화탄소를 심부 지층에 주입하여 석유 생산량을 늘리는 기술은 이미 오래 전부터 개발·적용되어 왔다. 그러다가 1980년대 말부터 전 세계적으로 기후변화 대응과 온실가스 감축이 중요해지면서 이산화탄소 포집, 활용, 저장 관련 기술들이 유기적으로 통합되었는데, 이를 'CCUS'라고 부른다. CCUS는 탄소를 포집(Capture)해 저장(Storage)하는 기술과 활용(Utilization)하는 기술로 나뉘는데, 탄소 포집·저장은 CCS(Carbon Capture and Storage), 탄소 포집·활용은 CCU(Carbon Capture and Utilization)라고 표기한다.

## 이산화탄소 포집 기술의 분류 체계

이산화탄소 포집 기술은 배출원의 배가스나 기체 상태의 혼합가스에서 이산화탄소를 분리해 포집하는 기술이다. 보통은 자연 상태보다 배가스 내의 이산화탄소 농도가 훨씬 높기 때문에 배가스에서 이산화탄소를 포집하는 것이 보다 효과적이고 비용도 낮다. 그러나 탄소중립 실현을 위해서는 탄소 네거티브 기술*도 필요하기 때문에 자연 상태의 이산화탄소를 포집하는 기술도 개발되고 있다. 오늘날에는 다양한 이산화탄소 포집 기술이 적용되고 있으며,

탄소 네거티브 기술
공기 중 이산화탄소를 없애 이산화탄소 순배출량을 마이너스로 만드는 기술

새로운 기술적 시도 역시 꾸준히 진행되고 있다. 일반적으로 포집 기술은 포집 방법, 포집 단계, 포집원에 따라 구분할 수 있다.

먼저, 포집 방법에 따라서는 흡수법, 흡착법, 분리막법 등으로 분류할 수 있다. 흡수법은 액체 상태의 흡수제를 통해 이산화탄소를 포집하는 방법으로, 이산화탄소를 선택적으로 높은 효율로 흡수하고 물리 화학적 조건 변화에 따라 쉽게 다시 배출(재생)시킬 수 있다. 액체 상태의 흡수제를 사용하기 때문에 흔히 '습식 포집 방법'이라고도 불린다. 반면 흡착법은 고체 상태의 흡착제를 통해 이산화탄소를 포

집하는 방법으로, 이 방법 역시 이산화탄소를 선택적으로 높은 효율
로 흡착하고 물리 화학적 조건 변화에 따라 쉽게 다시 배출(재생)시킬
수 있다. 고체 상태의 흡수제를 사용하기 때문에 흔히 '건식 포집 방
법'이라고도 불린다.

분리막법은 일종의 체질 분리 방법이라고 할 수 있다. 분리막은 혼
합물로부터 특정 성분을 선택적으로 분리할 수 있는 물리적인 경계층
을 의미한다. 즉, 분리막법은 혼합물에 힘이나 에너지를 가해 분리막
을 통과시켜서 이산화탄소를 포집하는 방법이다. 분리막의 종류는 매
우 다양한데, 최근에는 분리막 소재의 재질·구조·기공 크기 등을 바꾸
면서 포집 성능을 개선하고 있다.

포집 방법에 따른 이산화탄소 포집 기술

※ KETEP, 2013

| 습식 포집 기술 | 건식 포집 기술 | 분리막 포집 기술 |

포집 단계별로는 일반적으로 연소 후, 연소 중, 연소 전 포집으로 구분하며, 주로 발전소 포집을 분류할 때 많이 사용되는 분류법이다. 연소 후 포집은 연소 과정 이후에 배가스, 즉 연소 과정에서 발생한 다양한 성분의 기체 혼합물에서 이산화탄소를 포집하는 것을 말한다.

반면 연소 전 포집은 연소 과정 전에 이산화탄소의 포집이 이루어지는 방식이며, 주로 석탄 가스화 복합 화력 발전에서 사용하는 포집 방법이다. 석탄 가스화 복합 화력 발전은 먼저 석탄을 가스화하여 연료가스인 일산화탄소와 수소로 전환하고, 분진 제거 및 가스 정제 후 가스터빈으로 공급해 전기를 생산한다. 동시에 가스화기의 증기와 가스터빈의 열을 사용해 증기터빈을 돌려서도 전기를 생산한다. 정제된 합성가스의 일부를 합성 천연가스로 만드는 과정에서 이산화탄소 포집이 이루어지는데, 이 과정에서 수소도 함께 생산된다.

연소 중 포집 기술은 '순 산소 연소 기술'로도 불리는데, 연소 과정에서 공기를 주입하는 것이 아니라 공기 분리 장치를 통해 질소와 산소로 분리하여 산소만 연소에 사용하는 방식이다. 이렇게 하면 배가스에서 질소가스가 대부분 제거되며, 완전 연소가 이루어지면서 이산화탄소만 배출되기 때문에 연소 과정에서 이산화탄소의 포집이 동시에 이루어지게 된다.

한편 포집원에 따라서 발전, 철강, 석유화학, 시멘트, 정유, 수소 등 주요 다배출 산업별로 포집 기술을 구분할 수도 있다. 발전 산업의 경우에는 석탄 발전, 가스 발전, 석탄 가스화 복합 발전 등에 따라 포집 기술이 구분된다. 또한 철강, 석유화학, 시멘트, 정유, 수소 산업의 경우에는 배가스의 이산화탄소 농도, 불순물의 종류·함량, 배가스

온도·압력 등 포집 조건이 상이하기 때문에 산업별 특성을 반영한 최적의 포집 기술을 확보할 필요가 있다.

## 기체 상태의 이산화탄소를
어떻게 운반할 수 있을까?

이산화탄소 수송은 포집된 이산화탄소를 저장소 혹은 활용 공정이 이루어지는 곳까지 안전하게 옮기는 기술이다. 당연히 포집원에서 사용처의 거리가 가까울수록 경제적으로 유리하다. 최근에는 포집원이 다양해지고 사용처도 늘어나고 있는 데다가, 국가 간 이산화탄소 이동도 적극적으로 검토되고 있어 원거리 수송 기술에 대한 관심도 높아지고 있다.

이산화탄소 수송 방법으로는 차량, 기차, 배관, 선박 등이 있는데, 소규모 운반에는 탱크로리가 사용된다. 탱크로리는 국제표준규격(ISO)으로 제작된 탱크를 갖추고 액체나 기체를 실어 나를 수 있는 화물 차량의 일종이다. 그러나 일반적으로 적재 용량이 20톤 내외이기 때문에 하루 수송량이 크지 않으며, 대규모 CCUS 프로젝트에는 적합하지 않다.

따라서 이산화탄소 수송에는 주로 배관이 사용된다. 배관은 많은 양의 이산화탄소를 비교적 안정적으로 수송할 수 있으며, 수송 비용도 절약할 수 있어 대부분의 CCUS 프로젝트에 사용되고 있다. 일반적으로 포집원으로부터 1,000㎞ 미만의 거리를 수송하는 경우에는 배관 수송의 경제성이 훨씬 뛰어나다고 한다. 대부분의 CCUS 프로젝트가 근거리 수송이 가능하도록 설계되고 있기 때문에 현재로서는 배관 수송이 가장 보편적인 수송 방안이라고 할 수 있다.

온실가스 감축이 국제적인 관심사가 되면서 최근에는 선박 수송도 관심을 받고 있다. 보통 1,000㎞ 이상의 원거리를 수송하는 경우 선박 수송이 배관 수송보다 경제적이기 때문에 향후에는 선박 수송이 점차 확대될 것으로 예상된다. 지금까지 실제 현장에 도입된 선박은 2,000톤 미만의 소규모 수송선이지만, 현재 노던라이트 프로젝트*에 활용될 5,000톤 규모의 수송선이 건조되고 있어 곧 대형화가 가능할 것으로 보인다. 앞으로 이산화탄소 수송선이 상용화되고 국제간 이산화탄소 운송이 자유로워지면 선박 수송의 중요성은 더욱 커질 것이다.

노던라이트 프로젝트
노르웨이의 최대 석유·가스 기업인 에퀴노르가 주도하는 대규모 CCUS 기술 개발 프로젝트

한편 머지않아 신개념 수송선도 등장할 것으로 보이는데, 바로 수송 기능과 주입 기능을 함께 갖춘 '부유식 복합 선박'이다. 현재 해양 석유 가스 생산에 활용되는 부유식 석유 가스 생산 저장 하역선(FPSO)과 비슷한 개념의 복합 선박인데, 아직 추가적인 기술 개발이 필요하지만 가까운 미래에는 상용화될 것으로 보인다. 이러한 부유식 이산화탄소 수송 주입 복합선은 수송·저장 비용을 낮추면서 해양 CCS 프로젝트의 활성화 및 경제성 확보의 기폭제가 될 것이다.

## 이산화탄소를
## 지층 깊숙한 곳에 저장하다

이산화탄소 저장 기술은 포집된 이산화탄소를 지하 심부 지층에 주입하여 영구히 격리하는 기술이다. 지하 공간에 격리·저장한다고 하여 '지중 저장'이라고도 불리며, 자연적으로 형성된 다공질의 지하 지층에 저장한다고 하여 '지질학적 저장'이라고도 불린다.

이러한 기술은 석유 가스 증산 기술 중 이산화탄소 주입을 통한 석유 증산 기술에서 유래했다. 1970년대 초반, 압력 저하로 인해 생산성이 떨어진 유전에 이산화탄소를 주입해 압력을 끌어올려 증산하는 기술이 도입되었다. 이후 이산화탄소 주입 기술은 급속도로 발전했고, 이산화탄소 감축에 이를 응용할 수 있다는 발상의 전환이 이뤄졌다.

이산화탄소 저장 원리는 간단하다. 덮개 구조를 가지고 있어 유체의 상승 이동이 불가능한 지층에 이산화탄소를 주입해 격리시키는 것이다. 일반적으로 800m 깊이 이상의 지층에 이산화탄소를 주입하게 되는데, 이 정도 깊이가 되어야 제한된 공간에 많은 양의 이산화탄소를 수월하게 주입할 수 있기 때문이다. 이산화탄소는 물에 서서히 녹는 특성을 가지고 있으므로 주입된 이산화탄소는 심부 지층의 물에 녹으면서 점차 아래로 침강하게 된다. 그리고 지층에서 오랫동안 광물화가 진행되면서 영구히 격리된다.

※ KCRC

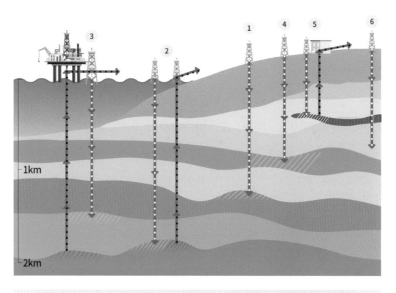

| | | |
|---|---|---|
| 1 | 고갈된 석유나 가스 저류암 | 2 석유 회수에 이산화탄소를 이용 |
| 3 | 심부의 다염수층 | 4 심부의 개발되지 않은 석탄층 |
| 5 | 석탄층 메탄 회수에 이산화탄소의 이용 | |
| 6 | 기타 다른 저장 선택지(현무암, 오일셰일, 공동 등) | |

이산화탄소 저장 기술은 진행 과정에 따라 저장소 탐사 및 평가, 저장 설계, 주입 시설 구축, 저장소 운영, 저장소 모니터링 기술 등으로 분류할 수 있다. 저장소 탐사 단계에서는 물리 탐사 및 시추 탐사를 통해 저장소 유망 구조를 도출하며, 평가 단계를 거쳐 저장소를

선정하게 된다. 저장소가 선정되면 정해진 절차에 따라 인허가를 취득하고 수용성을 확보한 뒤 저장 설계를 진행하게 된다. 저장 설계는 사업의 기술적 완성도와 경제성을 결정하는 핵심 단계로, 플랜트·시추·완결·주입·운영 등 다양한 역량을 모아 효율적이고 안전하게 설계해야 한다. 저장 설계가 마무리되면 저장소를 구축하게 되고, 이후 본격적인 운영이 시작된다. 저장소 운영 기술은 이산화탄소 주입 과정에서 발생할 수 있는 다양한 기술적 문제와 환경적 문제를 방지하고 대응·해결하는 저장 사업의 핵심 기술이라고 할 수 있다.

마지막으로 저장소 모니터링 기술이 있는데, 모니터링은 이산화탄소 주입 과정뿐 아니라 주입 전, 주입 중, 주입 후에 이르기까지 모든 과정의 모니터링을 통칭한다. 모니터링 기술은 저장 사업의 효율성과 안전성은 물론 수용성 확보를 위한 핵심 기술로서 점차 그 중요성이 커지고 있으며, 기술적 혁신도 가장 빠르게 진행 중이다.

## 이산화탄소를
## 다양하게 활용하다

이산화탄소 활용은 배출원 혹은 대기 중에서 이산화탄소를 포집하여 유용한 물질로 전환하거나 직접 이용하는 것을 말한다. 활용 범위를 어디까지 적용할 것인지에 대해 논란이 있지만, 온실가스 감축 효과가 크지 않거나 거의 없는 경우에는 활용 범위에서 제외하는 것이 일반적이다.

활용 기술의 기본 개념은 이산화탄소를 탄소자원으로 접근하여 유용한 화학원료로 제조함으로써 기존 석유화학 산업을 통해 제조되는 다양한 물질을 대체한다는 것이다. 이는 제조된 화학원료로 원하는 회학제品을 제조한 다음, 다시 재활용한다는 차원에서 근 의미가 있다. 특히 원유를 전량 수입에 의존하는 우리나라의 경우, 원유 수입을 최대한 줄이면서 수입되는 원유를 에너지원에 활용해 효율을 높이는 효과도 있다. 즉 이산화탄소 활용 기술은 탄소순환을 통해 탄소중립에 기여할 수 있는 핵심 기술이다.

이산화탄소 활용 기술은 크게 화학적 전환 기술, 생물학적 전환 기술, 광물탄산화 기술로 분류할 수 있다. 화학적 전환 기술은 각종 화학반응, 즉 열촉매·전기·광화학 등의 반응을 통해 다양한 탄소 화합물로 전환하는 기술이며, 기존의 화석연료 기반의 연료·원료·화학제품 등을 대체하여 궁극적으로 화석연료의 사용량을 줄이고 이산화탄소 감축에 기여할 수 있는 기술이다. 이 기술은 석유로부터 제조할 수 있는 화학제품 중 많은 부분을 대체할 수 있어서 온실가스 감축 효과 및 경제성을 고려한 최적화된 기술이 개발된다면 경제·산업적으로 파급효과가 클 것으로 기대된다.

생물학적 전환 기술은 이산화탄소를 생물학적으로 고정하여 연료 및 소재 등으로 전환하는 기술이다. 포집된 고농도의 이산화탄소로 미세조류를 배양하고 미세조류 바이오매스를 화학적으로 처리하여 바이오연료, 화장품, 의약품, 식품, 소재 등의 중간체를 제조할 수 있다. 하지만 미세조류 종류에 따라 이산화탄소 흡수량이 달라 신종 조류를 개발해야 하고, 배양하는 부지 확보 등의 변수로 인해 국토 면적이 넓은 국가에서 보다 효과적으로 활용할 수 있는 기술이다.

## CCU 활용 기술 분류

※ 화학연구원

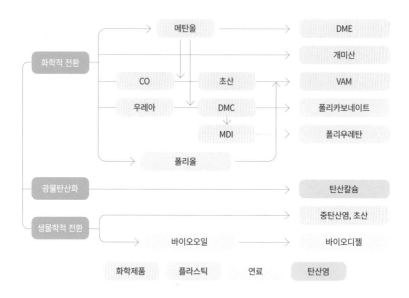

광물탄산화 기술은 산업 부산물과 이산화탄소의 탄산화 반응을 통해 탄산칼슘이나 중탄산나트륨과 같은 유용한 원료를 생산하는 기술이다. 광물탄산화 기술 분야에는 시멘트 양생이나 콘크리트 양생에 이산화탄소를 활용하는 기술도 포함된다. 광물탄산화 기술은 다른 기술에 비해 반응이 단순, 명확하면서 이산화탄소를 고정하는 효과가 있어서 직접적인 온실가스 감축 효과를 크게 기대할 수 있는 기술이다. 하지만 생산할 수 있는 제품이 한정적이고 경제성이 낮아 기술을 확대하는 데 한계가 있다.

이산화탄소 활용 기술을 통해 생산할 수 있는 제품은 매우 다양하다. 하지만 단기간 내에 이산화탄소 활용 제품을 시장에 선보이기 위해서는 기존 생산 공정을 유지하면서 파급 효과가 큰 플랫폼화합물 생산에 집중해야 한다. 석유화학 분야에서 일산화탄소, 합성가스, 메탄올은 다양한 중간체나 제품을 만드는 중요한 원료로서 플랫폼화합물로 분류된다. 따라서 이산화탄소를 원료로 플랫폼화합물을 제조하는 기술을 개발한다면 이후의 다운스트림 제품은 모두 CCU 제품으로 변신이 가능하다. 현실적으로 석유를 대체할 수 있는 다양한 이산화탄소 활용 기술이 개발되지 않은 상황에서 최소한의 공정 변경을 통해 최고의 효과를 얻는 것이 중요하다.

이산화탄소를 활용하여 폴리카보네이트, 폴리우레탄과 같은 고분자 소재도 기존 플라스틱 대체용으로 생산이 가능하다. 다양한 물성을 갖는 고분자 소재는 여러 용도로 사용되며, 이산화탄소 고정 효과도 있어서 매우 의미가 크다. 이산화탄소는 탄소와 산소로 구성되어 있어서 각종 유기산(−COOH), 알데히드(−CHO), 카보네이트(−COO−) 등을 제조할 수 있다. 기존 석유화학 산업에서 이 물질들은 화학적 물성이 특이하여 특수 고분자, 이차전지 전해질, 용매 등에 사용하기 위해 생산된다. 이외에도 이산화탄소와 산업 부산물로 제조된 탄산칼슘, 중탄산나트륨과 같은 무기탄산염은 건설 소재 등으로 활용하여 기존 제품을 대체할 수 있다.

현재 기술로는 플랫폼화합물인 일산화탄소 및 메탄올 생산 기술과 고분자 화합물인 폴리카보네이트 및 폴리우레탄 생산 기술이 화학적 전환 기술 가운데 상용화에 근접해 있다. 반면 유기산 및 카보네이트

계열의 화학제품의 경우, 아직은 기술 개발 및 초기 실증 단계로 평가된다. 광물탄산화에 의한 건축자재 생산이나 시멘트 양생 등의 이산화탄소 활용 기술 역시 상용화에 근접한 기술이다. 이러한 이산화탄소 활용 기술 중심으로 탄소 포집·활용 기술의 상용화가 급속하게 추진되고 있다. 미세조류 기반의 연료 물질 생산 기술도 도전적으로 연구 개발이 진행되고 있다. 이러한 제품의 경우 현재 시장 가격이 매우 높은 편이기 때문에 지속적인 기술 개발로 최적의 공정이 개발된다면 상업화가 가속화될 수 있을 것이다.

종합적으로 볼 때 이산화탄소 활용 기술은 아직 기술 개발 단계에 머물러 있다. 하지만 미래 사회는 이산화탄소를 자원으로 활용하는 시대가 될 것이기에 매우 중요한 기술로 간주된다. 특히 탄소를 자원으로 활용하는 다양한 기술과 접목되어 있으며, 폐기물이나 산업 부산물을 재활용하는 자원순환 기술과도 연계될 수 있어 기술 발전의 잠재성이 매우 높다. 또한 이산화탄소 활용을 통해 화석연료를 대체하는 새로운 에너지 자원을 생산할 수도 있다. 최근 에너지 신산업으로 탄소 포집·활용 기술이 주목받고 있는 이유이기도 하다.


## CCUS 확산을 위해
## 해결되어야 할 문제들

앞에서 언급했듯이 CCUS 기술은 온실가스 감축과 탄소중립 실현을 위해 중요한 기술이며, 높은 발전 잠재성을 갖고 있다. 그러나 CCUS 기술의 도입·확산을 위해서는 여러 걸림돌을 넘어야 한다. 높은 처리 비용으로 인한 경제성 부족, 저장 사업의 안전성 문제, 시민사회와 지방정부 수용성 확보의 어려움, 많은 공정 에너지 소모로 인한 감축 효과 차감 등이 대표적이다.

## 상대적으로 비싼 처리 비용

CCUS 기술은 아직까지 탄소배출권 등의 수익에 비해 처리 비용이 높다. 따라서 탄소배출권 가격이 오르거나 탄소세와 같은 규제로 수익 구조가 갖춰질 때까지 정부 지원이 필요하다. 하지만 CCUS 사업은 막대한 초기 시설 투자비가 필요하기 때문에 정부 지원 규모 역시 부담스러운 수준이며, 이에 따른 경제성 문제가 지속적으로 제기되고 있다.

물론 모든 온실가스 감축 기술은 처리 비용이 높은 편이다. 재생에너지도 기존 화석연료에 비해 발전 비용이 높으며, 다른 온실가스 감축 기술도 상용화를 위해 많은 비용이 요구된다. 다만 재생에너지의 경우 상대적으로 큰 폭의 비용 절감을 이룬 것에 비해 CCUS 기술은 비용 절감 성과가 뚜렷하지 않다. 다행히 최근 CCUS 프로젝트의 대형화에 따라 비용 절감 효과가 나타나기 시작했으며, 수소 산업 등 다른 신산업 분야와의 연계를 통해 수익성을 개선하려는 시도가 이어지면서 CCUS 사업의 경제성도 조금씩 향상되고 있는 추세다.

경제성 문제는 CCS 기술과 CCU 기술을 분리해서 살펴볼 필요가 있다. CCS 사업은 수익 구조가 비교적 단순하다. 이산화탄소 감축량에 해당하는 탄소 크레딧을 확보하여 기본 수익을 창출하며, 세제 혜택 등을 포함한 정부의 경제적 지원금과 탄소세 면제와 같은 보조 수익을 창출한다. 기술 개발과 대형화를 통해 비용을 절감하고 탄소배출권 가격이 충분히 상승하면 비로소 경제성이 확보되는 구조다. 따라서 CCS 사업은 단기적으로 정부 지원이 필수적이지만 중장기적으로는 경제적 자립이 가능할 것으로 예상된다.

반면 CCU 사업은 관련 기술을 적용한 제품 생산 비용이 기존의 화석연료 기반의 제품 생산 비용과 경쟁할 수 있어야 비로소 경제성 확보가 가능하다. 현재 기술 수준으로는 CCU 기술 적용 제품이 가격 경쟁력을 확보하기란 매우 어렵다. 이산화탄소를 화학적·생물학적 전환이나 광물탄산화 공정으로 처리하는 데 많은 에너지와 비용이 필요하기 때문이다. 게다가 CCU 기술은 CCS 기술에 비해 이산화탄소 처리량 대비 감축량이 낮기 때문에 탄소배출권 수익도 상대적으로 적을 수밖에 없다.

그러나 전 세계가 빠르게 탄소 시장 체제로 변화하고 있고, 탄소 장벽이 새로운 경제 질서를 만들고 있기 때문에 CCU 사업의 미래 가능성은 높다. 특히 지질학적으로 대규모 저장소가 존재하지 않기 때문에 CCS 사업으로 온실가스 감축이 어려운 경우에는 CCU 기술을 적극적으로 도입할 수밖에 없다. 앞으로 CCU 사업에 대한 직·간접적인 지원을 통해 적극적으로 시장을 창출할 것으로 예측된다. 이러한 시장 형성은 기업의 기술 경쟁을 가속화하여 CCU 기술의 비용 절감으로 이어질 것이며, 이에 따라 수익성·경제성에 대한 우려도 조금씩 완화될 것이다.

## 저장 과정의 안전 문제

탄소 저장 사업의 안전성 문제는 지진 유발 가능성과 누출 가능성으로 요약된다. 이산화탄소를 심부 지층에 주입하면 필연적으로 지층의 압력 상승을 유발하게 된다. 지층은 기본적으로 일정한 압력 범위 안에서 안정하게 유지되는데, 안정 범위를 넘으면 지층에 변화가 생기게 되고 심한 경우 지진을 유발할 수 있다. 또한 지층의 변화로 인해 주입된 이산화탄소가 누출될 가능성도 배제할 수 없다.

안전한 탄소 저장 사업을 위해 가장 중요한 것은 저장소의 선정, 그리고 주입 운영 과정에서의 압력 조절이다. 저장소 평가에서 안전성 평가는 가장 기본적인 요소다. 최근에는 저장소 평가 기준이 강화되고 안전성 평가 기술 역시 발달하여 저장소 선정에 대한 신뢰성이 높아졌다. 또한 저장소 선정 과정에서 공인된 전문 기관이나 국내외 전문가 시스템을 통해 안전성을 검증받는다.

주입 운영 과정에서의 압력 조절은 효율적인 사업 운영뿐 아니라 저장소의 안전성 확보 측면에서도 중요하다. 기술적 한계 압력을 파악하고 일정 정도의 여유를 둔 사업적 한계 압력을 별도로 설정한 다음, 그보다 낮은 압력에서 저장소를 운영하는 것은 탄소 저장 사업의 기본이 되었다. 따라서 탄소 저장 사업의 지진 유발 가능성은 지층의 압력을 인위적으로 상승시키는 타 사업에 비해 낮은 것으로 평가되고 있다.

그러나 안전성은 아무리 강조해도 지나치지 않기 때문에 지금보다 엄격한 기준의 마련, 철저한 관리 감독, 안전성 확보 기술에 대한 지속적인 투자가 이루어져야 한다. 또한 위기 상황에 대비한 조기 대응 및 경보 체제, 대피 및 현장 위기 관리 체제가 갖춰져야 하며, 평소 현장 인력의 비상 훈련 등도 성실하게 수행되어야 할 것이다.

## 지역사회의 반대

CCUS 사업은 시민사회와 지방정부의 반대로 사업 진행에 차질을 빚을 수도 있다. 탄소 저장 사업의 안전성 문제가 가장 크지만, 탄소 포집 사업 유치에 대한 시민사회의 우려도 무시할 수 없다. CCUS 사업이 화석연료 사용을 유지하기 위한 방편이라는 부정적 시각이 존재하기 때문이다.

CCUS 사업의 수용성 확보를 위해 중요한 것은 투명한 정보 공개, 적극적 소통과 이해관계의 조정, 지역사회와의 이익 공유 등이다. 무엇보다도 정부와 사업자의 투명한 정보 공개와 개방적 태도가 가장 중요하다. 저장소 선정 과정에서 안전성 평가 자료, 모니터링 자료 등을 투명하고 신속하게 공개하는 것은 사업 신뢰성 확보와 직결된다. 사업 착수 단계에서 지역사회와 적극적으로 소통하고 이해관계를 조정하는 것도 필요하다. 특히 정부와 사업자의 소통 활동이 지역사회와의 유대감 조성에 중요한 역할을 하므로 교육·홍보·견학 등 다양한 소통이 있어야 한다. 지역사회와의 이익 공유 역시 수용성 확보의 중요한 요소다. 모범적인 해외 CCUS 프로젝트의 경우, 사업의 수익 일부를 지역에 환원하고, 지역 인재를 등용하며, 지역 관광자원으로 편입시켜 이익을 공유하는 등 적극적인 노력이 이루어지고 있다.

한편 CCU 사업의 경우, 많은 공정 에너지 소모로 인해 온실가스 감축 효과가 매우 제한적이라는 지적을 받고 있다. 필요한 에너지 공급을 화석연료 발전에만 의존한다면 이러한 지적에서 결코 자유로울 수 없으며, 이는 사업 도입·확산에 걸림돌이 될 것이다. 하지만 높은 공정 에너지 소모 문제는 재생에너지 확대를 통해 점진적으로 해소될 것으로 보인다. 탄소중립 실현 과정에서 재생에너지로의 전환은 필수적이며 무탄소 전원이 점차 확대되고 있다. 따라서 재생에너지 중심의 무탄소 전원 공급이 급증하는 전력 수요를 충족하게 된다면 CCU 사업 역시 활성화될 것이다.

## 글로벌 CCUS 프로젝트 동향

### 해외 CCS 프로젝트

1988년부터 국제적으로 기후변화 대응과 온실가스 감축이 본격적으로 논의되었고, 유럽 일부 국가에서 탄소세가 적용되면서 CCS 기술이 주목받기 시작했다. 이에 1990년대부터 CCS 기술이 본격적으로 도입되며, 특히 석유 증산 기술에 활용되는 이산화탄소 주입 공법과 결합한 CCS 기술이 1990년대 중반부터 상용화되기 시작했다.

최초의 대규모 CCS 기술 프로젝트는 노르웨이의 슬라이프너 프로젝트다. 이 프로젝트 이후 세계 각국에서 CCS 프로젝트가 진행되었는데, 그 규모는 수백 톤급 소규모 프로젝트부터 100만 톤급 대규모 프로젝트까지 다양했다. 대표적인 대규모 프로젝트로는 노르웨이의 스노빗 프로젝트, 알제리의 인살라 프로젝트, 캐나다의 웨이번 프로젝트가 있으며, 대표적인 소규모 프로젝트로는 독일의 켓친 프로젝트, 일본의 나가오카 프로젝트, 호주의 오트웨이 프로젝트, 네덜란드의 K-12B 프로젝트 등이 있다. 그러다가 2010년 중반 CCS 프로젝트는 침체기를 맞게 된다. 경제성·수용성 문제와 더불어 안전성에 대한 우려가 발생하면서 영국과 네덜란드가 계획 중인 프로젝트를 중단 혹은 연기했고, 이러한 흐름은 CCS 기술에 대한 우려를 더욱 증폭시켰다. 게다가 국제사회의 석탄 화력 발전 퇴출 움직임과 맞물려 CCS 기술에 대한 회의론까지 대두되었다.

그러나 파리협정이 체결 및 발효되면서 상황은 반전되었다. 온실가스 감축이라는 인류 공통 문제를 해결하기 위해 기술 개발 및 제도 개선으로 CCS 기술의 안전성과 경제성을 확보할 수 있다는 공감대가 형성된 것이다. 이러한 패러다임 전환은 2010년대 후반 각국의 대규모 CCS 프로젝트가 잇달아 추진되면서 보다 구체화되었다.

2010년대 후반에 착수된 대규모 CCS 프로젝트에는 캐나다의 퀘스트 프로젝트, 호주의 고르곤 프로젝트, 미국의 페트로노바 프로젝트 및 일리노이 프로젝트, 일본의 토모코마이 프로젝트 등이 있다. 이러한 흐름은 2020년대 초까지 이어지면서 노르웨이의 노던라이트 프로젝트, 네덜란드의 로테르담 프로젝트, 중국의 양창 프로젝트 및 길림 프로젝트 등이 현재 건설 중이거나 투자가 확정되었다. 현재 세계 각국에서 준비하거나 계획 중인 CCS 프로젝트는 40여 개에 달한다.

2050년까지 탄소중립을 선언한 대부분의 국가에서 CCS 프로젝트를 준비하고 있으며, 이를 통해 약 50억 톤의 온실가스를 감축할 계획이다. 이러한 계획이 실현되려면 대규모 이산화탄소 저장소의 확보와 CCS 기술의 고도화, 사업 대형화를 통한 경제성 확보 등이 필요하다. 따라서 미국·영국·호주·캐나다·노르웨이 등 주요국들은 정부 차원의 재정 지원, 제도 혁신, 기금 조성 등을 통해 CCS 상용화를 위한 적극적인 투자를 진행 중이다.

## 해외 CCU 프로젝트

CCU 기술은 CCS 기술에 비해 상용화 속도가 늦은 편이다. 통계자료에 따르면 2020년 기준으로 CCU 관련 상용화 사업은 10개 미만이며, 사업화된 프로젝트의 온실가스 감축 규모도 작은 편이다. 그러나 각국의 탄소중립 선언과 함께 CCU 기술에 대한 관심이 점점 높아지고 있으며, 온실가스 감축 기여도 역시 증가할 것으로 전망된다.

현재 CCU 기술은 미국·유럽·호주·중국·인도 등에서 활발하게 도입되고 있으며, 일본도 탄소순환 경제를 강조하면서 CCU 기술 개발에 박차를 가하고 있다. 유럽의 경우 독일·영국·노르웨이·네덜란드 등이 기술 개발을 선도하고 있는데, 광물탄산화 기술이 가장 상용화에 근접해 있다. 건축자재 생산 및 시멘트 양생 기술의 경우 미국·캐나다·네덜란드 등이 선도하고 있다. 화학적 전환 기술의 경우 고분자 화합물 및 메탄올 제조 공정에서 유럽과 일본이 성과를 내고 있다. 생물학적 전환 기술의 경우 미국과 독일에서 바이오 연료 제조 분야의 실증 수준 연구가 진행 중이다.

CCU 기술은 2050 탄소중립 실현을 위해 그 중요성과 기여도가 점차 커질 것으로 예상된다. IEA는 CCU 기술을 통한 2050년 글로벌 온실가스 감축량을 약 2.5억~5억 톤으로 예측하고 있다. 특히 대규모 저장소의 부재로 CCS 기술 적용이 어려운 국가에서는 CCU 기술에 대한 의존도가 점차 확대될 것으로 보인다.

## 해외 CCU 프로젝트 추진 현황

※ K-CCUS 추진단 제공

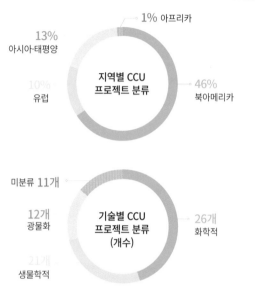

지역별 CCU
프로젝트 분류

1% 아프리카

13%
아시아·태평양

10%
유럽

46%
북아메리카

미분류 11개

기술별 CCU
프로젝트 분류
(개수)

12개
광물화

21개
생물학적

26개
화학적

## 주요 국가별 CCU 프로젝트 기술의 분류

※ K-CCUS 추진단 제공

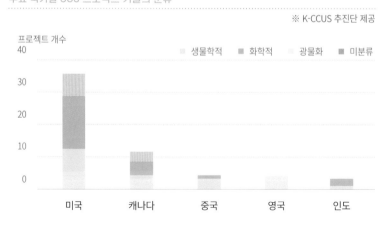

프로젝트 개수

생물학적　화학적　광물화　미분류

미국　캐나다　중국　영국　인도

## 우리나라 CCUS 기술 현황

국내 CCUS 기술은 현재 기술 개발 단계다. 상업적 규모의 대규모 프로젝트가 없으며, 기술 개발 수준도 선진국 대비 80% 정도다. 사실 2000년대 초부터 이산화탄소 저감을 위한 다각적인 연구가 진행되었고 정부의 적극적인 연구 개발 투자가 이뤄진 점을 감안하면 초라한 성적표가 아닐 수 없다. 우리나라는 2010년부터 '국가 CCS 종합 추진 계획'을 수립해 광범위하고 체계적인 기술 개발 투자를 진행해 왔으나, 계획 종료 시점인 2020년까지 CCUS 기술 개발 및 실증 목표 달성에 실패하였다.

CCUS가 향후 온실가스 감축과 탄소중립 실현에 기여하려면 과거 '국가 CCS 종합 추진 계획'이 실패한 원인에 대해 객관적·종합적 평가가 선행되어야 한다. 그동안의 평가를 바탕으로 실패 이유를 분석해 보면 무리한 목표 설정, 기술 개발 전략의 오류, 부처 간 갈등, 정부의 일관되지 않은 정책 의지, 편중된 예산 지원, 기술 개발에 참여한 연구자들의 능력과 책임감 부족 등이 꼽힌다.

그러나 국내 CCUS 기술 개발의 성과를 모두 무시해서는 안 된다. 특히 포집 분야에서는 세계 최고 수준의 연소 후 습식 포집 기술을 개발하여 실증에 성공한 바 있으며, 연소 후 건식 포집 기술의 경우 세계 최대 규모의 실증을 완료했다. 저장 분야는 가장 지원이 부족했고 기술 개발 착수도 늦었지만 2017년 국내 기술을 기반으로 주입 실증에 성공하기도 했다. 활용 분야는 2010년 이후 기술 개발이 본격적으로 시작되었는데, 플랫폼화합물 및 고분자화합물 제조, 광물탄산화, 미세조류 균주 개발 및 배양 등이 실증 수준의 연구로 발전하고 있다.

2020년 탄소중립 선언 이후 CCUS에 대한 우리나라의 관심도 뜨거워졌다. 기대와 우려가 동시에 쏟아지고 있으며, 비과학적이고 정제되지 않은 주장들이 난무한다. 이러한 관심이 그동안 주목받지 못했던 CCUS의 활성화에 기여할 수 있을지도 모른다. 하지만 지나친 과열은 이제 겨우 초기 단계인 CCUS 기술의 도입·확산을 위해 결코 바람직하지 않다.

2021년은 CCUS 기술 개발 및 상용화를 위해 새로운 전략을 수립하는 전환점이었다. 관계 부처 합동으로 CCUS의 기술 기반을 구축하기 위한 다부처 사업이 시작되었고, CCU 로드맵이 발표되었으며, 연말에는 CCS 예비 타당성 조사가 시작될 예정이다. 또한 잠시 중단되었던 정부 주도의 기술 개발도 재개되는 등 의미 있는 진전이 많았다.

2022년부터는 수립된 계획을 기반으로 실질적인 실행이 본격적으로 이루어진다. CCUS 분야의 혁신적 기술 개발과 실증 목표를 달성하기 위해 정부와 산학연의 긴밀한 협력이 필요하다. 기술 상용화를 촉진하기 위한 기업 지원과 제도적 개선도 준비해야 한다. 특별히 관심을 끄는 것은 CCUS 산업 육성과 안전 관리를 위한 법률을 제정하는 일이다. CCUS 기술의 도입과 확산을 위해 법률적 정비가 필요하며, 법률안 제정은 CCUS 상용화에 기폭제 역할을 할 것이다.

### 국내 이산화탄소 저장소 확보 전략

전 세계적으로 이산화탄소 저장소는 적게는 수백억 톤에서 많게는 수

십조 톤에 달할 것으로 조사되고 있다. 가장 최근 발표에 따르면 전세계 이산화탄소 저장 용량은 8조~55조 톤으로 추산되며, 가장 보수적인 평가 결과도 2,200만 톤 수준이다. 사회적 수용성 문제가 비교적 적은 해양 저장소만으로 한정해도 2조~13조 톤으로 온실가스 감축 실현을 위해 충분하다는 평가다.

국내에서는 지난 30여 년 동안 대륙붕 석유 가스 탐사를 목적으로 한반도 인근 해역 심부 지층에 대한 물리탐사가 진행되었다. 또한 석유 가스 자원 확보를 위한 탐사시추도 동해·서해·남해 해역에서 30여 공 이상 시행되었다. 이러한 자료를 바탕으로 2010년 이후 종합적인 저장소 유망 구조 및 저장 용량 평가가 진행되었다.

2015년 지질과학 공동 학술 대회 발표에 따르면, 한반도 주변 해역 저장 용량은 동해 서남부 대륙붕의 경우 약 2억 톤 이상, 서해 군산 분지의 경우 약 4억 톤 이상으로 조사되었다. 남해 대륙붕이나 동해 심해 지층의 경우 저장소의 규모나 지리적 조건으로 인해 한계형 저장소로 평가되었으나 저장 용량은 2억 톤을 상회할 것으로 추산되었다. 따라서 이 종합 발표 이후 한반도 주변 해역의 이산화탄소 저장 용량은 최소 8억 톤 규모로 제시되고 있다.

2020년 탄소중립 선언 이후 CCUS 사업의 조기 착수를 위해 이산화탄소 저장소 확보 및 종합 탐사 사업 추진이 최우선 과제로 제시되었다. 2022년에는 관계 부처 합동 사업을 통해 서해 군산 분지에서 탐사시추가 예정되어 있으며, 우리나라 최초로 한반도 주변 해역 이산화탄소 저장소 유망 구조 및 저장 용량 평가를 위한 종합 탐사 사업도 계획되어 있다.

## 한국 CO₂ 저장소 저장 용량 평가 결과 요약

※ 대한지질학회, 대한자원환경지질학회(2015), "춘계지질과학기술 공동학술대회 특별세션"

| 저장소 위치 | 평가 단계 | 예측 저장량 | 발표 기관 |
|---|---|---|---|
| 동해 서남부 대륙붕 | 2단계 | 약 19억 톤 | 한국석유공사, 한국지질자원연구원, 공주대 |
| | 2.5단계 | 약 3억 톤 | |
| 황해 대륙붕 군산분지 | 2단계 | 약 100억 톤 | 한국석유공사, 한국지질자원연구원 |
| | 2.5단계 | 약 4어 톤 | |
| 남해 대륙붕 소분지 | 2단계 | 약 200억 톤 | 한국석유공사, 부경대 |
| | 2.5단계 | 미 분석 | |
| 남해 대륙붕 비석유분지 | 2단계 | 약 40억 톤 | 한국지질자원연구원, 공주대 |
| | 2.5단계 | 약 2억 톤 | |
| 동해 심부 울릉분지 | 2단계 | 최소 2억 톤 | 한국석유공사 |
| 동해 연안 북평분지 | 2단계 | 약 1.4억 톤 | 공주대, 한국지질자원연구원 |
| 동해 연안 포항분지 | 2.5단계 | 최소 27만 톤 | 공주대, 한국지질자원연구원 |
| 경북 포항시 장기분지 | 2단계 | 약 2,500만 톤 | 한국지질자원연구원 |

현재 기존 석유 가스 탐사 자료를 기반으로 진행된 저장소 탐색 결과, 약 40여 개의 유망 구조가 도출되었으며, 3차원 정밀 물리탐사와 탐사시추를 통해 저장소 유망 구조를 평가할 예정이다. 또한 종합 탐사 사업에서는 석유 가스 탐사 대상에서 제외된 비석유 분지 대륙붕 및 심해 지층에 대한 광역 물리탐사를 병행하여 저장소 유망 구조 및 저장 용량 추가 확보를 위한 조사도 진행할 예정이다.

## 국내 CCUS 활성화를 위한 필요조건들

국내 CCUS 기술 개발 및 상용화는 선진국에 비해 늦은 편이다. 그 때문에 합리적인 추진 전략을 수립하여 체계적으로 수행할 필요가 있다. 국내 CCUS 추진 전략의 핵심은 대규모 저장소 조기 확보, 포집원 다변화 및 포집 기술 최적화, 해양 탄소 저장 사업의 대형화, 탄소 활용기술의 혁신, 권역별 허브 및 클러스터 구축, 경제적 지원 제도의 수립, CCUS 관련 법률안 정비 등이다.

### ① 대규모 저장소 확보

대규모 저장소 확보는 CCUS 도입 및 확산의 필수조건이다. 대규모 저장소가 조기에 확보되어야 구체적인 CCUS 상용화 전략 수립이 가능하기 때문이다. 동해 서남부 대륙붕, 서해 대륙붕 군산 분지, 남해 대륙붕 비석유 분지, 동해 심해 심부 지층 저장소를 대상으로 이산화탄소 저장소 탐사 및 평가가 조속히 이루어져야 할 것이다. 이와 함께 한·중 및 한·일 공동수역 저장소 탐사도 병행되어야 한다. 북해 모델처럼 인접 국가가 대륙붕 공동수역을 이산화탄소 저장소로 활용하는 사례가 점차로 늘어나고 있기 때문에 북한은 물론 중국 및 일본과 공동수역의 심부 지층을 이산화탄소 저장소로 공동 활용하는 방안을 적극적으로 모색할 필요가 있다.

### ② 포집원 다변화 및 포집 기술 최적화

최근까지 가장 중요하게 인식된 포집원은 석탄화력발전소였으나, 탄소중립 선언 이후 탈석탄 기조가 분명해지면서 포집원도 다변화되고 있다. 발전 분야에서는 석탄 발전에서 LNG 발전으로 전환되면서 LNG 발전 포집 기술이 주목받고 있다. 산업계에서는 철강, 석유화학, 시멘트, 수소, 정유 산업에서의 포집이 강조되고 있다. 특히 수소 산업이 급속하게 활성화되면서 주요 포집원으로 대두되고 있다. 반면 전통적인 다배출원인 철강의 경우 수소환원제철로 빠르게 전환되면 과거보다는 포집 중요성이 낮아질 수도 있다. 또한 바이오매스의 이용이나 탄소 네거티브 기술에 대한 수요가 커지면서 바이오 연료의 연소 포집 역시 중요한 포집 대상이 되고 있다.

CCU 기술 기반 탄소순환 미래 사회

※ 관계 부처 합동, 2021

무탄소 발전소 및 산업 공정

CO2 합성연료, 바이오디젤

재생에너지 저장

기능성 바이오 소재

탄소순환

블루 수소 생산

시멘트, 콘크리트 대체 건설 소재

탄소 소재

일상화학제품 (플라스틱)

이렇게 포집원이 다변화되면서 각각의 특성에 맞는 포집 기술의 최적화가 이루어지고 있다. 포집원별로 배가스의 온도·압력·조성이 다르기 때문에 포집 방식과 포집제 및 포집 공정에 차이가 있으며, 따라서 포집원별로 포집 기술의 최적화가 필요하다.

LNG 발전 포집의 경우 배가스 내의 이산화탄소 농도가 비교적 낮기 때문에 기존의 석탄 발전 포집에 비해 효율이 낮으며, 비용도 높을 수밖에 없다. 배가스 농도가 상대적으로 낮은 일부 산업계 포집 역시 비슷한 상황이다. 따라서 포집 기술 최적화는 매우 중요한 문제다. 반면, 고압 상태의 포집이 가능한 일부 산업계 포집의 경우 포집 에너지가 적게 들고 포집 효율은 높기 때문에 최적화로 상용화를 보다 앞당길 수 있다. 이런 측면에서 포집 기술의 최적화 및 고도화는 탄소 포집 사업의 경제성 확보를 위한 최우선 과제라고 할 수 있다.

### ③ 해양 탄소 저장 사업의 대형화

우리나라의 경우 대규모 저장소가 해양에 위치하고 있어 대부분의 CCS 사업이 해양에서 수행될 것이다. 대규모 시설 사업인 해양 지중 저장 사업의 특성상 대형화가 필수이며, 해양 지중 저장에 특화된 기술력도 요구된다. 따라서 해양 플랜트 제조 및 구축 기술이 기본이 될 것이며, 해양 시추 및 완결 기술과 해저 주입 설비 제작 및 구축 기술이 핵심 전략 기술이 될 것으로 예상된다. 또한 해양 지중 저장 프로젝트가 확산되면 허브에서 저장소를 확장·연결하는 해양 저장 허브 프로젝트도 필요해질 것이다. 이러한 저장 허브 프로젝트를 구성할 경우 배관 수송 체계를 공유할 수 있어 시설 투자비를 절약할 수 있으며, 궁극적으로 CCS 사업의 경제성 개선에 도움을 줄 것이다.

### ④ 탄소 활용 기술의 혁신

탄소 활용 기술의 경우 기술 개발 단계에서 조기 실증화 전략을 통해 상용화 대상 과제를 발굴하고 집중적으로 투자하여 시장을 형성하는 것이 필요하다. 탄소 활용 기술의 조기 실증화는 정부 주도의 대형 재정 투자 사업으로 추진하는 것이 바람직하며, 민간 기업은 정부의 경제적 지원이 전제되어야 탄소 활용 기술의 도입을 적극적으로 검토할 것이다. 따라서 경제적 지원 제도의 마련은 탄소 활용 사업의 경제적 기반을 조성하는 핵심 전제가 될 것이다.

### ⑤ CCUS 활성화를 위한 법률 정비

현재 CCUS 관련 단일법은 존재하지 않으며, 기존 법률 체계에서 조각적으로 관련 사항을 규정해 왔다. 이에 따라 수많은 법률적 공백과 충돌이 발생하고 있다. 이러한 법률적 미비 상황을 해결하기 위해 CCUS 관련 단일법 제정이 필요하다. CCUS 관련 단일법은 단순히 법률적 공백과 충돌을 해결하는 것에 그치지 않고 CCUS 산업의 육성과 안전 관리에 대한 내용까지 담게 될 것이다. 또한 CCUS 사업에 필요한 경제적 지원 제도와 수용성 확보를 위한 절차가 마련되고, 안전관리 지침과 매뉴얼 역시 하위 법령을 통해 만들어질 것이다. 이러한 제도적 기반 조성은 CCUS 사업을 도입·확산하는 데 매우 중요한 초석이 될 것이다.

## 해외 CCUS 사업의 추진 필요성

CCUS 기술을 통한 온실가스 감축은 기본적으로 국내 감축 목표를 달성하기 위한 전략으로 구성된다. 그러나 국내의 경우 이산화탄소 저장소가 미국·중국·영국·캐나다·호주 등과 비교해 충분하지 않다. 따라서 CCUS를 통한 온실가스 감축량 증대를 위해서는 해외 사업 추진을 병행할 필요가 있다.

CCUS 해외 사업의 경우 감축량 교환을 위한 크레딧 메커니즘의 구축, 원거리 수송에 따른 경제성의 극복, 국제간 수송을 위한 법률 및 제도 정비 등이 전제되어야 한다. 국제적으로 양자 간 혹은 다자 간 크레딧 메커니즘을 이용한 다양한 크레딧 거래 체제가 도입되고 있으며, 이러한 크레딧 거래 체제는 청정에너지 개발 체제와 함께 CCUS 해외 사업 활성화에 중요한 기틀을 제공할 것이다.

국제간 이산화탄소 운송의 경우, 런던협정 개정을 통해 해양 지중 저장을 위한 이산화탄소의 수송이 당사국 간의 동의 및 협약으로 가능해졌다. 육상에서의 저장 및 활용을 위한 이산화탄소의 국제 운송 역시 사실상 허용되었다. 따라서 CCUS 해외 사업이 활성화되기 위해서는 상대국과의 동의 및 협약 체결이 선행되어야 하며, 이를 위한 외교적 노력도 병행되어야 할 것이다.

단, CCUS 해외 사업의 경제성 확보는 반드시 넘어야 할 장애물이다. 현재 이산화탄소 원거리 수송 체계가 구축되어 있지 않으며, 이산화탄소 수송선도 작은 규모로만 운영되고 있어 대형화가 필요한 상황이다. 이러한 원거리 수송뿐만 아니라 부두, 상·하역 시설, 재송출 시설 등 수송 체계가 복잡해지면서 비용이 상승하기 때문에 해외

CCUS 사업은 국내 CCUS 사업에 비해 경제성이 떨어진다. 따라서 부족한 경제성을 보완하기 위한 다양한 방안들이 제시되고 있는데, 특히 다른 신산업 분야와의 융복합 사업이 적극적으로 검토되고 있다.

최근 가장 주목받고 있는 것은 CCUS 산업과 수소 산업의 융복합이다. 특히 블루 수소 생산 과정에서 배출되는 이산화탄소를 CCUS 기술로 처리하여 경제성을 보완하는 방안이 대두되고 있다. 석유 가스 개발 산업과 수소 산업을 연계해 CCUS 기술로 이산화탄소를 처리하는 사업 모델도 활발하게 논의되고 있다. 대규모 저장소와 저장 사업 인프라가 석유 가스 광구 지역에 위치하기 때문에 CCS 사업과의 융복합이 용이하다는 장점도 있다. 이러한 융복합에 신재생에너지가 공급될 경우 온실가스 감축 효과를 극대화할 수 있을 것이다.

## 탄소중립 실현을 위해
## CCUS는 반드시 필요하다

이제 온실가스 감축은 거스를 수 없는 대세가 되었다. 우리나라도 2050년 탄소중립을 선언했으며, 당장 2030년까지 감축해야 할 목표가 약 3억 톤 수준이다. 경제성장을 이루면서 3억 톤가량의 온실가스 배출을 감축하는 것은 결코 쉬운 일이 아니다. 재생에너지의 확대, 화석연료 대체 기술의 확산, 건물과 수송의 무탄소화, 수소 경제 활성화, 효율 향상 및 수요 관리, 흡수원 강화 등 다양한 온실가스 감축 방안이 적용되어야 한다. 이러한 온실가스 감축 방안 중에서 빼놓을 수 없는 것이 바로 CCUS의 도입과 확산이다.

2050년 탄소중립을 실현하는 과정에서 CCUS의 기여도는 최소 9%에서 최대 24%까지 예상된다. 이 기여도는 개별 국가가 처한 경제적 상황이나 지리적 조건에 따라 큰 차이를 보일 수 있으며, 산업구조의 특성에도 영향을 받을 수 있다. 국토 면적이 넓고, 바다에 접해 있으며, 인구 밀도가 낮지만 산업이 발전된 국가에서는 CCUS를 통한 온실가스 감축 잠재성이 크다. 반면, 국토 면적이 좁고, 내륙에 위치하고 있으며, 인구밀도가 높은 국가에서는 CCUS를 통한 온실가스 감축 기여도가 낮다.

우리나라의 경우 국토 면적이 좁고 인구 밀도가 높은 편이라 CCUS 확산에 다소 불리하지만, 바다에 접해 있고 산업이 고도화되었다는 측면에서 강점도 갖고 있다. 따라서 CCUS가 탄소중립과 온실가스 감축에 실질적으로 기여할 수 있을 것으로 기대를 모으고 있다.

재생에너지 기술이 완벽해질 때까지 당분간은 화석연료에 의존할 수밖에 없다. CCUS는 화석연료를 사용하면서도 탄소중립을 실현할 수 있는 거의 유일한 대안이다. 2050 탄소중립 실현을 위해 정부와 기업이 함께 힘을 모아 CCUS의 상용화를 앞당겨야 할 것이다.

# 09

## 기후위기 국제 협력의
## 두 가지 방향

# 기후위기 국제 협력의
# 두 가지 방향

기후변화는 특정 국가의 문제가 아닌 인류 공동의 문제다.
태풍·가뭄·한파 등 기후변화로 인한 피해는 지구 곳곳에 영향을 미치며,
누구든 피해자가 될 수 있다. 기후위기 해결은 한 국가의 노력으로는 불가능하며,
높은 수준의 국제 협력이 요구된다. 그동안 기후변화와 관련된 국제 협력이
어떻게 추진되어 왔으며, 탄소중립을 위해
우리는 앞으로 어떻게 세계와 협력해야 하는지 살펴본다.

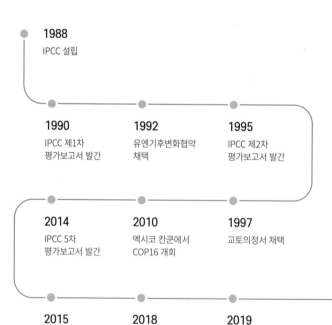

**1988**
IPCC 설립

**1990**
IPCC 제1차
평가보고서 발간

**1992**
유엔기후변화협약
채택

**1995**
IPCC 제2차
평가보고서 발간

**2014**
IPCC 5차
평가보고서 발간

**2010**
멕시코 칸쿤에서
COP16 개회

**1997**
교토의정서 채택

**2015**
- 파리협정 채택
- 유엔 지속가능개발
  목표(SDGs) 설정

**2018**
IPCC 「지구온난화
1.5도」 특별보고서 발간

**2019**
- 유럽 그린딜 발표
- UNFCCC COP25에서
  73개국이 기후목표상향동맹 결성

- 각종 기후변화 영향에 대응하여 그 피해를 최소화하고 회복력을 강화하기 위한 국제 협력
- 주로 선진국 또는 국제기구가 개도국을 지원하는 형태로 이루어지는 국제 협력

**'완화'**의 국제 협력

**국제 협력 유형**

**'적응'**의 국제 협력

- 기후변화의 가장 큰 원인인 온실가스 배출량을 줄이기 위한 국제 협력
- 일반적으로 선진국과 선진국 간, 선진국과 개도국 간 이루어지는 국제 협력

**2020**
중국, 일본, 한국
탄소중립 선언

**2021**
미국 기후정상회의 개최

**2022**
IPCC 제6차
평가보고서 발간(예정)

## 우리 혼자 힘으로는 어렵다:
## 국제 협력의 필요성

기후변화는 인류의 생존을 위협하는 전 세계적 안보 문제로 떠올랐다. 이를 막기 위해 국제사회는 2015년 파리협정을 채택했다. 이 협정은 ① 산업화 이전 수준 대비 지구 평균기온 상승을 2℃보다 현저히 낮게 유지(가급적 1.5℃ 이하로 제한), ② 기후 회복력(기후변화 적응) 배양과 온실가스 저배출 발전(기후변화 완화), ③ 이러한 방향에 부합하는 재정 흐름의 조성을 3대 목표로 설정하였다. 더불어 이 과정에서 기후변화에 취약한 개도국의 특수한 상황을 고려해야 하며, 국제 협력을 통해 개도국의 기후변화 완화 및 적응에 필요한 재정 지원과 기술 이전이 이루어져야 한다고 명시하였다.

이처럼 기후위기 해결과 탄소중립 달성을 위해서는 높은 수준의 국제 협력이 요구되며, 사실상 국제 협력 없이 기후변화 해결은 불가능하다. 그렇다면 어떤 방식으로 국제 협력이 이뤄져야 할까? 파리협정에서 규정된 국제 협력 내용을 살펴보면 두 가지 지향점을 발견할 수 있다. 온실가스를 대량 배출하는 선진국/강대국 간의 '완화' 협력, 그리고 기후변화의 책임은 적지만 피해는 크게 입는 개도국과의 '적응' 협력이다.

전자는 '공유지의 비극'*을 해결하기 위해 당사자 간 합의를 이루고 이를 준수·촉진하기 위한 협력이다. 산업화 이후 개별 국가들은 각자의 이익을 극대화하는 과정에서 과도한 온실가스를 배출하였으며, 그 결과 기후위기가 가속화되고 있다. 이를 해결하기 위해서는 개별 행위자의 극단적인 이익 추구가 전체의 공멸을 가져올 것이라는 점을 모든 행위자가 인식해야 한다. 또한 기존의 공유지(기후) 소비 방식을 완전히 바꾸는 제도에 합의해야 하며, 의지를 갖고 합의된 제도에 순응해야 한다. 이에 더하여, 발전을 추구하는 행위자(개도국)가 기존의 '쉽고도 위험한' 발전 모델을 단념하고 지속 가능한 저탄소 발전 경로를 따를 수 있도록 발전된 행위자(선진국)의 충분한 재정적·기술적 지원이 필요하다. 현재 세계적인 패러다임이 된 '탄소중립'은 이러한 국제 협력 방식을 대표한다고 할 수 있다. 즉, 선진국 각자가 온실가스 감축 목표를 상향하여 중·장기적인 탄소중립을 달성하기 위해 노력하고, 이를 제도적으로 점검·촉진하기 위한 방법을 모색하며, 저탄소 전환 역량이

**공유지의 비극**

1968년 미국의 생태학자 개릿 하딘이 고안한 개념. 공유지에 저마다 소를 끌고 와 최대한으로 풀을 먹이면 결국 목초가 고갈되어 공유지는 황폐화되고 모두가 피해를 본다는 내용이다. 공동체가 함께 사용하는 분야에서 개인의 이기심만 추구하다 보면 공동체 전체가 파국을 맞는다는 것을 의미

부족한 개도국을 재정적·기술적으로 돕는 것이 '완화' 국제 협력의 핵심이다.

한편, '소를 많이 갖고 있지 못해서 공유지의 풀을 아주 조금만 먹인' 개도국은 공유지 황폐화에 대한 책임은 거의 없으나 피해는 상대적으로 가장 크게 입는다. 기후변화는 어려운 국가를 더욱 어렵게 만드는데, 많은 개도국이 기후변화로 인한 재난·재해를 감당할 국가적 역량을 갖고 있지 못하기 때문이다. 따라서 이 경우에는 개도국이 기후 회복력을 높일 수 있도록 보건·위생, 식량, 물 안보, 지역공동체 및 생태계의 기후 회복력 강화 등을 국제사회에서 재정적·기술적으로 지원하는 것이 필요하다. '적응'의 국제 협력은 온실가스 대량 배출국들의 탄소중립 추진 과정에서 자칫 간과할 수 있는 부분이다. 무엇보다 개도국의 피해는 지금껏 온실가스를 대량 배출하며 발전해 온 선진국의 탓이 큰 만큼, 이는 인도주의적 차원을 넘어 선진국의 당연한 책임이라고 할 수 있다.

## 전 세계가 함께 온실가스 배출량을 줄인다
## : '완화'의 국제 협력

### IPCC 평가 보고서와 탄소 예산

기후변화 완화의 국제 협력을 논의하기에 앞서 두 가지 사실을 확인해 보자. 인류는 앞으로 얼마나 더 온실가스를 배출할까? 그리고 현재 누가, 얼마만큼 온실가스를 배출하고 있을까? 특정한 지구 평균기온 값을 유지하기 위해 인류가 배출할 수 있는 이산화탄소의 허용량을 탄소 예산(Carbon Budget)이라고 부른다. 파리협정의 목표(산업화 이전 시기 대비 1.5~2℃ 상승)를 달성하기 위한 이산화탄소 배출 허용량을 가장 일반적인 탄소 예산으로 산정한다. 그렇다면 가장 공신력 있는 기관에서 산정한 탄소 예산은 어느 정도일까?

전 세계에서 기후변화에 대해 과학적인 현황·전망을 제시하는 가장 공신력 있는 기관은 기후변화에 관한 국가 간 협의체(IPCC)이다. 이는 1988년 세계기상기구(WMO)와 유엔환경계획(UNEP)이 공동 설립한 국제기구로서, 기후변화의 과학적 규명, 기후변화의 영향·적응·취약성 분석, 기후변화 완화에 대한 세계 각지의 연구를 5~7년 주기로 취합·분석·평가한 후 평가 보고서를 발간해 왔다. IPCC가 발간한 제1차 평가 보고서(1990)는 유엔기후변화협약(UNFCCC: United Nations Framework Convention on Climate Change)의 채택(1992)으로 이어졌고, 제2차 평가 보고서(1995)는 교토의정서의 채택(1997), 제5차 평가 보고서(2014)는 파리협정의 채택(2015)으로 이어질 만큼 기후변화의 과학적 규명과 완화 대책 수립에 있어 결정적인 역할을 담당해 왔다. 제6차 평가 보고서는 2022년 출간될 예정인데, 2021년 8월 9일에 기후변화의 과학적 기반을 다룬 제1 작업반 평가 보고서가 공개되었으며, 제2 작업반(기후변화의 영향·적응·취약성)과 제3 작업반(기후변화 완화) 보고서는 2022년에 발간될 예정이다.

IPCC 제1 작업반 평가 보고서에 따르면, 50%의 확률로 1.5℃ 목표를 달성하기 위한 탄소 예산은 이산화탄소 약 4,600억 톤이다. 그리고 이보다 더 높은 66%의 확률로 1.5℃ 목표를 달성하기 위해서는 앞으로 이산화탄소를 약 3,600억 톤만 배출해야 한다. 2℃ 목표는 어떨까? 50% 확률로 배출할 수 있는 이산화탄소의 양은 1조 3,100억 톤, 66% 확률로는 1조 1,100억 톤이다. 그렇다면 우리에게 남은 시간은 어느 정도일까? 2019년 기준 모든 국가가 1년에 배출한 이산화탄소량은 약 350억 톤이었다. 이 추세가 계속된다면, 2029~2030년경 1.5℃ 목표 달성은 불가능해진다. 그리고 2048~2053년경에는 2℃ 목표마저 지킬 수 없게 된다.

## 교토 기후 체제의 붕괴 위기

이제 이 350억 톤을 국가별로 나눠서 확인해 보자. 세계 이산화탄소 배출량의 1% 이상을 차지하는 국가는 20개이며, 이 20개국이 전 세계 배출량의 약 80%를 차지한다. 세계 선진국 그룹인 G7(푸른색) 및 BASIC(브라질, 남아공, 인도, 중국)과 BRICS(브라질, 러시아, 인도, 중국, 남아공)에 속하는 러시아와 신흥 개도국들(붉은색)은 모두 이 명단에 속해 있다. 그리고 의미심장하게도 이 20개국의 명단은 세계를 이끄는 주요 선진국·개도국 그룹인 G20과 유사하다. G20 회원국에는 아르헨티나와 EU이 포함되며, 이산화탄소 배출량 상위 20개국 명단에는 G20 회원국이 아닌 이란과 폴란드가 들어간다는 점이 다를 뿐이다.

## 2019년 국가별 이산화탄소 배출량 및 비중

※ Statista, "Carbon dioxide emissions in 2009 and 2019, by select country"(2021)

(단위: 억 톤)

| 순위 | 국가 | 배출량 |
|------|------|--------|
| 1위 | 중국 | 101.7(29%) |
| 2위 | 미국 | 52.8(15%) |
| 3위 | 인도 | 26.1(7%) |
| 4위 | 러시아 | 16.7(5%) |
| 5위 | 일본 | 11.0(3%) |
| 6위 | 이란 | 7.8(2%) |
| 7위 | 독일 | 7.0(2%) |
| 8위 | 인도네시아 | 6.1(2%) |
| 9위 | 한국 | 6.1(2%) |
| 10위 | 사우디아라비아 | 5.8(2%) |
| 11위 | 캐나다 | 5.7(2%) |
| 12위 | 남아프리카공화국 | 4.7(1%) |
| 13위 | 브라질 | 4.7(1%) |
| 14위 | 멕시코 | 4.3(1%) |
| 15위 | 호주 | 4.1(1%) |
| 16위 | 터키 | 4.0(1%) |
| 17위 | 영국 | 3.7(1%) |
| 18위 | 이탈리아 | 3.3(1%) |
| 19위 | 프랑스 | 3.2(1%) |
| 20위 | 폴란드 | 3.2(1%) |

즉 선진국뿐 아니라 주요 개도국들도 대량의 온실가스를 배출하고 있으며, 이는 파리협정 채택 이전 교토 기후 체제가 흔들렸던 가장 큰 요인이었다. 1997년 UNFCCC 회원국에 의해 채택된 교토의정서는 이산화탄소 등 6대 온실가스를 대상으로 1990년 대비 2012년까지 5.2% 감축을 목표로 하였다. 하지만 모든 교토의정서 회원국에 감축 의무를 부여한 것은 아니었다. '공동의 그러나 차별화된 책임(CBDR: Common But Differentiated Responsibilities)'이라는 형평성 원칙에 기반을 두어 기후변화에 상대적으로 더 큰 책임을 지닌 38개 선진국에만 온실가스 감축량을 배분하여 감축 의무를 부여하였고, 책임이 상대적으로 적은 개도국에는 개발권을 보장하여 온실가스 감축 의무를 유예하였다.

이로 인해 교토 기후 체제 하에서는 신흥 개도국의 온실가스 배출량 증대를 제어할 방법이 없었다. 중국·인도 등의 온실가스 배출량은 선진국을 능가하여 빠른 속도로 상승하였고, 교토의정서 1기(2008~2012)가 끝난 2013년 이후부터는 신흥 개도국에도 감축 의무 부여가 필요해졌다. 하지만 교토의정서 개선을 논의하기로 했던 2009년 제15차 UNFCCC 당사국총회(COP15)에서 회원국 간 구속력 있는 합의 도출에 실패하였고, 교토 기후 체제의 붕괴로 이어질 수 있는 상황까지 발생했다. 이때의 위기감은 오히려 협상 강화로 이어져, 2년 뒤 남아프리카공화국 더반에서 열린 COP17에서 더반 플랫폼(Durban Platform)을 도출할 수 있었다. 더반협약에서 회원국들은 2015년까지 선진국과 개도국을 망라하여 '모든 회원국에 적용되는' 새로운 법규를 만들고, 교토의정서 시효가 종료되는 2020년 이후부터 적용하기로 약속했다. 그 결과 채택·발효된 것이 파리협정으로, 2021년 1월 1일부로 파리 기후 체제가 공식 출범하였다.

## 파리협정의 출범과 한계

그렇다면 파리협정은 교토의정서의 문제를 어떻게 해결했을까? 우선, 선진국과 개도국에 차별화된 감축 의무를 부여했던 문제는 더반 플랫폼 합의를 통해 해결하였다. 새로운 기후 체제에서는 선진국과 개도국을 가리지 않고 모든 국가가 온실가스 감축에 참여하는 것으로 결정된 것이다. 그러면 모든 회원국에 어떻게 감축량을 배분하고 감축 의무를 부여했을까? 결론적으로 말하면 파리협정에서는 감축량을 배분하지 않았고, 감축 의무도 부여하지 않았다. 하향식으로 국가별 감축량을 배분했던 교토의정서와 달리, 파리협정은 각 국가가 자발적으로 온실가스 감축 목표 및 이를 달성하기 위한 계획을 담은 국가결정기여(NDC)를 제출하고, 투명한 방식에 따라 그 결과를 산정하여 2023년부터 5년마다 보고하는 자발적·상향식 체제로 이루어졌다. 온실가스 감축을 의무로 규정했던 교토의정서와 달리, 파리협정에서는 온실가스 감축을 국가의 자발적 방식에 위임하고 NDC의 수립 및 주기적인 결과 보고를 의무로 규정한 것이다. 포스트 교토 체제 수립을 위한 협상 과정에서 '감축량 및 감축 의무의 하향식 부여'에 대한 합의에 이르지 못했고, 만약 합의에 이르렀다 해도 이에 동의하지 않는 국가들의 대거 탈퇴가 예상되었기 때문에 모두가 참여할 수 있는 '낮은 기준의 국제 협약'으로 출범시킨 것이 파리협정이었다. 따라서 이는 교토 기후 체제의 문제를 절반만 해결했다고 할 수 있다. 개도국을 포함한 모든 국가의 참여를 이루어냈으나, 실질적인 온실가스 감축으로 이어지게 할 방안은 마련되지 않은 것이다.

2015년 기후행동추적이 분석한 바에 따르면, 파리협정에 제출된 주요국들의 NDC를 취합하면 2100년까지 지구 평균기온 2.7℃ 상승이 예상된다. 즉, 파리협정을 준수하여 제출한 각국의 NDC를 모두 달성한다고 해도 1.5~2℃라는 파리협정의 목표에는 도달하지 못하는 것이다. 개별 국가들의 자발적 목표 달성이 전체의 목표 달성으로 이어지지 않는다면 개별 국가들, 특히 온실가스 주요 배출국들의 목표를 더 높게 잡아야 한다. 이에 국제사회에서는 각국이 기존의 온실가스 감축 목표를 상향하여 NDC를 다시 수립·제출해야 한다는 목소리가 높아졌다. 이러한 가운데 IPCC는 2018년 발간한 「지구온난화 1.5℃」 특별보고서에서 파리협정 목표 달성을 위한 '매직 넘버'를 제시하였다. 2100년까지 지구 평균기온 상승 폭을 1.5℃ 이내로 제한하려면 2030년까지 2010년 대비 최소 45% 감축, 2050년까지 순배출량 제로 (탄소중립)에 도달해야 하고, 2℃ 이내로 제한하려면 2030년까지 2010년 대비 25% 감축, 2070년 탄소중립에 도달해야 한다는 것이었다.

## 유럽 그린딜: 그린뉴딜과 탄소중립

NDC 상향 요청 및 매직 넘버에 가장 빠르게 반응한 것은 국제사회의 기후변화 대응을 이끌어 온 EU였다. 2019년 12월 1일 유럽위원회 신임 위원장이 된 우르줄라 폰 데어 라이엔은 같은 달 11일 '유럽 그린딜(European Green Deal)'을 발표하면서 기후변화 대응을 통한 지속 가능한 성장인 '그린뉴딜'과 탈탄소 사회로의 전환인 '탄소중립'이라는 두 프레임을 정책적으로 제시했다. 유럽 그린딜은 8대 정책, 5대 지속

가능성 주류화 전략, 그리고 외교와 기후협약으로 구성되었다. EU는 8대 정책 중 첫째로 '2030년 및 2050년 EU 기후변화 대응 목표의 상향 조정'을 설정하여 기존의 온실가스 감축 목표를 대폭 상향 조정했다. 1990년 배출량 대비 2030년까지 40%, 2050년까지 60% 감축을 목표로 했던 기존 계획을 조정하여, 2030년까지 50~55% 감축과 2050년까지 '기후중립(Climate Neutrality)' 달성을 선언한 것이다.

EU는 이러한 감축 목표 달성에 법적 구속력을 부여할 유럽기후법 제정을 추진하면서 향후 10년간 최소 1조 유로(약 1,400억 원)를 투자하겠다는 계획을 밝혔다. 그리고 2021년 6월 28일 유럽기후법을 제정하여, 2030년까지 1990년 대비 55% 이상 온실가스 배출량 감축과 2050년 기후중립 달성을 법제화하였다. EU는 이러한 역내 규제 강화로 인한 자국 기업들의 해외 유출(탄소 누출)을 우려하여, 수입 제품에 EU 수준의 탄소 비용을 부과하는 탄소국경조정제도(CBAM: Carbon Border Adjustment Mechanism) 도입을 선언하고, 2021년 7월 14일 법안을 발의했다. 하향식 의무 부여 없이 각국의 자발적 행동을 원칙으로 하는 파리협정과는 달리, 국제적인 통상 규칙 제정을 통해 탄소 비용의 부과를 강제하는 CBAM의 도입은 파리협정에서 해결하지 못했던 문제를 풀 수 있는 하나의 해법이라고 볼 수 있다. 하지만 동시에 파리협정이 봉합한 갈등의 원천을 다시 부각시키는 것이기도 하다.

### 세계 각국의 탄소중립 선언

유럽 그린딜에서 EU가 핵심 프레임으로 삼은 '그린뉴딜'과 '탄소중립'은 세계 각국에 큰 영향을 미쳤다. 2019년 12월에 열린 UNFCCC

COP25에서 73개국이 국가 온실가스 감축 목표 상향 및 2050년 탄소 중립 달성을 선언하며 기후목표상향동맹(Climate Ambition Alliance)을 결성하였고, 그 이듬해인 2020년에는 세계 이산화탄소 배출량 1위인 중국(9월 22일)의 2060년 탄소중립 선언과 배출량 5위인 일본(10월 26일), 8위인 한국(10월 28일)의 2050년 탄소중립 선언이 이어졌다. 중국의 2060년 탄소중립 달성 선언은 대부분이 예상치 못했던 것으로, 세계를 놀라게 했다. 시진핑 주석은 2020년 9월 22일 제75차 유엔총회 연설에서 2030년 이산화탄소 배출량 정점 및 2060년 탄소중립 달성을 선언하였다. 중국이 세계 이산화탄소 배출량의 3할을 혼자 차지하고 있다는 사실을 감안할 때, 2030년까지의 탄소 배출량 상승, 그리고 다른 국가들보다 10년이 늦은 2060년 탄소중립 실현은 다소 느슨한 목표로 인식되기도 하였다. 하지만 기존 중국의 입장과 현재 중국의 산업구조를 감안하면 중국의 기후 협력 의지는 분명해 보인다. 한국의 경우, 탄소중립 선언 이전인 2020년 7월 「한국판 뉴딜 종합 계획」을 발표하며 '디지털뉴딜', '그린뉴딜', '휴먼뉴딜(안전망 강화)'을 새로운 국가 경제 발전 모델의 3대 축으로 삼기도 했다.

## 주요국 온실가스 감축 목표 상향 현황

※ US Department of State, "Leaders Summit on Climate: Day 1"(2021)

### 미국

· 2030년까지 2005년 대비
  50~52% 감축
  (기존 목표는 26~28%)

### 일본

· 2030년까지 2013년 대비
  46~50% 감축
  (기존 목표는 26%)
· 50% 감축 달성을 위해
  강하게 노력

### 캐나다

· 2030년까지 2005년 대비
  40~45% 감축
  (기존 목표는 30%)

### 인도

· 2030년까지 재생에너지
  450GW 설치
· '미국-인도 2030 기후·청
  정에너지 의제 2030 파트
  너십' 출범

### 아르헨티나

· 온실가스 감축 목표 상향,
  재생에너지 확대,
  메탄 감축,
  불법 산림 전용 중단

### 영국

· 2035년까지 1990년 대비
  78% 감축을 법제화

### EU

· 2030년까지 최소 55%
  감축
· 2030년 목표 및 2050년
  탄소중립 달성 목표의
  법제화(유럽기후법)

### 한국

· 2030년까지 2018년 대비
  40% 감축
  (기존 목표는 26.3%)
· 2050년 탄소중립 달성
· 해외 석탄 발전에 대한
  공적 자금 투자 중단

### 중국

· 2030년 탄소 배출량 정점,
  2060년 탄소중립 달성
· 키갈리 개정의정서 가입,
  Non-$CO_2$ 제어 강화
· 석탄 발전 사업을 엄격히
  통제, 석탄 소비량 감축

### 브라질

· 2050년 탄소중립 달성
· 2030년까지 불법 산림
  전용 중단, 산림 전용
  방지를 위한 자금 2배로
  확대

### 남아공

· 온실가스 감축 목표 상향
  예정
· 기존 목표를 10년 당겨서
  2025년 배출량 정점 달성

### 러시아

· 탄소 포집·저장(CCS)과
  대기 중 탄소 제거의 중요
  성 강조
· 메탄의 중요성 강조 및
  메탄 관련 국제 공조 제안

2020년 말 대선에서 민주당의 조 바이든 후보가 현직 대통령이자 기후변화 부정론자인 공화당의 도널드 트럼프 후보를 이기고 당선되면서, 미국 역시 2050 탄소중립 달성 선언에 동참하게 되었다. 바이든은 대통령 선거 당시 미국의 파리협정 재가입, 취임 100일 내 세계 기후 정상회의 개최, 2050년 탄소중립 및 2035년 발전 부문 탄소중립 달성, 2035년까지 청정에너지 산업과 저탄소 인프라에 2조 달러 투자, 전기차 지원, 재생에너지 사용 확대 등의 공약을 제시하였다. 공약한 바와 같이 대통령 취임 직후인 2021년 1월 20일 대통령 행정명령 13990을, 1월 27일에는 대통령 행정명령 14008을 내려서 기후위기 대응을 국가 최우선 순위 목표로 부각시켰다. 2021년 4월 22일에는 세계 40개국 정상을 기후 정상회의에 초청하여, 향후 10년 내 온실가스 배출량을 절반 줄이는 수준으로 각국 온실가스 감축 목표 상향을 요청하는 등 미국의 기후 리더십 회복 절차에 돌입했다. 미국도 기존 목표였던 '2025년까지 2005년 대비 26~28% 감축'을 대폭 상향하여 '2030년까지 2005년 대비 50~52% 감축'이라는 새로운 목표를 제시하였다. 이렇게 미국의 기후 리더십이 발휘된 기후 정상회의에서 많은 국가가 기존보다 상향된 목표를 발표하였으며, 탄소중립 및 그 달성을 위한 그린뉴딜의 추진은 세계적인 패러다임으로 부상하게 되었다.

## 기후변화에 대응하여 피해를 최소화한다
## : '적응'의 국제 협력

### 적응의 개념과 기후정의

'완화'가 기후변화의 가장 큰 원인인 인간 활동에 의한 온실가스 배출량을 감소시키는 것이라면, '적응'은 현재와 미래의 기후변화 영향에 대응하여 그 피해를 최소화하고 회복력(Resilience)을 강화하기 위한 행동이다. 파리협정 제7조 6항과 7항은 기후변화 적응을 위한 국제 협력을 다음과 같이 규정하고 있다.

· 파리협정 제7조 6항과 7항 ·

6. 당사자는 적응 노력에 대한 지원과 국제 협력의 중요성을 인식하고, 개발도상국 당사자, 특히 기후변화의 부정적 영향에 특별히 취약한 국가의 요구를 고려하는 것의 중요성을 인식한다.

7. 당사자는 다음에 관한 것을 포함하여 '칸쿤 적응 프레임워크'를 고려하면서 적응 행동 강화를 위한 협력을 증진하여야 한다.
   가. 적응 행동과 관련 있는 과학, 계획, 정책 및 이행에 관한 것을 적절히 포함하여, 정보, 모범관행, 경험 및 교훈의 공유
   나. 관련 정보와 지식의 취합 및 당사자에 대한 기술적 지원 및 지침의 제공을 지원하기 위하여, 이 협정을 지원하는 협약상의 것을 포함한 제도적 장치의 강화
   다. 기후 서비스에 정보를 제공하고 의사결정을 지원하는 방식으로, 연구, 기후체계에 관한 체계적 관측, 조기경보시스템 등을 포함하여 기후에 관한 과학적 지식의 강화
   라. 개발도상국 당사자가 효과적인 적응 관행, 적응 요구, 우선순위, 적응 행동과 노력을 위하여 제공하고 제공받은 지원, 문제점과 격차를 파악할 수 있도록, 모범관행 장려에 부합하는 방식으로의 지원, 그리고
   마. 적응 행동의 효과성 및 지속성 향상

교토 기후 체제 초기에는 온실가스 감축을 핵심으로 하는 완화 문제에만 국제 협력의 초점이 맞춰졌다. 완화 외의 다양한 문제로 초점이 분산될 경우 온실가스 감축에 대한 합의가 제대로 이루어지지 않을 것이라는 우려도 있었지만, 무엇보다도 적응에 대한 논의가 깊이 이루어지면 기후변화 책임이 큰 선진국에 보상을 요구하는 목소리가 강해지기 때문이었다. 하지만 기후위기 심각성에 대한 인식이 증가하고, 기후변화에 책임이 있는 국가들이 적절한 행동을 회피하고 있다는 '기후정의' 개념이 주목받으면서 적응은 점차 그 중요성이 커졌다.

　2010년 멕시코 칸쿤에서 열린 COP16은 적응의 국제 협력과 관련하여 몇 가지 중요한 합의가 이루어진 새로운 분기점이었다. 첫째, 적응은 완화와 동일한 우선순위로 다루어야 하며, 적응 조치 및 지원을 강화하기 위한 적절한 제도적 장치가 필요하다는 점이 명시되었다. 이로 인해 그동안 완화에 밀려 간과되고 있던 적응이 완화와 같은 위상을 얻게 되었다. 둘째, 기후변화에 취약한 국가를 지원하고, 국제 협력 강화를 위한 칸쿤 적응 프레임워크(Cancun Adaptation Framework)가 수립되었다. 이에 따라 UNFCCC 산하에 적응위원회(Adaptation Committee)가 설립되었고, 모든 국가의 국가적응프로그램(NAP: National Adaptation Programme) 수립 절차가 마련되었다. 셋째, 선진국의 개도국 지원을 위한 재정 규모가 결정되었다. 단기적(2010~2012)으로는 매년 300억 달러, 장기적(2013~2020)으로는 매년 1천억 달러의 금액이었다. 그리고 칸쿤에서 설립이 결정된 녹색기후기금(GCF: Green Climate Fund)을 통해 적응을 위한 재원의 상당 부분을 조달하기로 합의했다.

## UNFCCC 주요 협상 그룹

※ Monica Alessi and Wytze van der Gaast. "Role of Countries in Climate Negotiation."

| 협상 그룹 | 특징 |
|---|---|
| 우산 그룹 | 호주, 캐나다, 아이슬란드, 일본, 뉴질랜드, 노르웨이, 미국, 이스라엘, 벨라루스, 카자흐스탄, 러시아, 우크라이나로 구성된 선진국 그룹 |
| EU | EU 회원국으로 구성된 선진국 그룹 |
| 환경 건전성 그룹(EIG) | 한국, 멕시코, 스위스, 리히텐슈타인, 모나코, 조지아로 구성된 중도 성향 그룹 |
| 아프리카 그룹 | 54개 아프리카 국가로 구성 |
| 아랍 그룹 | 아랍과 아프리카의 22개 국가로 구성 |
| BASIC 그룹 | 브라질, 남아프리카공화국, 인도, 중국의 신흥 개도국 그룹 |
| 남미·카리브해 독립협회(AILAC) | 남미·카리브해 지역의 진보적인 8개국 그룹 |
| 아메리카를 위한 볼리바르동맹(ALBA) | 중·남미 10개국으로 구성된 사회주의 성향 그룹 |
| 군소도서국연합 (AOSIS) | 작은 섬 및 저지대 해안국으로 이루어진 39개 회원국과 5개 옵서버국 연합 |
| 중앙아시아, 코카서스, 몰도바(CACAM) | 중앙아시아 6개국으로 구성 |
| 열대우림국가연합 (CfRN) | 열대우림을 보유한 52개의 국가로 구성 |
| G77+중국 | 134개 개도국과 중국 |
| 최빈개도국(LDCs) | 세계에서 가장 가난한 46개 개도국으로 구성 |
| 내륙개도국(LLDCs) | 내륙에 위치한 32개 저개발국으로 구성 |
| 동지개도국(LMDCs) | 남미, 아랍, 아프리카, 동남아시아 등 35억 인구를 대표하는 급진적 개도국 그룹 |
| 석유수출국기구(OPEC) | OPEC 13개 회원국으로 구성 |

이후 GCF는 내부 규정을 통해 완화와 적응에 정확히 절반씩 지원하는 것을 목표로 삼았다.

앞에서 살펴봤듯이, 세계 이산화탄소 배출량의 약 80%는 20개국에서 비롯된다. 나머지 175개국은 기후변화에 대해 상대적으로 더 적은 책임을 갖고 있으나, 상대적으로 더 큰 피해를 입게 된다. 가난한 나라일수록 기후변화 대응 능력이 부족하기 때문이다. 이에 따라 온실가스를 많이 배출하지 않는 개도국들은 UNFCCC에서 다양한 협상 그룹을 구성하여 선진국이 재정적·기술적 지원을 통해 개도국 적응에 더 큰 노력을 기울이도록 압력을 가해왔다. 선진국이 포함된 우산 그룹, EU, 환경 건전성 그룹을 제외하면, 최소 13개의 개도국 협상 그룹이 다양한 이해관계에 따라 결성되어 국제 협상에 임하고 있다.

## 기후변화 적응을 위한 UN의 지속가능개발목표

파리협정 채택 직전인 2015년 9월 27일, 새로운 국제 개발 협력의 패러다임인 유엔 지속가능개발목표(SDGs: Sustainable Development Goals)가 탄생하면서 기후변화 적응도 중요한 국제 개발 협력과 공적개발원조(ODA)의 영역으로 부각되었다. SDGs는 2000~2015년 기간 국제 개발 협력의 패러다임이었던 새천년개발목표(MDGs: Millennium Development Goals)의 8개 목표(빈곤, 교육, 성 평등, 아동, 모성, 보건, 환경, 국제 협력)를 대체하여 2016~2030년 기간의 새로운 17개 목표로 수립된 것이다. SDGs를 관통하는 원칙은 지속가능발전(Sustainable Development)으로, '미래 세대의 필요 충족 능력을 저해하지 않으면서 현재 세대의 필요를 충족시키는 발전'으로 정의된다. 이는 경제·환경·사회의 모든 요소를 포함하면서, 세 요소의 균형과 지속 가능성을 추구하는 개념이다. 즉, 환경과 사회를 고려하지 않은 채 이뤄지던 기존의 무분별한 경제개발을 지양하고, 환경 파괴 및 사회적 불균형을 해소하는 방향으로 성장과 번영을 추구하고자 하는 원칙이라고 볼 수 있다.

SDGs는 17개 목표와 169개 세부 목표·지표로 구성되어 있다. 1~5번은 사회 및 사람의 영역, 7~11번은 경제 및 번영의 영역, 6, 12~15번은 환경의 영역으로 크게 분류할 수 있으며, 16번은 평화 및 제도 구축, 17번은 국제 파트너십을 담고 있다.

MDGs 체제에서 SDGs 체제로 전환되면서 지속가능발전 개념을 국제 개발 협력 활동의 모든 목표에 내재화시켰다. 개발원조를 통해 기후변화에 취약한 국가를 지원하고 화석연료에서 탈피하여 저탄소 사회를 구축하고자 하는 목표는 13번(기후행동)과 7번(청정에너지)에 가장 명확하게 드러나 있다. 여기서 7번 목표는 개도국에 대한 에너지 접근성과 더불어 재생에너지 보급 확대 및 에너지 효율 개선이라는 기후변화 완화에 주로 해당하며, 13번 목표는 ① 기후변화 적응력 강화, ② 기후변화 대응의 제도화, ③ 기후변화 관련 교육 및 역량 배양, ④ 기후 재원 조성, ⑤ 취약 집단 지원을 규정하고 있어서 기후변화 적응을 위한 국제 개발 협력에 가장 직접적으로 닿아 있다.

# UN SDGs 17대 목표

※ 지속가능발전포털, "지속가능발전목표(UN-SDGs)"

### 1. 빈곤 퇴치
모든 곳에서
모든 형태의
빈곤 종식

### 2. 기아 종식
식량 안보와 개선된
영양 상태의 달성,
지속 가능한 농업 강화

### 3. 건강과 웰빙
모든 연령층을 위한
건강한 삶 보장과
복지 증진

### 4. 양질의 교육
모두를 위한 포용적이고
공평한 양질의 교육 보장 및
평생 학습 기회 증진

### 5. 성 평등
성 평등 달성과 모든 여성 및
여아의 권익 신장

### 6. 깨끗한 물과 위생
모두를 위한 물과 위생의 이용
가능성과 지속 가능한
관리 보장

### 7. 모두를 위한 깨끗한 에너지
적정한 가격에 신뢰할 수 있고
지속 가능한 현대적 에너지에 대한
접근 보장

### 8. 양질의 일자리와 경제성장
포용적이고 지속 가능한 경제성장,
완전하고 생산적인 고용과 모두를
위한 양질의 일자리 증진

### 9. 산업, 혁신 사회 기반 시설
회복력 있는 사회 기반 시설 구축,
포용적이고 지속 가능한 산업화 증진
과 혁신 도모

### 10. 불평등 감소
국내 및 국가 간
불평등 감소

### 11. 지속 가능한 도시와 공동체
포용적이고 안전하며 회복력 있고
지속 가능한 도시와 주거지 조성

### 12. 지속 가능한 생산과 소비
지속 가능한 소비와
생산 양식의 보장

### 13. 기후변화 대응
기후변화와 그로 인한 영향에
맞서기 위한 긴급 대응

### 14. 해양 생태계 보존
지속가능발전을 위한 대양, 바다,
해양 자원의 보전과
지속 가능한 이용

### 15. 육상 생태계 보존
육상 생태계 보호·복원·증진, 숲의 지속
가능한 관리, 사막화 방지, 토지 황폐화
중지와 회복, 생물 다양성 손실 중단

### 16. 정의, 평화 효과적인 제도
평화롭고 포용적인 사회 증진,
모두에게 정의 보장, 효과적이며
책임감 있고 포용적인 제도 구축

### 17. 목표 달성을 위한 파트너십
이행 수단 강화와
지속가능발전을 위한
글로벌 파트너십 활성화

SDGs 13번 목표와 파리협정의 연계 속에서 적응의 국제 협력은 대개 선진국 또는 국제기구가 시행하는 양자·다자 개발 협력의 모습을 지닌다. 완화의 국제 협력이 선진국과 선진국 간, 선진국과 개도국 간에 모두 이루어지는 데 반해, 적응의 국제 협력은 주로 선진국 또는 선진국의 공여를 받은 국제기구가 개도국을 지원하는 형태로 이루어지는 것이 일반적이다.

구체적인 사업의 예를 들면, GCF는 기후변화 적응 사업을 ① 생태계 및 생태계 서비스, ② 건강, 식량, 물 안보, ③ 인프라 및 구축 환경, ④ 사람과 지역사회의 생계라는 4가지 항목으로 나누었다. ①에 해당하는 대표적인 사업은 쿠바 해안 복원력 사업으로, 폭풍과 홍수 등에 취약한 쿠바 해안가의 기후 회복력을 증진시키는 것을 목표로 한다. ②에 해당하는 대표적인 사업은 피지 수바시 상수도 및 폐수 관리 사업으로, 가뭄과 폭우 기간 상·하수도 서비스가 붕괴되는 문제를 해결하기 위해 새로운 하천 취수장을 만들고 폐수 처리장을 보완하는 것을 목표로 한다. ③에 해당하는 대표적인 사업은 조지아 조기 경보 시스템 구축 사업으로, 산사태·침식·눈사태·홍수·가뭄·강풍 등 다양한 기후변화 위험에 직면해 있는 조지아에 다중 위험 조기 경보 시스템을 구축하고, 기후 정보를 수집·관리하는 것을 목표로 한다. ④에 해당하는 대표적인 사업은 짐바브웨 취약 농가 지원 사업으로, 극심한 가뭄과 홍수로 인해 식량 부족과 가축 사망 증가에 시달리는 짐바브웨의 소규모 자작농들을 지원하는 것을 목표로 한다.

※ United Nations, "SDG Indicators"

**13.1 모든 국가에서 기후 관련 위험과 자연재해에 대한 회복력과 적응력을 강화한다.**
　　지표1 인구 10만 명당 재난으로 인한 사망, 실종, 피해를 입은 사람의 수
　　지표2 재난위험경감을 위한 센다이 프레임워크 2015-2030과 연계하여 국가 재난위
　　　　 험경감전략을 채택·이행하는 국가의 수
　　지표3 국가 재난위험경감전략과 연계하여 지역 재난위험경감전략을 채택·이행하는
　　　　 지역 정부의 비율

**13.2 기후변화 조치를 국가의 정책, 전략, 계획에 통합한다.**
　　지표1 식량 생산을 위협하지 않는 방법으로 기후변화의 부정적 영향에 적응하는 능력
　　　　 을 증진시키고, 기후 회복력과 온실가스 저배출 발전을 촉진하는 통합된 정책·
　　　　 전략·계획의 수립과 운용을 보고한 국가의 수(국가적응계획, 국가결정기여, 국
　　　　 가보고서, 격년 주기로 갱신하는 보고서 등을 포함)

**13.3 기후변화 완화, 적응, 영향 감소, 조기 경보에 대한 교육, 인식 고취, 인적·제도적 역
량을 강화한다.**
　　지표1 완화, 적응, 영향 감소, 조기 경보를 1차, 2차, 3차 교육과정에 포함시킨 국가의 수
　　지표2 적응, 완화, 기술 이전, 개발 행동을 이행하기 위한 제도, 체계, 개인 역량 배양의
　　　　 강화를 보고한 국가의 수

**13.A 의미 있는 완화 조치와 이행 투명성의 맥락에서 개발도상국의 필요를 충족시키기
위해, 그리고 가급적 조속한 자금 출자를 통해 녹색기후기금을 온전히 운용하기 위
해, 2020년까지 모든 원천으로부터 매년 1,000억 달러를 공동으로 동원하겠다는
목표를 향한 UNFCCC 선진국 당사국의 공약을 이행한다.**
　　지표1 2020년까지 1,000억 달러 공약을 향해 매년 실제 동원되는 금액

**13.B 여성, 청소년, 지역, 소외 공동체에 초점을 두는 것을 포함하여 최빈개도국과 군소
도서개도국에서 효과적인 기후변화 관련 계획 및 관리 역량 제고를 위한 기제를 촉
진한다.**
　　지표1 여성, 청소년, 지역, 소외 공동체에 초점을 두는 것을 포함하여, 효과적인 기후변
　　　　 화 관련 계획, 관리 역량을 제고하기 위한 기제를 위해 재정, 기술, 역량 배양을
　　　　 포함한 특별한 지원 및 상당량의 지원을 받고 있는 최빈개도국과 군소도서개도
　　　　 국의 수

이런 측면에서 볼 때, 기후변화 적응의 국제 협력은 완화의 국제 협력보다 조금 더 당위적 성격을 지닌다. 적응은 완화보다 개도국의 수요를 더 반영하고 있으며, 완화보다 강한 도움의 성격을 지닌다. 무엇보다 적응의 국제 협력은 기후변화 대응이 녹색 산업을 통한 새로운 성장 모델의 발굴을 넘어 인류의 생존을 위협하는 새로운 안보 위기를 극복하기 위한 것이라는 점을 더 분명히 드러낸다.

## 한국의 탄소중립 달성을 위한 국제 협력

지금까지 살펴본 바와 같이, 탄소중립을 위한 모든 국제 협력은 기후변화의 '완화' 및 '적응'이라는 2가지 목표를 모두 충족시키는 방향으로 이루어져야 할 것이다. 한국의 탄소중립 달성을 위한 국제 협력의 방향 역시 이와 동일하다. 탄소중립 달성을 위해 한국은 다음과 같은 국제 협력을 원칙과 방향으로 채택할 것을 제언한다.

첫째, NDC의 달성을 위해 최선의 노력을 기울여야 한다. 파리 기후 체제 하에서 각 회원국이 할 수 있는 최선의 국제 협력은 자발적으로 수립한 NDC를 달성하는 것이다. 앞에서 살펴봤듯이, 파리 기후 체제는 하향식의 구속력 있는 목표 설정 없이 각국의 자발적인 온실가스 감축 목표의 수립 및 달성을 촉진하는 것을 운영의 원칙으로 삼고 있다. 구속력 있는 국제 환경 협약을 수립하고 이를 준수하도록 강제하는 교토의정서의 국제 협력 방식이 실패로 돌아갔기 때문에 이런 체제로 귀결된 것이다. 따라서 파리 기후 체제의 국제 협력은 회원국 각자가 야심 찬 목표를 스스로 수립하고, 목표를 충실히 달성하기 위해 노력하면서 그 과정과 결과를 투명하게 공개하는 것을 골자로 한다. 현재까지 한국은 이러한 국제 협력의 방식에 대단히 적극적으로 임해 왔다. 2050년 탄소중립 달성을 선언하였고, 「기후위기 대응을 위한 탄소중립·녹색성장 기본법(탄소중립기본법)」을 제정하여 세계에서 14번째로 탄소중립을 법제화한 국가가 되었다. 최근에는 2030년 NDC를 2018년 대비 26.3% 감축에서 40% 감축으로 대폭 상향하였다. 한국은 이렇듯 제도화를 통한 목표 수립 면에서 서구 주요국들에 뒤지지 않는 국제 협력 실천을 보여왔으니, 이제 목표 달성을 위한 노력과 그 결과의 투명한 공개가 막중한 과제로 남아 있는 셈이다.

둘째, 대의에 충실하면서도 국익을 극대화하는 방향으로 탄소 비용 관련 국제 협력에 임해야 한다. 현재 세계의 흐름을 직관적이고도 간략하게 묘사하면, '기후클럽(Climate Club)' 회원국과 비회원국으로 나뉘었다고 할 수 있다. '기후클럽'은 2018년 노벨경제학상 수상자 노드하우스 교수에 의해 널리 알려진 개념으로, 기후변화 대응을 위해 적극적인 노력을 기울이는 국가들의 연합이다. 이는 기업들이 오염 피난처를 찾아 온실가스 규제가 가장 약한 타국으로 생산지를 이전하는 현상인 탄소 누출을 막고, 온실가스 배출에 적절한 비용을 부과하는 국가의 경쟁력을 확보하기 위한 제도이다.

기후클럽은 내부 규정을 지키는 회원국만 접근 가능하고 그 안에서 모든 혜택을 누리며, 비회원국은 혜택에서 배제할 뿐 아니라 불참에 대한 비용을 치르도록 조치하는 것을 원칙으로 한다. 모든 기후클럽 회원국은 국내에서 탄소국경조정제도, 배출권거래제 등의 시행을 통해 탄소에 적절한 가격을 부여하고, 탄소에 적절한 비용을 부과하지 않은 비회원국에게 무역 제재를 가하는 것이 가장 중요한 규칙이다. 기후변화는 전 지구적 현상이므로 탄소에 비용을 지불하지 않고 혜택만 누리려는 국가는 '무임 승차자'로 간주해야 한다. 국제적 차원에서 무임 승차자에게 적절한 조치를 취하지 않으면 어느 국가도 높은 비용을 지불하면서 기후클럽에 남아 있으려 하지 않게 될 것이므로 규칙의 엄격한 시행이 매우 중요하다.

현재 EU와 미국 등 범 대서양 국가들을 중심으로 기후클럽의 회원국이 확장세에 있으며, 이들은 무역품에 적절한 탄소 비용을 부과하는 규칙인 '탄소국경조정제도'를 국제적으로 도입하기 위해 적극적인 행보를 보인다. 한국 역시 국내 제도의 수립·보완 측면에서 국제사회의 탄소중립 추세에 적극적으로 협력하고 있다. 하지만 이제 제도를 보완하기 시작한 만큼 현실적인 달성도 측면에서는 서구 국가들보다 뒤처져 있는 것이 사실이다. 그러므로 지금의 한국은 기후클럽의 경계선에 위치하고 있다고 볼 수 있다. 따라서 대의에 충실하기 위해 한국은 기후클럽으로의 진입을 추진하는 것이 바람직하다고 판단된다. 하지만 준비가 되지 않은 상태에서의 진입은 국가 차원에서 혼란, 경쟁력 상실, 강한 반발(Backlash)을 야기할 수 있는바, 기후클럽 진입에 앞서 먼저 내부적으로 준비를 위해 노력하면서, 국익을 극대화하기 위해 기후클럽의 구체적인 운영 방침에 대한 외교적 논의에 적극적으로 참여해야 한다.

셋째, '적응'의 국제 협력과 관련하여, 양자 및 다자 방식을 통한 개도국의 기후 개발 협력을 강화해야 한다. 현재 한국의 국제 개발 협력은 2010년 제정된 「국제개발협력기본법」 제11조에 따라 수립된 「제3차 국제개발협력 종합기본계획(2021~2025)」을 근간으로 하여 추진되고 있다. 제1, 2차 기본 계획과 달리 제3차 기본 계획에서는 주요 전략으로 ① 기후변화 논의 선도 및 협력 강화, ② 전략적 그린뉴딜 ODA 추진, ③ 개도국 기후변화 대응 지원 강화 등 개도국 기후변화 대응을 독자적인 분야로 부각시켜, 개도국 ODA에서 기후변화 분야의 중요성을 인식하고 관련 사업을 강화하고 있다. 또한 국제 개발 협력이 단순한 개도국 지원의 차원을 넘어 투자·무역 기회의 확대 등 우리나라의 국익에 기여할 수 있다는 인식을 보여주고 있다.

2019년 10월 25일 한국은 세계무역기구(WTO) 내 개발도상국 지위를 포기한다고 발표하여 공식적인 선진국이 되었으나, 실상은 이보다 10년 전 이미 선진국 반열에 공식적으로 올랐다고 할 수 있다. 2009년 11월 25일 한국은 선진국 클럽인 경제협력개발기구(OECD) 개발원조위원회(DAC)에 24번째 회원국으로 가입했는데, 이에 따라 신흥 공여국 지위에서 벗어나 선진 공여국으로 공식 인정받은 것이다. 이때 한국이 유달리 주목받았던 까닭은, 원조 수혜국에서 시작하여 원조 공여국의 지위를 얻은 나라는 한국이 유일하다. 이 독특한 성취를 기반으로 한국이 그동안 국제사회에서 표방했던 외교적 가치는 '가교(Bridge)'였다. 선진국이지만 개도국의 상황과 심정을 잘 이해하는 유일한 국가로서, 기후변화 사안과 같이 선진국과 개도국 간 갈등이 첨예하게 이루어지는 분야에서 가교 역할을 하겠다는 것이다. 그리고 이러한 외교적 가치 표명의 중요한 결과물 중 하나가 GCF 사무국의 국내 유치였다. 2019년 한국은 GCF에 2억 달러의 공여금 제공을 선언하여, 선진국으로서 GCF의 개도국 기후변화 대응 지원에 중요한 힘을 보태기도 했다. 기후 적응의 국제 협력 분야에서, 한국은 선진국과 개도국 간 '가교'로서의 외교적 가치를 이어나갈 수 있는 방향으로 기후 개발 협력 사업을 지속해서 발굴·추진해야 할 것이다.

# 10

탄소중립을 위한
정부의 역할

# 탄소중립을 위한
# 정부의 역할

정부는 2050년까지 탄소중립을 실현하겠다고 선언했다.

하지만 이에 대한 전문가들의 시각은 회의적이다.

기술적, 사회적, 정치적 불확실성이 곳곳에 산재해 있기 때문이다.

추상적인 전략이나 선동적인 구호만으로는 탄소중립을 실현할 수 없다.

구체적인 실현 방법을 고민하고 이해관계자들의 자발적인 참여를 이끌어내야 한다.

탄소중립 실현을 위해 정부는 과연 어떤 노력을 기울여야 하는지 살펴본다.

**탄소중립
추진 과정**

**2017.**
- 정부(환경부) 준비 착수

**2019. 3.**
- 2050 장기저탄소사회비전포럼 운영

**2020. 10. 28.**
- 대통령 2050 탄소중립 선언

**2020. 2.**
- 범정부협의체 구성

**2020. 11.~12.**
- 정부 「2050 탄소중립 추진 전략」
  발표 및 국민 대토론회

**2021.1.**
- 2050 탄소중립위원회 출범
- P4G 서울 정상회의

# 탄소중립 추진 전략

## 3대 정책 방향과 10대 과제

**경제구조의 저탄소화**

- 에너지 전환 가속화
- 고탄소 산업구조 혁신
- 미래 모빌리티로 전환
- 도시·국토 저탄소화

**신유망 저탄소산업 생태계 조성**

- 신유망 산업 육성
- 혁신 생태계 저변 구축
- 순환경제 활성화

**탄소중립 사회로의 공정전환**

- 취약 산업·계층 보호
- 지역 중심의 탄소중립 실현
- 탄소중립 사회에 대한 국민 인식 제고

### 탄소중립 제도적 기반 강화
탄소 가격 시그널 강화와 탄소중립 분야 투자 확대 기반 구축

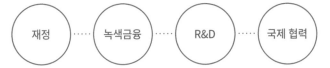

재정 ······ 녹색금융 ······ R&D ······ 국제 협력

**2021. 8.**

- 2050 탄소중립 시나리오 초안 발표

**2021. 10.**

- 2050 탄소중립 시나리오 최종안

Net-zero
**2050**

## 탄소중립의 목표는 정해졌다
## 그 다음은?

최근 우리나라 탄소중립의 중책을 맡은 분이 이런 말씀을 하셨다. "탄소중립은 어느 국가도 거스를 수 없고, 거슬러서도 안 되는 세계적인 흐름이자 시대적인 당위다. 할지 말지의 문제가 아닌 어떻게 할 것인지 방법을 찾아 목표를 제대로 달성하는 것이 중요하다." 국가가 탄소중립의 비전과 목표를 이미 설정한 상황에서 이제는 보다 구체적인 실현 방법을 찾아야 한다는 취지일 것이다. 그러나 이는 탄소중립을 위한 정부의 역할을 논할 때 빈약함을 드러내는 말이기도 하다.

  이해관계 집단이 증가하고 사회가 다원화되면서 과거의 하향식 정부 결정은 한계를 드러낼 수밖에 없다. 국가 정책을 결정할 때는 의제 설정, 정책 결정, 정책 집행, 정책 평가, 정책 환류의 과정이 중요하다. 즉, 정부 정책이란 국가의 현실과 미래를 고려한 고민의 과정이며, 그렇게 도출된 목표를 어떻게 설득력 있게 추진할 것인지도 함께 생각해야 한다. 또한 궁극적으로는 해당 정책에 대해 국민들의 평가를 받고, 지속적인 추진·보완·수정의 과정을 거쳐야 한다. 그래서 앞서 언급된 정부 요직자의 말은 씁쓸하게 들린다. 우리나라 탄소중립 국정 계획은 원칙적인 요소들이 충분한 과정을 거치지 못한 채 마련된 것임을 반증하고 있기 때문이다.

엄밀히 말해 탄소중립에 대한 일부 회의적인 시각은 엄청난 노력과 실현 가능성 측면이라기보다는 향후 탄소중립이 어떤 방식으로 전개될 것인지에 대한 막연함에서 비롯된다. 깃발을 꽂았으니 같이 가자? 아니다. 등산 약속이 잡혔으면, 등산로를 미리 파악하고 몸을 풀면서 장비를 챙기는 것이 순서다. 국민과 함께 건강한 등산을 제안한 정부는 대략적인 등산 코스와 일정을 사전에 설명해 주어야 한다. 그래야 국민이 정부를 믿고 함께 탄소중립이라는 산을 오를 수 있지 않을까?

## 자유무역과 보호무역 사이에서

탄소중립은 전 세계가 함께 향해 가는 목표이다. 때문에 탄소중립을 말할 때는 국제 동향과 국제 협력이 빠지지 않고 언급된다. 미국, EU, 중국, 일본 등 그야말로 세계를 주도하는 국가들이 탄소중립을 선언하고 있다. EU는 2019년 그린딜을 발표하고, 2021년에는 2030년까지 탄소 배출량을 1990년 수준 대비 55% 감축하기 위한 입법안 패키지(Fit for 55)를 발표했다. 여기에는 탄소 배출량이 많은 제품을 EU에 수출할 때 세금을 매기겠다는 내용도 포함되어 있다. 이른바 탄소국경조정제도(CBAM: Carbon Border Adjustment Mechanism)다. 미국 바이든 행정부도 탄소조정비용 또는 할당량(Carbon Adjustment Fees or Quotas) 도입을 검토하고 있다. 이런 조치가 특히 주목받는 것은 우리나라처럼 수출 비중이 높은 국가에 직격탄이 될 수 있기 때문이다. 탄소중립이 산업 경쟁력 문제로 연결되는 셈이다.

탄소국경세 문제는 이미 오래전부터 제기되었으나 그동안 법적, 정치적 장애에 부딪혀 왔다. 일방적 과세 조치로 인해 무역 갈등이 유발되고 기업의 글로벌 비즈니스가 위축될 수 있다는 우려 때문이다. 가장 큰 법적 장애 요인은 WTO 협정 위반이다. 즉 자국의 규제 수준을 타 국가에 강요하는 일방적 조치는 국제 협정에 위반된다는 것이다. 세계 최대 온실가스 배출국가인 중국은 탄소국경조정제도가 국제 무역 원칙을 위반한다며 비판하고 있다. 중국 역시 미국과 마찬가지로 탄소중립을 선언했지만 서로 미묘한 온도 차가 존재한다. 2021년 5월 우리나라는 P4G* 서울 정상회의를 개최했다. 같은 시기에 조 바이든 미국 대통령과의 정상회담도 있었다. 양쪽 모두 탄소중립 의제가 중요하게 다루어졌다. 자유무역체제와 보호무역(탄소국경세)의 갈등 속에서 우리 정부는 어떤 입장을 취해야 할까?

P4G

Partnering for Green Growth and the Global Goals 2030
정부 및 UN 체제 중심의 기존 기후 대응에 보완적 역할을 수행하는 공공·민간 글로벌 협력체

## 탄소중립을 위한
## 3+1 전략과 10대 과제

정부가 제시하고 있는 탄소중립 추진 전략은 '3+1 전략'과 '10대 과제'로 요약할 수 있다.

첫 번째 전략은 경제구조의 저탄소화다. 이는 에너지 부문 기술 개발 지원 및 제도 개선 등을 통해 온실가스 조기 감축을 유도하는 것으로, 에너지 전환 가속화, 고탄소 산업구조 혁신, 미래 모빌리티로 전환, 도시·국토 저탄소화 등 4개 과제로 추진된다. 두 번째 전략은 저탄소 산업을 새로운 성장 동력으로 육성하는 신유망 저탄소 산업 생태계 조성이다. 여기에는 신유망 산업 육성, 혁신 생태계 저변 구축, 순환경제 활성화의 3개 과제가 포함된다. 세 번째 전략은 탄소중립 사회로의 공정 전환으로, 취약 산업·계층 보호, 지역 중심의 탄소중립 실현, 탄소중립 사회에 대한 국민 인식 제고 등 3개 과제로 구성된다. 네 번째 전략은 인프라 강화 전략으로써, 재정 제도 개선 및 녹색금융 활성화, 기술 개발 확충, 국제 협력 등을 통해 탄소 가격 시그널 강화 및 효과적인 탄소 감축 이행을 지원하는 전략이다. 정부는 탄소중립의 성공적 추진을 위해 2050 탄소중립 시나리오를 만들고 있으며 각 정부 부처의 핵심 정책 전략도 2021년 하반기까지 마련하여 2022년부터는 본격적으로 국가 계획에 반영할 예정이다.

탄소중립을 위한 정부 조직 개편도 진행 중이다. 먼저, 탄소중립 정책의 컨트롤타워 역할을 담당할 대통령 소속 '2050 탄소중립위원회'를 신설하였다. 탄소중립위원회는 국무총리를 비롯한 18개 중앙행정부처의 장관, 그리고 민간 전문가들로 구성되며, 탄소중립을 위한 주요 정책 및 계획 심의, 이행 점검 등의 역할을 담당한다. 한편, 에너지 전환 정책이 힘을 얻을 수 있도록 산업부 내 에너지 전담 차관도 배치했다. 탄소중립을 위해서는 에너지 전환이 핵심인 만큼 조직 개편을 통해 에너지 분야의 시스템을 혁신하기 위해서다. 2022년 치러질 대통령 선거에서도 탄소중립은 주요 공약 대상이다. 여당의 유력 대선후보들은 탄소중립 추진 동력을 위한 수단으로 기후에너지부 신설을 공약으로 내세우고 있다. 기후에너지부 신설은 이번 정부 초기에도 논의되었으나, 정부 조직 개편 최소화 원칙에 따라 무산된 바 있다. 그러나 탄소중립 시대를 맞아 기후에너지부 신설이 재조명되고 있다.

탄소중립 관련 법안 처리도 구체화되고 있다. 스웨덴, 영국, 프랑스, 덴마크 등은 탄소중립 법제화의 대표 국가로 알려져 있다. 제21대 국회에서 입법 완료된 기후위기 대응 관련 법안은 주로 그린뉴딜 분야다. 기후대응기술법, 신재생에너지법, 전기사업법 등이 대표적이다. 여야 정당 간 다소 논란이 있었으나 2021년 8월에는 탄소중립·녹색성장 기본법도 국회를 통과했다. 또한 기후위기대응법, 탈탄소사회이행법, 에너지전환지원법 등도 입법화를 앞두고 있다.

탄소중립에 대한 국민적 이해와 문화 정착을 위해 환경부에서는 '탄소중립 생활 실천 안내서'를 발간하기도 했다. 이 책자에는 탄소중립 실천 방법, 온실가스 감축 효과, 정부 지원 제도, 시설 개선 등 구체적인 실행 정보들을 담고 있다.

정부가 국제사회와의 공조, 내부 추진 계획 마련, 제도적 기반 마련, 국민과의 소통 등 분주히 움직이고 있다는 것은 분명하다. 우리는 이러한 정부의 노력을 어떻게 평가해야 할까? 탄소중립은 중장기적 국가 비전이며, 경제·정치·외교·사회 등 모든 요소가 얽혀 있다. 사회 구성원과 세대 간의 이해관계도 제각각이다. 우리나라가 이렇게 복잡하고 중요한 문제를 국가적 차원에서 고민하고 추진한 적이 있었던가 싶다. 하지만 문제가 복잡하고 어려울수록 차분하게 정부의 역할을 재점검해야 한다. 과연 이 정도면 충분한지, 중요한 것을 놓치지는 않았는지 말이다.

## 탄소중립의 길,
## 보다 구체적 논의를 시작해야 할 때

최근 탄소중립 관련 언론 보도가 꽤 늘었다. 일반 국민들도 이제는 탄소중립이라는 용어가 낯설지 않다. 정부가 그동안 탄소중립을 지속해서 강조한 결과다. 우리나라 국민들은 탄소중립 사회로의 전환에 대해 비교적 긍정적으로 인식하고 있는 것 같다. 정치권도 여야 구분 없이 대체로 탄소중립 자체에 대해서는 지지하는 분위기다. 탄소중립에 부담을 느끼던 산업계도 최근에는 변하고 있다. 온실가스 감축을 더는 미룰 수 없다는 공감대가 형성된 것이다. 탄소중립이 새로운 기회이자 경쟁력이라는 생각으로 ESG(Environment, Social, and Governance)를 고려한 기업 경영에 대한 관심도 높아지고 있다.

이러한 사회적 분위기에 내재된 불안 요소는 없는지, 무엇에 더 신경을 써야 하는지 정부는 계속 고민하고 해법을 제시해야 할 것이다. 이제는 전략이나 구호가 아닌 탄소중립에 대한 구체적인 논의가 진행되어야 하기 때문이다. 세부 논의 단계에서는 지금보다 다양한 의견들이 충돌할 것이다. 여기서는 비판적 시각에서 몇 가지 문제들을 점검해 보고자 한다.

**탄소중립에 대한 국민과 산업계 인식 조사 결과**

※ 리얼미터 여론조사(2020.12.), 조선일보(2021.4.18.)

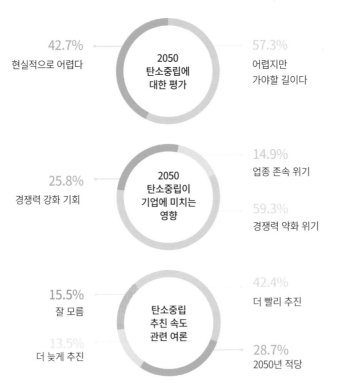

42.7%
현실적으로 어렵다

2050
탄소중립에
대한 평가

57.3%
어렵지만
가야할 길이다

25.8%
경쟁력 강화 기회

2050
탄소중립이
기업에 미치는
영향

14.9%
업종 존속 위기

59.3%
경쟁력 약화 위기

15.5%
잘 모름

탄소중립
추진 속도
관련 여론

42.4%
더 빨리 추진

13.5%
더 늦게 추진

28.7%
2050년 적당

### 기술: 30년 이후의 세상을 준비할 수 있는 기술을 개발하고 있는가?

4차 산업혁명 시대, 디지털 기술은 하루가 다르게 세상을 변모시키고 있다. 10년은 고사하고 1년 뒤도 예측하기 어려운 시대다. 2050년 탄소중립을 실현하려면 30년 이후의 세상을 생각하며 미래 신기술을 개발해야 한다. 이는 지극히 어려운 문제다. 우리가 현재 예상할 수 있는 미래 기술들이 실제로 개발될 수 있을지, 가능하더라도 개발 비용을 감당할 수 있을지, 시장 확산이 가능할 것인지, 언제쯤 상용화될 것인지 궁금할 수밖에 없다. 답을 내릴 수 있다고 해도 누가 그것을 자신 있게 평가할 수 있을까? 향후 30년을 고려한 미래 저탄소 신기술은 불확실성이 너무나도 크다.

즉, 우리나라 탄소중립 전략에서 미래 신기술을 어느 정도 수준으로 반영해야 할지 고민이 필요하다. 다른 나라들은 어떻게 준비하고 있을까? 저탄소 미래 기술과 닿아 있는 에너지·자원 분야의 기술 수준

**2020년 주요국 에너지·자원 분야 기술 수준**

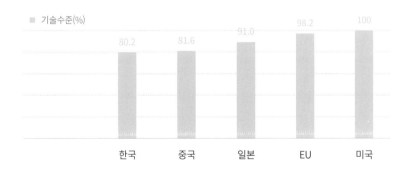

※ 한국과학기술기획평가원, 「2020년 기술평가수준」 (2020)

을 살펴보자. 최고 기술 보유국인 미국과 비교했을 때, 2020년 우리나라의 기술 수준은 80.2%, 기술 격차는 3.7년으로 평가되고 있다. EU, 일본, 중국 등에 비해서도 뒤처진다. 비교적 높은 경쟁력을 갖춘 분야도 있다. 대용량 장수명 이차전지 기술과 고효율 태양전지와 전력수송 기술 분야가 상대적으로 괜찮은 편이다. 그러나 탄소중립과 관련된 다른 기술들(풍력발전, 수소·연료전지, ICT 기반 자원 개발 및 처리, 이산화탄소 포집·저장·이용 기술 등)은 아직도 부족한 점이 많다.

한국과학기술기획평가원에서는 탄소중립 추진 전략을 위해 앞으로 개발되어야 할 10대 핵심 기술을 선정, 발표했다. 탄소중립위원회의 탄소중립 시나리오에서는 탠덤 태양전지, 대규모 터빈, 부유식 시스템 등 차세대 기술과 해양에너지 등 신규 발전원의 조기 상용화, 여기에 더해 수소 터빈, 암모니아 발전과 같은 무탄소 신전원을 도달해야 할 기술로 제시했다.

세부적으로 들어가면 각 기술을 이해하기가 꽤 어렵다. 전문가들조차도 무탄소 전원 기술은 낯설다고 한다. 아직 실험실 수준에서 언급되는, 손에 잡히지 않는 기술이기 때문이다.

미래 신기술의 불확실성이 존재하는 한 탄소중립 실현 과정에서 문제가 계속 제기될 수밖에 없다. 대표적인 사례가 철강 산업에 적용될 수소환원제철 기술이다. 철을 만들기 위해서는 기본 원료로 코크스가 사용되는데, 이는 철강 산업 온실가스 배출의 주요 원인이 된다. 수소환원제철은 코크스를 수소로 대체하는 기술이다. 일본과 EU가 선도적으로 관련 기술을 개발 중이지만 아직 실용화 단계는 아니다. 더구나 우리나라는 이들과 산업 환경이 다르다. EU는 내수 공급 위주의 소규모 고로 중심이지만 우리나라는 코크스 원료 의존도가 훨씬 높은 대형 고로 중심이다. 수출 비중도 높다. 즉, EU나 일본보다 우리나라가 수소환원제철 기술에 대한 의존성이 훨씬 높다고 할 수 있다. 이와 같은 기술적 우려는 탄소 포집·저장·활용, 수소 수급, 연료전지 보급 등 기타 기술들에서도 제기되고 있다.

이러한 문제 제기는 우리나라 국가 전략이 기술 의존형이면서도, 미래 기술에 대해 지나치게 낙관적이라는 것에 대한 우려다. 이런 우려를 불식시키기 위해 저탄소 기술 적용에 대한 세제 혜택, 대·중소기업·정부 간 기술 협업 사업 모델 발굴 등 꼼꼼한 점검들이 필요하다. 근본적으로는 정부가 연구 개발 단계 및 기술의 시장 진입 단계가 반영되는 국가 전략을 제시하는 것이다.

**2020년 우리나라 에너지·자원 분야 기술 수준**

※ 한국과학기술기획평가원, 「2020년 기술평가수준」 (2020)

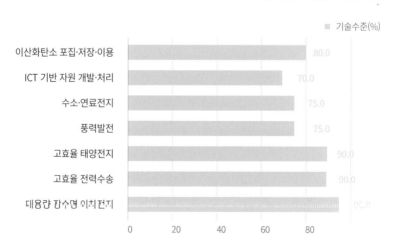

## 사회: 충분한 논의를 통해 강력한 사회적 공감대를 형성하고 있는가?

정부는 2050 탄소중립 실현이라는 목표를 두고 사회적 논의와 의견 수렴 과정을 거쳤다. 그럼에도 불구하고 사회적 논의와 의견 수렴이 충분했는지는 쉽게 단언하기가 어렵다. 그동안의 경과를 돌이켜보자.

본격적으로 탄소중립에 대한 사회적 논의를 시작한 시기는 2017년부터다. 탄소중립 관련 연구들이 수행되고 주무부처인 환경부에서는 향후 파리협정에 대비한 저탄소 국가 전략을 모색하기 시작했다. 환경부는 2019년부터 전문가와 시민단체, 산업계, 청년 등이 참여하는 '2050 저탄소 사회 비전 포럼'을 운영하였다. 포럼은 참여자들이 2050년 저탄소 비전, 온실가스 감축 목표, 저탄소 전환 추진 과제를 환경부에 제안하는 형태로 운영되었다. 이를 통해 국가 비전과 사회상, 2050 국가 배출 목표의 5개 검토안과 각각의 의미, 그리고 국가 추진 과제와 부문별 추진 방향을 마련하였다. 탄소중립안도 검토했는데, 광범위한 사회적 논의와 공감대가 더 필요한 것으로 정리되어 전문가 권고 형식으로 환경부에 정식 전달되었다. 탄소중립에 대한 각계각층의 목소리를 듣는 것에서부터 사회적 논의가 시작된 것이다.

2020년 3월부터는 13개 정부 부처가 참여하는 범정부 협의체에서 탄소중립을 논의했다. 전문가 권고안을 논의했으며 대국민 온라인 설문조사, 5차례에 걸친 전문가·산업계·시민사회 합동 토론회, 시민사회 간담회, 산업계 업종별 간담회, 국민 토론회 등 다양한 형태로 사회적 논의를 진행했다. 한편, 대통령은 국회에서 열린 2021년도 정부 예산안 시정연설을 통해 세계 70여 개 국가가 밝힌 탄소중립 목표 선언 대열에 동참하며, 2050년 탄소중립 목표를 달성하겠다는 비전을 밝혔다. 그 이전에는 국회 차원에서 2050 탄소 제로를 촉구하는 움직임도 있었다.

전문가와 민간, 정부 기관에서 활발하게 논의된 비전은 이제 세계적으로 선포하는 과정을 남겨두고 있었다. 2020년 연말에는 우리나라 저탄소 발전 전략 정부안이 확정되고, 녹색성장위원회와 국무회의 심의·의결을 거쳐, UN 기후변화협약 사무국에 공식 제출되었다. 2021년 5월에는 P4G 서울 정상회의에 맞춰 대통령 소속 2050 탄소중립위원회가 출범했다. 탄소중립위원회는 국가 탄소중립을 위한 주요 정책 및 계획을 심의하고, 이행을 점검하는 역할을 맡았다. 2021년 8월에는 탄소중립위원회에서 검토한 2050 탄소중립 시나리오 초안이 공개되었다. 이 시나리오는 공론화 과정을 거쳐 같은 해 10월 2050 탄소중립 시나리오 최종안이 확정되었다.

경과를 살펴보면 정부는 토론회, 간담회, 설문조사 등을 거치며 사회적 공감대를 얻기 위해 많은 노력을 기울였다. 그런데도 정부의 공론화 과정에는 아쉬운 점이 있다. 사실상 2050년 탄소중립 실현이 매우 어렵다는 전문가들의 권고를 받아들이지 못한 것이다. 정부가 추진한 온라인 설문, 전문가 의견 수렴, 국민 토론회 결과 해석도 다소 자의적이었다는 평가다.

또 다른 문제는 사회적 논의와 관련된 것으로 탄소중립 실현 과정에서 발생하는 국민적 부담을 논의하지 않은 채, 정부가 탄소중립을 일방적으로 결정했다는 점이다. 탄소중립을 위해 직접적으로 소요되는 온실가스 감축 비용은 막대하다. 재생에너지로 전환하는 과정에서 에너지 가격이 상승하고, 정책적 비용도 만만찮게 투입된다. 탄소 배출 제품의 생산·소비에 포함된 외부 비용 역시 세금이나 가격 형태로 추가되어야 한다. 석탄발전소 폐쇄 단계에서 일자리가 줄어들 수 있으며, 해당 지역 경제에도 영향을 미치게 된다. 이 모두가 국민의 부담으로 귀결된다.

우리나라 탄소중립을 위한 비용은 어느 정도일까? 사실 속 시원한 연구 결과도 없는 실정이다. 직접적 소요 비용과 간접적 기회 비용, 어디까지를 비용의 범주에 넣어야 할지, 누가, 어떻게 비용을 지급할 것인지 너무나 복잡하다. 어쨌든 분명한 것은 막대한 비용이 든다는 점이다. 물론 국민들이 정확한 견적서를 원하는 건 아니다. 비용에 대한 예측 가능한 정보를 원할 뿐이다.

정부는 2050 탄소중립 추진 전략에서 에너지 세제 개편, 기후 대응 기금 재원 마련 등을 언급하고 있다. 그러나 탄소세 도입에 관해서는 모호한 입장이다. 탄소중립 실현이 어려운 것은 사회적 공감대를 이끌어내기가 힘들기 때문이다. 지금까지 당연하게 생각했던 모든 것을 바꿔야 하는데, 이에 대한 각 구성원의 저항이 만만치 않다. 머리로는 백번 이해하더라도 직접 실천하는 것은 또 다른 문제다.

탄소중립은 전 지구적 차원의 국제 협력이자 국가의 미래 비전이다. 다분히 공익적 성격으로써 정부의 주도적 역할이 중요하며, 다양한 이해관계자들의 의견을 모으는 것이 본질적으로 어려울 수도 있다. 그러나 탄소중립을 제대로 이행하기 위해서는 국민들의 이해·동의·평가가 필수적이다. 어렵지만 상·하향 방식이 통합된 바람직한 탄소중립을 위해 정부는 계속 도전해야 한다.

**탄소중립 관련 국내 논의 경과**

| 시기 | 주요 내용 |
| --- | --- |
| 2017년 | • 정부(환경부) 준비 착수 |
| 2019년 3월<br>~ 2020년 2월 | • 2050 장기저탄소사회비전포럼 운영<br>• 2050 장기저탄소사회비전포럼 권고안 환경부에 제출 |
| 2020년 3~10월 | • 범정부협의체<br>• 설문조사(일반국민, 산업계)<br>• 전문가·산업계·시민사회 합동 토론회, 시민사회 간담회,<br>  산업계 업종별 간담회, 국민 토론회 |
| 2020년 10월 28일 | • 대통령 2050 탄소중립 선언 |
| 2020년 11~12월 | • 정부 「2050 탄소중립 추진 전략」 발표 및 국민 대토론회<br>• 탄소중립을 반영한 저탄소 발전 전략 정부안 확정<br>• 대한민국 공식 보고서 UN 기후변화협약에 제출 |
| 2021년 1월<br>~ 현재 | • 대통령 소속 2050 탄소중립위원회 출범<br>• P4G 서울 정상회의<br>• 탄소중립위원회 2050 탄소중립 시나리오 초안 발표<br>• 탄소중립위원회 2050 탄소중립 시나리오 공론화<br>• 탄소중립위원회 2050 탄소중립 시나리오 최종안 발표 |

## 비전: 국가 전략과 계획의 방향을 잡아주는 비전은 무엇인가?

"○○○○의 시대적 흐름에 앞서 나가지 않고서는 선진 일류 국가로의 진입이 불가능하다. 가도 되고 안 가도 되는 길이 아니라 가야만 하는 길이고, 이미 가고 있는 길이다. 새로운 국가 발전 패러다임으로써 Plan B가 아니라 Plan A이다, 녹색 기술과 청정에너지를 통한 ○○○○은 향후 60년의 새로운 국가 비전이다."

빈칸에 들어갈 말은 무엇일까? 답은 '녹색성장'이다. 위 인용문은 2009년 8월 15일 이명박 전 대통령의 광복절 경축사에서 가져왔다. 여기에 2021년 논의 중인 '탄소중립'을 대입해도 문맥상 전혀 손색이 없다는 것은 시사하는 바가 크다. 녹색성장은 이명박 정부 주요 국정 계획의 하나로서, 지금의 탄소중립과 마찬가지로 사회 전체적으로 활발한 논의가 이뤄졌다. 과거 녹색성장에서는 어떤 추진 계획을 마련했는지 살펴보자.

저탄소 녹색성장은 법, 조직, 예산, 정책 등 4개 축으로 추진 체계가 마련되었다. 추진 계획은 종합 계획(중앙·지방)과 부문별 계획(핵심·연관·기타연관 계획)으로 나뉘었다. 신설된 녹색성장위원회를 중심으로 각계 이해관계자 그룹과의 민관 공조, 지자체와 중앙행정기관과의 협의가 진행되었다. 국가 추진 계획의 전형적인 접근 방법으로 비교적 잘 구성되었다.

이제 녹색성장 추진 계획과 탄소중립 추진 전략 체계를 비교해 보자. 결론부터 말하자면 과거 녹색성장 추진 계획과 큰 차별성이 드러나지 않는다. 탄소중립 역시 형식적 측면에서 전형적 추진 전략 체계라 할 수 있다. 추진 과제의 종류와 강도의 차이는 있지만, 추진 체계는 대통령 직속 위원회(녹색성장위원회 vs 탄소중립위원회) 설립 등 동일한 접근이다.

5년 주기의 저탄소 녹색성장과 2050년 탄소중립은 국가 온실가스 관리라는 공통점을 공유한다. 하지만 둘의 근본적 차이는 바로 '국가 대전환'의 반영이다. 장기적으로 탄소중립을 달성하기 위해서는 국가 전반의 혁신적 전환이 전제되어야 한다. 저탄소 녹색성장 국가 계획은 긍정적인 부분도 있었으나 국가 온실가스 관리 측면에서 보면 사실상 실패였다. 녹색성장 시기 동안 온실가스 6억 9,000만 톤 수준을 유지하여 더 이상의 증가는 억제하였으나 녹색성장 추진 이전 시기인 5억 톤 수준을 넘어 7억 톤 시대로 접어들었기 때문이다. 이는 온실가스 배출 관리가 매우 어려운 국가 과제임을 보여준다. 따라서 탄소중립 추진 계획은 기존 녹색성장 개념을 뛰어넘는 국가 대전환적 검토가 핵심이 되어야 한다. 하지만 현재 탄소중립 정부 계획에서는 그런 지점을 찾아보기 어렵다. 과거와는 차별화된 메시지를 전달하기 위해 정부가 더욱 고민해야 하는 이유다.

### 정책의 연속성: 차기 정부에도 정책이 계속 유지될 수 있는가?

현 정부는 2021년 탄소중립의 핵심 전략을 수립하고, 2022년부터 구체적 국가 계획에 반영한다는 계획이다. 이 일정은 이번 정부 임기가 2022년 5월까지임을 고려할 때 정치적 리스크에 노출되어 있다. 정치적 리스크를 최소화하기 위해서는 이번 정부 임기 내에 최대한 탄탄하게 핵심 전략을 수립하는 것이 관건이다. 그러나 국가 대전환을 요구하는 탄소중립 전략의 속성상 다양한 이해관계와 정치적 입장 차이는 불가피하다. 불과 1년 만에 전략을 수립하는 것이 과연 가능하고 타당한 것인지도 의문이 든다.

다른 한편으로, 이번 정부에서 소통이 어려운 민감한 사항이 있다. 바로 탈원전 문제다. 정부는 원전 축소로도 탄소중립이 가능하다는 입장이다. 하지만 바룻음 끊이지 않는다. "원전 없이 그 어려운 탄소중립을 달성한다고?" "세계적 수준의 우리 원전 기술을 사장시킬 것인가?" "폭염 기간에 안정적인 전력 수급을 위해 원전은 필요하지 않은가?" 사실상 우리나라 원전 갈등은 에너지, 기술, 안전성 측면을 넘어 찬반 세력 간 정치적 이슈로 변질되었다. 국가 에너지 정책도 100년의 교육 계획과 마찬가지다. 탄소중립 전략 설정에 있어 원전 문제는 안정적인 국가 에너지 전환 정책의 틀로써 접근해야 한다. 현 정부는 탈원전 기조 하에 탄소중립을 추구한다는 확고한 입장을 견지하고 있다. 혹시나 정치적 이유로 탈원전 기조가 후퇴하는 새로운 상황이 전개된다면 어떻게 될까? 이에 따라 에너지 전환 방향이 흔들리고, 관련 정책이나 시장도 요동치게 될 것이다. 언제쯤 논란이 깔끔하게 정리될까? 원전의 유용성 여부를 떠나서 사회적 논쟁이 반복될 때 그 해결의 중심에는 정부가 있어야 한다. 정치적으로 부담되겠지만 문제들을 드러내고 불확실성을 최소화하는 사회적 논의를 계속해야 한다. 이와 같은 사회적 논의 결과를 바탕으로 이번 정부 임기 내 해결할 것과 해결되지 못한 문제들을 정리하는 정부의 책임 있는 자세가 필요하다.

## 지금 탄소중립을
## 실천하려면

정부 역할의 해법을 찾으려면 무엇보다 당장 해결해야 할 현안과 앞으로의 과제 측면에서 접근해야 한다. 학생의 현재 학업 수준을 바탕으로 국어·영어·수학·과학 기초과목의 실력이 꾸준히 축적될 수 있도록 유도하는 학부모의 역할이라고 할까? 특히 학부모의 솔선수범과 가정 내 학습 분위기를 잘 조성하는 것이 중요할 것이다.

탄소중립 실현을 위해서는 우선 재생에너지 공급이 확대되어야 한다. 이는 전력을 포함해 에너지시장의 구조적 개선이 필요한 문제다. 에너지 관련 법제 개선뿐 아니라, 전력 산업 구조 개편과 같은 시장 및 제도 차원의 접근이 동시에 요구된다. 또한 재생에너지 확대를 위한 기반도 마련되어야 한다. 기반 구축의 핵심은 재생에너지 확산 과정에서 발생할 수 있는 전력 수급 불안정에 대비하는 것이다. 따라서 전력계통 유연성과 출력 안정화, 차세대 전력망 구축 등이 반드시 충족되어야 한다.

또 다른 기반은 에너지 효율 개선과 미래 신기술 개발 및 확산이다. 우선 당분간 잔존하게 될 화력 발전의 효율화가 중요하다. 미래 신기술 확산을 위해서는 연구 개발 체제의 혁신으로 디지털 기술 중심의 에너지 신산업이 활성화되어야 한다. 재생에너지 확산 과정에서 사회적 수용성을 확보하는 것도 필수다. 에너지 전환 이행 과정에서 일어나는 취약 계층에 대한 사회적 포용, 송·변전 설비 건설 과정의 사회적 갈등, 재생에너지 발전 사업 추진 과정의 갈등 등이 주요 현안이다. 수용성 문제는 지역 주민에 국한되는 것이 아니다. 우리 사회가 감내할 수 있는 기술적, 제도적 측면의 수용성까지 포함하는 개념이다. 즉, 재생에너지 기술 개발, 제도 개선, 기반 구축 과정에서 모두가 복합적으로 연결되어 있다. 수용성 문제는 궁극적으로 지역 에너지 활성화 측면에서도 매우 중요한 과제다. 이러한 각종 현안은 우선 시급히 해결해야 할 것과 장기적으로 추진해야 할 사항으로 구분해서 접근해야 한다.

다음으로 탄소중립을 위한 보다 근본적인 과제를 살펴보자. 이는 국가 전반의 혁신적인 프레임을 확립하는 문제이기도 하다.

탄소중립으로 가기 위해서는 우선 기술 혁신 문제를 해결해야 한다. 미래 저탄소 신기술 개발과 시장 확산을 위한 융합형 연구 개발·실증·확산(RDD&D: Research, Development, Demonstration, and Deployment)을 추진해야 한다. 개별 기술 및 전담 부처의 벽을 넘고, 최대한 여러 영역에 기술이 동시 적용될 수 있도록, 공공·민간의 역할 분담을 재조정하고, 지역 균형 발전을 도모하도록 현재의 기술 개발 및 평가 관리 체제를 바꾸는 것이다.

그리고 필요한 것은 산업 혁신이다. 저탄소 산업 생태계 조성을 위해 정부에서는 녹색금융 활성화, 혁신금융 확대 추진 등을 이미 검토하고 있다. 그러나 이와 같은 제도 개선은 산업구조 조정과 함께 이뤄져야 한다. 그동안 우리나라 경제성장의 맏형 역할을 해 온 전통 업종(철강, 자동차, 석유화학, 조선 등)들은 곧 생산, 수출, 일자리 문제에 직면하게 될 것이다. 우선 적응할 수 있는 과도기적 정부 지원이 필요하다. 동시에 탄소중립 시대의 새로운 맏형도 등장해야 한다. 저탄소형 업종 육성을 포함한 산업구조 전환을 대비해야 한다. 물론 쉽지 않겠지만 반드시 겪어야 할 성장통이다.

또 생산·유통·소비 전 범위에 걸친 정책 혁신이 필요하다. 탄소중립과 관련해 다양한 규제 정책과 인센티브 정책들이 제시되고 있다. 그러나 개별적인 시술적 성격의 정책으로는 탄소중립 기조를 유지할 수 없다. 대전환 관점의 정책 기조가 마련되어야 한다. 핵심은 온실가스 배출에 대해 비용을 부과한다는 강력한 신호를 주는 것이다. 비용부과 정책을 통해 각 영역에서 기술 투자를 결정하고 합리적인 생산과 소비의 의사결정을 유도하는 것이다. 특히 2015년부터 추진되어 온 국내 배출권거래제의 획기적 전환이 필요하다. 현재 매우 복잡하게 얽혀 있는 에너지 과세 체계 개편도 불가피하다. 이는 현재 이슈가 되고 있는 '탄소세'와 연결되는 것으로, 탄소중립을 위한 국가 비용 부담의 기반을 확립하는 것이라 할 수 있다. 즉, 생산·유통·소비 전 범위에 걸쳐 국민 모두를 수술대에 올리는 정책 혁신이다.

마지막으로, 지역 주민과 국민의 행동 변화를 이끌어내는 사회 혁신이다. 행동의 변화가 하루아침에 이루어지지 않는 만큼, 단계적이면서도 지속적으로 진행되어야 한다. 물론 탄소중립을 향한 교육·홍보는 중요하다. 그러나 그보다 효과적인 사회 혁신 방안을 함께 찾아가야 한다. 계도 차원의 접근을 뛰어넘어야 한다. 환경영향평가 등 법제도적 기반 강화, 중앙·지역 간 거버넌스 강화, 지역공동체 실천 활성화 등 정부의 실질적 노력이 병행되어야 한다. 계몽적, 제도적 접근이 함께 이뤄져야 비로소 구성원 스스로 바뀔 수 있을 것이다.


## 이제 정부는
## 무엇을 해야 하는가?

현안과 근본 문제를 제시했지만, 여전히 정부 역할을 규정하기란 어렵다. 현안과 근본 문제에 대한 각 이해관계자의 인식 수준에 따라 해법을 찾는 과정도 다르기 때문이다. 정부 역할은 이 복잡한 문제의 성격을 이해하는 데서 출발해야 한다. 정부가 현재까지 제시하고 있는 탄소중립 추진 전략은 10대 과제별로 각각 구분되어 있다. 하지만 대전환적 관점에서 각 세부 계획이 통합·연계되도록 실질적인 국가 환경을 구축해야 하며, 이것이 탄소중립 과정에서 정부의 본질적 역할이 되어야 한다. 또한 정부의 역할이 과거 녹색성장 추진 방식과는 달라야 한다. 이런 관점에서 정부의 현 탄소중립 추진 전략은 보완이 필요하다. 무엇보다 과거와는 달리 탄소중립을 정부가 책임감 있게 흔들림 없이 접근하고 있다는 확신을 국민들에게 보여주어야 한다.

## 에너지 전환을 위한 노력

국내외를 막론하고 탄소중립을 위한 핵심은 에너지 전환이다. 에너지 전환이란 3D, 즉 탈탄소화(Decarbonisation), 분산화(Decentralisation), 디지털화(Digitalisation)를 위해 에너지 시스템을 구성하는 다양한 요소들(물리적·기술적 요소, 시장과 제도, 사회 문화 및 행태 등)의 혁신을 이끌어내는 것이다. 우리나라의 경우, 수십 년 동안 에너지 부문의 경쟁 체제 확립에 실패했고, 그사이 새롭게 밀어닥친 변화에 적응해야 하는 이중고를 겪고 있다. 물론 지역 재생에너지 확산 운동, 연료비연동제 도입, RE100* 도입 등 많은 아이디어가 국내에 도입되고 있다. 그러나 이미 1990년대 중반부터 에너지시장 개방을 단행한 후 위와 같은 확산 운동을 경험한 서구 선진국들과는 상황이 다르다. 완고한 정부 주도의 전력시장을 유지해 온 국내 여건에서 위와 같은 추진 전략들이 효과적으로 작동

RE100
국제단체인 CDP 위원회 등의 주도로 기업이 2050년까지 사용전력의 100%를 재생에너지로 사용하겠다고 선언하는 자발적인 캠페인

할 수 있는지 점검하고 그 해결방안을 모색해야 한다.

예를 들어, 전기요금 체계 개편의 일환으로 2021년부터 도입되는 연료비연동제*를 살펴보자. 연료비연동제는 그동안 여러 전문가가 일관되게 요구한 제도다. 그러나 논의 과정에서 정부의 허가 문제로 어려움을 겪었다. 연료비연동제는 단순히 전력요금의 인상·인하의 문제를 넘어 최종 소비자가격에 원가조차 반영시키지 못하는 국

**연료비연동제**
기존의 전기요금은 기본요금과 전력 소비량 요금으로 구성되었으나 연료비연동제는 여기에 연료비 조정요금을 추가한 것으로, 발전 연료비 변동에 따라 요금이 조정되는 제도

내 전력시장의 문제를 개선하기 위한 정책이다. 그런데도 과거부터 전기요금을 물가 관리 수단으로 활용해왔던 관행 때문에 제도 도입이 쉽지 않았다. 다행히 2021년부터 도입이 결정되었으나 정작 시행되고 있는 상황을 보면 예상보다 아주 더디게 진행되고 있다. 연료비연동제가 처음 적용된 2021년 1분기에는 유가 하락 추세가 반영되어 전기요금을 내렸다. 그런데 2분기에는 국제 유가가 크게 오르면서 전기요금을 올려야 하는 상황임에도 불구하고, 물가 상승 우려로 1분기 수준에서 동결되었다. 제도 도입 초기부터 삐걱거린 것이다. 코로나19로 인한 경기 침체, 서울과 부산시장 보궐선거 등 전기 가격이 다시 경제적·정치적 상황에 영향을 받는다는 실망과 의구심이 확산되었다. 합리적 에너지 가격 없이 탄소중립이 가능할까? 전략도 있고, 제도도 있다. 그러나 근본적으로 필요한 것은 실행되지 않을 수 있다는 불확실성을 없애는 것이다.

에너지 전환 시대에 전기요금은 가격 신호에 따라 전력 소비 패턴

변화를 유도할 수 있도록 개편되어야 한다. 현재 도입된 연료비연동제나 용도별·지역별 전기요금 체계 개편만으로는 가격 시그널 대전환에 한계가 있다. 소비자의 선택권을 확대하는 다양한 선택형 요금제의 도입 역시 필요하다. 최종적으로는 전력 공급 원가를 반영해 시간대별로 요금이 변동하는 실시간 요금제(Real Time Price)로 나아가야 한다. 전기요금 체계는 정부에서도 정치적으로 손을 대기 부담스러운 문제다. 그러나 이는 정부의 탄소중립 실현 의지를 평가하는 첫 번째 잣대가 될 것이다.

또 하나 짚어야 할 것이 있다. 우리나라 전력 및 가스 관련 제도들은 과거 역사적 사건 및 특정한 사회 배경에서 설계되었고, 현재까지도 여전히 에너지시장과 거래 규율을 지배하고 있다. 에너지 전환 및 탄소중립 시대와는 너무 동떨어진 20세기형 전력 및 가스 시장의 개편이 시급하다. 에너지시장의 자유화가 에너지 전환에 긍정적 영향을 미친다는 해외 연구 사례가 많다. 전력시장 자유화 수준이 높을수록 태양광·풍력 진입 수준도 높게 나타난다. 전력시장 경쟁 도입과 발송배전 분리는 고효율·저탄소 신규 발전사업자를 늘려 생산성 향상과 이산화탄소 저감에 기여한다. 혁신적인 프로슈머 정책도 결국 충분한 전력시장 개방이 전제되어야 가능하다.

따라서 정부의 근본적 역할이 지금보다 또렷이 드러날 수 있도록 추진 전략을 더 꼼꼼히 챙겨야 하겠다. 에너지시장 구조 변화가 없는 상태에서 기술 발전을 추구하는 현 정부의 추진 전략은 에너지 대전환에 한계를 드러낼 것이다. 정부 및 공기업 주도의 에너지 전환 사업 모델이 에너지 요금, 시장구조, 정보 공유, 에너지원 간 융복합, 민간 투자 유도 등에 악영향을 미치는 것은 아닌지 고민해야 하며, 이러한 문제 해결을 위한 정부 역할이 추진 전략에 확실히 드러나야 한다. 또한 현재의 에너지 전환 추진 전략이 지속적인 사회 변화를 유도할 수 있도록 길을 제시해야 한다.

## 모두의 실천을 이끌어내기 위해

탄소중립을 위해서는 먼 길을 가야 한다. 중간에 지치거나 포기하면 안 된다. 기본적인 정부 역할은 물론, 사회 구성원들의 자신감을 돋우는 역할 역시 중요하다. 제도·기술·시장·사회 혁신을 통합적으로 고려해 실천 프로그램을 마련하고 각각의 성공 사례를 만들어가는 것이 필요하다. 시범 사업도 좋고, 작지만 신뢰를 주는 제도 이행도 좋다. 탄소중립 과정에서 소외당할 수 있는 계층, 이해관계 상충으로 피곤을 느끼는 사람들, 재생에너지 투자자들의 관심을 끌 수 있는 체험 현장을 마련하는 것이다.

탄소중립을 위한 지역화 모델이라는 예를 하나 들어보자. 사실 탄소중립을 위해서는 온실가스 감축 수단에 따라 우선순위를 두고 선별적으로 접근해서는 안 된다. 각 지역의 총체적 접근으로 국가 대전환을 모색해야 한다. 궁극적으로 탄소중립 실현은 국민들이 체감하는 지역 단위의 성공 모델을 실증하면서 지방, 전국 단위로 확대하는 방법이 최선이다. 지역은 다양한 사회 혁신 활동이 전개되고 에너지 민주주의가 실현되는 공간적 의미를 지닌다. 이는 지역 여건에 맞는 다양한 사회 혁신 활동으로 경험을 축적하여 지자체 및 지역 시민사회의 역량을 강화하는 선순환으로 이어질 수 있다.

지역화 모델이란 지역 고유의 특성과 여건에 맞게 지역 내 에너지 수요를 친환경 에너지로 최대한 자체 충당하고 에너지 소비를 최적화하는 것이다. 우리나라에는 이미 '한국판 뉴딜'이라는 것이 있다. 경제·사회구조 변화에 선제적으로 대응하여 코로나19 경제위기를 극복하기 위한 국가 종합 계획으로, 2020년부터 5년간 추진된다. 디지털 뉴딜, 그린뉴딜, 지역균형뉴딜 세 축으로 진행되며 총 160조 원의 재정 투자와 제도 개선을 통해 190만 개 일자리 창출을 목표로 추진하고 있다.

　탄소중립을 위해서도 한국판 뉴딜의 성공은 매우 중요하다. 탄소중립뿐 아니라, 국가 균형 발전은 중요한 우리의 국가 비전이기 때문이다. 탄소중립 지역화 모델이 지역균형뉴딜과 연계해 추진될 경우, 단기적인 일자리 창출을 비롯해 지역 경제 활성화에도 기여할 수 있다. 또한 주민공동체 참여를 통해 사회적 합의 기반 확산에도 긍정적인 학습 효과를 제공해 줄 것이다.

　탄소중립과 지역균형뉴딜의 연계를 위해서는 현재의 지역균형뉴딜 추진 방식을 더욱 고도화할 필요가 있다. 즉, 탄소중립 추진 전략과 기반 강화 계획들이 지역균형뉴딜 사업에 스며들 수 있도록 전환하는 것이다. 규제자유특구·샌드박스 선정 등을 통해 탄소중립의 실증화 사업을 추진하고, 계획 수립 단계에서부터 지역 주민, 공기업·민간 사업자가 참여할 수 있도록 하는 것이다. 이후 점차적으로 사업 모델을 유형화하고, 대규모화하는 단계로 발전시켜 지역 단위에서 탄소중립을 정착토록 하는 것이다. 이러한 과정에서 탄소중립 이행 사업들에 대한 정부 지원의 우선순위도 재정립하고, 이행 사업 추진 과정에서 경험하게 될 에너지시장 구조, 지역 갈등 등의 근본적 문제도 파악하고, 이를 해결하기 위한 정부의 역할을 마련하는 것에도 많은 시사점을 줄 수 있을 것이다.

위와 같은 지역화 모델 이외에도 우리나라 곳곳에서 실천을 이끌어낼 수 있는 다양한 프로그램 개발이 필요하다. 국민적 아이디어를 모아야 하겠다.


## 끝나지 않는 논쟁,
## 이제는 제대로 대답해야 한다

2021년 8월 탄소중립위원회가 내놓은 탄소중립 시나리오에 대해 많은 비판이 있었다. 사회적 논쟁은 주로 이런 것들이었다. 제시된 3개의 대안 중 2개에서 순배출량이 발생하며, 따라서 탄소중립 시나리오가 아니라는 관점이다. 여기에 덧붙여 영국의 철 지난 보고서를 언급한 탄소중립위원회의 대응 방식이 도마 위에 오르기도 했다. 기업들을 대변하는 경제 언론들은 산업 부문의 이행 방안도 불명확하고, 감축 목표도 과도하다는 논조였다. '전기료 3배 인상 불가피', '새털보다 가벼운 시나리오', '뒤죽박죽 시나리오' 등 기사 타이틀도 선정적이었다. 탈원전 기조에 대한 문제 제기도 빠지지 않았다. 진실 공방은 각 전문가 영역에서 따져볼 수 있겠으나, 여전히 질문과 의문이 많은 우리 탄소중립에 대한 자화상이었다. 하지만 논란의 여지는 또 남아 있다, 바로 정부가 발표할 2030년 감축 목표(NDC: Nationally Determined Contributions)다. 이것은 10년 이내 당장 닥칠 문제로, 2050년 시나리오를 논하는 것보다 훨씬 많은 논쟁이 있을 것이다.

시간이 지나도 사회적 논쟁이 좀처럼 줄어들지 않는 이유는 글의 서두에서 언급한 바와 같다. 탄소중립의 당위성에서 출발하였으나, 국가 정책 결정 과정의 기본 원칙을 충분히 지키지 못했기 때문이다. 정부가 국가 비전을 미리 결정하고 이제부터 방법론을 같이 찾아보자 하니, 당분간 논쟁은 자연스러운 수순이다. 정치적, 기술적, 사회적 측면에서 회의적인 시선들을 보내고 있다. 정부 추진 전략에 대해 구체성을 묻는 것이다. 결국, 현시점의 논쟁은 국제사회의 도덕적 의무를 넘어 대한민국의 생존과 지속 가능한 발전을 위한 것이며, 이 과정에서 정부 역할에 대한 질문을 던지는 것과 같다.

탄소중립을 위해서는 국가 기술·정책·사회의 대전환이 요구된다. 대전환 과정에서는 사회 구성원들의 가치 차이가 존재하기 마련이다. 1980년대와 1990년대 출생한 젊은 층 사이에도 추구하는 가치가 다른 세상이다. 탄소중립과 관련해 가장 모범적인 국가로 평가되는 독일 상황도 최근 만만치 않다. 2045년 강화된 탄소중립 추진을 발표하면서, 탄소중립 강화를 위한 이행 과정 및 방법에서 정치권은 물론 사회 전반적으로 이견이 표출되고 있다. 앞으로도 우리나라는 탄소중립의 방법, 과정, 속도에 대한 다양한 검토와 논의가 지속될 것이다. 이 과정에서 국민과 소통하면서 국민을 리드하는 정부의 능력 그리고 실천하는 정부 역할이 중요하다.

21세기 정부의 역할이란 정부가 시장을 주도하는 개념이 아니라, 정부와 시장과 국민의 역할을 시스템적으로 잘 배분하는 것이다. 탄소중립 문제에서도 예외는 아니다. 정부에게 당부한다. "바보야, 문제는 정부와 시장이 균형적으로 역할을 담당할 수 있도록 국가 환경을 만드는 거야. 에너지시장 구조 개편이야!" 이에 대한 정부의 대답이 향후 우리나라 탄소중립의 수순을 결정할 지표가 될 것이다.

# 11

## 탄소중립을 준비하는
## 모두의 길

# 탄소중립을 준비하는
# 모두의 길

2050년 탄소중립 목표를 달성한 도시는 과연 어떤 모습일까?

화석에너지로 작동하던 도시는 에너지와 먹거리를 자급하는 도시로 바뀔 것이다.

건물은 제로에너지건축물로, 자동차는 전기 자동차로 진화하며,

자원과 폐기물은 100%에 가깝게 순환될 것이다.

도시 인프라가 바뀌면 시민들의 삶도 달라질 것이다.

우리가 만들어야 할 도시의 모습을 상상하면서

지자체, 기업, 시민들이 어떤 노력을 기울여야 하는지 살펴본다.

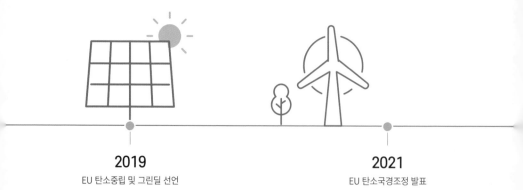

**2019**
EU 탄소중립 및 그린딜 선언

**2021**
EU 탄소국경조정 발표

시민들 스스로 일자리와 소득을 창출하는
에너지 협동조합 만들기

시민

탄소중립을 위한
주체별 역할

기업

지자체

탄소발자국 측정 데이터 구축,
자원의 재제조·재사용·재활용 확대

인구 구성, 산업 형태, 지역 특성을 고려한
기후위기 대응 정책 수립

**2024**
EU에서 판매하는
배터리 탄소발자국 표시

**2030**
국제에너지기구(IEA) 선진국
모든 석탄발전소 폐쇄

## 2050 탄소중립,
## 우리는 어떤 미래에 살고 있을까?

2021년, 우리는 전 세계의 판이 바뀌는 변곡점에 서 있다. 탄소중립 실현을 위해 지금껏 살아온 세상과 전혀 다른 세상으로의 전환을 준비하는 시점이다. 1988년 UN 산하 기후변화에 관한 정부 간 협의체 (IPCC)가 출범하고, 1994년 기후변화협약이 발효되면서 인류는 온실가스 감축을 위해 노력했다. 하지만 배출량은 줄기는커녕 오히려 더 늘어났다. 2015년 모든 나라가 온실가스를 줄이기로 약속한 파리협약에 이어, 2018년 IPCC는 인류 생존을 위한 마지노선으로 산업화 이전 대비 지구의 평균기온이 1.5℃ 이상 오르지 않아야 한다는 기준을 제시했다. 지구 평균기온을 1.5℃ 이하로 안정화하려면 2050년 이전에 탄소중립을 완료해야 한다. 그리고 2021년 7월 기준 전 세계 134개 국가가 탄소중립을 선언하였다.

2050년 탄소중립 목표를 달성한 세계는, 한국은, 우리가 사는 지역은 어떻게 변해 있을까? 세계 인구의 절반 이상이 도시에 살고 있으며 2050년경이면 약 70% 이상이 도시에 살 것으로 예상된다. 도시는 세계 전체 면적의 2%에 불과하지만, 에너지 소비의 3분의 2를 차지하고 온실가스의 70%를 배출한다. 이러한 도시가 어떻게 변할지 상상해 보면 탄소중립 목표를 달성하기 위해 지자체, 기업, 시민이 무엇을 어떻게 노력해야 하는지 그림을 그려볼 수 있지 않을까?

우리가 어떤 도시에서 살아갈 것인지, 어떤 도시를 만들어갈 것인지 투영(Projection)하는 작업이 필요하다. 탄소중립 도시에 대한 계획을 입체적인 공간에서 작동하는 것처럼 보여줄 수는 없을까? 시민들이 탄소중립 도시가 눈앞에 펼쳐지듯 생생하게 느낄 수 있도록 하는 것이다. 2050년 탄소중립 도시, 30년 뒤 화석에너지로부터 독립한 도시에서 살아가는 우리를 상상해 보자.

프리드리히 폰 보리스와 벤야민 카스텐은 『도시의 미래』에서 자동차가 달리던 도로가 공원으로 바뀌고, 도시농업·순환경제·공유경제가 기반이 되는 도시를 그리고 있다. 화석에너지로 작동하던 도시는 에너지와 먹거리를 자급하는 모델로 바뀐다. 도시 인프라가 바뀌면 도시에 사는 시민들의 삶도 바뀐다.

온실가스 배출은 건물 냉난방, 이동, 먹거리 생산·폐기, 폐기물 등에서 발생하며, 숲은 이산화탄소를 흡수하는 역할을 한다. 건물이 가장 중요하다. 새로 짓는 건물은 제로에너지건축물로, 기존 건물은 그린리모델링으로 에너지 필요량을 줄인다. 차량은 모두 전기로 달리는 공공 교통수단과 전기차, 자전거로 바뀐다. 주유소가 하나둘 사라지기 시작하다가 100% 전기 충전소로 대체될 것이다. 자원과 폐기물은 더 이상 매립이나 소각하지 않고 재제조·재사용·재활용을 통해 100%에 가깝게 순환된다. 도시가 바뀌면 사람들의 일자리도 달라진다. 화석에너지에 기반한 일자리는 줄어들고, 온실가스 저감과 관련한 일자리는 늘어난다. 아예 없어지는 일자리도 있고, 완전히 새롭게 생기는 일자리도 있을 것이다. 생각만 해도 변화의 폭이 너무나 크다.

## 탄소중립 사회로 가는 험난한 길

탄소중립 사회를 위한 구조적 변화는 앞으로 10년 이내에 급진적으로 이뤄져야 한다. 우리는 호주, 러시아, 인도네시아에서 수입한 석탄을 1년에 남산 체적만큼 태워 전기를 생산한다. 자동차 등록 대수는 2020년 12월 기준 2,437만 대로 인구 2.13명당 자동차 1대를 보유하고 있다. 주유소는 1만 1,331곳이다. 국토 전역에 1,225개의 산업 단지가 있으며, 산업 부문은 우리나라 온실가스 배출량의 36%를 차지한다(간접 배출량 제외). 소는 364만 5,000마리를 키운다. 탄소중립 사회를 만든다는 것은 앞으로 30년 안에 석탄발전소, 내연기관차, 주유소 같은 화석연료 기반 시설을 완전히 없애고 산업 단지에서 사용하는 에너지를 전환하며, 농축수산 분야에서 배출하는 온실가스도 대폭 줄이는 것을 의미한다.

2050년까지 탄소중립을 이루기 위해 한국은 2030년까지 온실가스 배출량을 2018년 대비 40% 줄이기로 했다. 2018년 7억 2,760만 톤에서 2030년 4억 3,660만 톤으로, 2030년까지 매년 전년도의 4.17%씩 줄여야 한다. 그래서 앞으로의 10년이 정말 중요하다. 행정안전부에 따르면 2021년 6월 기준 우리나라 주민등록 인구 전체 평균연령은 43.4세로 2008년 37세보다 6.4세나 많아졌다. 2030년이면 국민의 절반 이상이 50대 이상을 차지할 것으로 전망한다. 온실가스 감축 목표를 달성하기 위해 혁신과 활동성을 요구하는 가운데 인구 구성은 늙어가고 있다. 상대적으로 젊은 층에 많은 짐을 지우는 구조가 될 수밖에 없는 것이다. 김성욱 전 경기도에너지센터 수석 연구원은 탄소중립 사회로 가는 험난한 길을 이렇게 기술했다.

> "쉬운 상상부터 시작해 보자. 우리나라 수출의 많은 부분을 반도체가 차지하는데, 반도체는 큰 전력 소모를 필요로 한다. 반도체 제조 대기업이 두 개나 있는 경기도의 전력 소비량이 전국에서 가장 큰 원인이다. 이만큼의 전력을 모두 재생에너지로 충당할 수 있을까? 그때 전력의 가격은 부담 가능한 수준일까? 전력의 가격이 비싸지면 반도체의 국제 경쟁력이 유지될까? 반도체 기업이 경쟁력 유지를 위해 국내에서 생산되는 재생에너지를 싸게 팔아달라고 요청하면 어떻게 해야 할까? 그 거래가 성사되지 않으면 이들은 재생에너지가 싼 해외로 진출하게 될까? 그럼에도 고급 인력을 써야 하니 국내에 머무르리라는 희망은 있을까? 슬프게도 요즘 생산 공정에는 사람의 필요성이 점점 줄어들고 무인화는 점차 늘어만 간다."

탄소중립 사회를 준비하는 우리는 모두 기술적 낙관보다는 위 인용문에서 언급한 것처럼 현실적인 에너지 수요와 소비 방식, 이를 둘러싼 이해관계 조정과 부담을 이야기해야 한다. 당장 건물에서 온실가스를 줄이는 방식으로 제로에너지건축물과 그린리모델링을 언급하지만, 산업 부문 온실가스 감축 규제가 강해지면 모든 원자재와 산업 생산품 가격이 상승한다. 건물 뼈대가 되는 철강을 생산할 때 코크스 대신 수소를 사용하면 비용이 상승하고, 시멘트 공정에서도 탄소 배출 가격을 반영하면 건물을 짓거나 리모델링하는 데 들어가는 모든 비용이 상승하게 된다. 지금도 주택과 건물 가격이 상승하고 있는데, 탄소중립을 실현하는 과정에서 가격이 더 상승하게 될 것이다. 뉴욕처럼 건물주에게 온실가스 감축에 대한 의무를 부과하고, 어길 시 높은 벌금을 부과하는 정책을 제도화하지 않고서는 건물주들의 자발적인 온실가스 감축 행동을 기대하기 어렵다. 또한 높은 주택 가격은 불평등과 주거 복지를 악화시키는 결과를 낳을 것이다. 이렇게 우리는 2050년 탄소중립 사회가 어떤 사회일지를 구체적으로 전망하고, 계획과 대책을 수립해 움직여야 한다.

## 지자체, 기업, 시민의 새로운 길 찾기

탄소중립 시대를 준비하면서 지자체, 기업, 시민은 무엇을 해야 할까? 먼저 탄소중립 사회로 가는 여정이 험난하다는 사실을 받아들이는 것부터 시작해야 한다. 지금의 경제 규모와 소비를 유지하면서 탄소중립을 이루고 사회를 변화시킨다는 것은 불가능하다. 과잉 생산·소비·폐기의 시대에서 벗어나야 하고, 물질 소비를 대체할 다른 가치와 삶의 방식을 받아들이기 위한 노력이 필요하다. 또한 과도한 공포에서 벗어나 현실 인식을 바탕으로 기존 시스템의 무엇이 문제였는지를 사회 전체가 함께 인식하고 학습하는 시간도 가져야 한다.

프리드리히 폰 보리스는 코로나19의 경험이 도시 개발에 큰 용기를 주었다고 이야기한다. 너무나 명백한 위기의 순간을 겪으면서, 절대 안 될 것 같았던 일들의 경계가 흐릿해졌다는 것이다. 그는 "생태학적으로 지속 가능한 도시의 발전을 이끌 용기, 그리고 우리가 더 급진적이고 근본적이며 더 친환경적인 방식으로 미래 도시의 다음 페이지를 채워 갈 수 있는 용기"를 갖게 되었다고 말한다. 예를 들어 코로나19로 자동차를 비롯한 개인적인 이동 수단이 증가했음에도 불구하고, 유럽 도시에서 자전거 인프라가 급격하게 형성되었다. 더불어 사회 전반적으로 이동성이 감소했고, 시민들은 덜 이동하는 생활을 오히려 선호하게 되었다. 이동이 줄면서 이동 과정에 소모되는 시간을 되찾은 것이다. 우리는 성장과 물질의 가치를 여유와 행복의 가치로 전환하는 방법을 찾고, 이를 탄소중립과 연결해 지금과는 다른 도시와 삶의 모습을 그려야 한다.

전 세계 700여 개 도시가 레이스 투 제로(Race to Zero)*에 참여하며 2050년까지 탄소 배출량을 줄이기 위해 노력하고 있다. 세계 도시 중 가장 **빠르게** 탄소중립을 실현하려는 도시는 덴마크 코펜하겐이다.

레이스 투 제로
Race to Zero
전 세계 도시, 기업, 자치구 등 다양한 주체들이 2050년까지 탄소중립 실현을 위한 적극적인 기후행동과 협력을 약속하는 국제 캠페인

2025년 탄소중립 도시를 완성하는 것이 목표다. 코펜하겐은 2005년 대비 온실가스 배출량을 42%나 줄였다. 이곳에서는 에너지 소비에서 온실가스 배출량의 66%가 발생하고, 교통에서 34%가 발생한다. 코펜하겐은 도시 건물 지붕에 태양광을 올리고, 풍력 터빈을 확대할 예정이다. 낡은 주택을 재건축하고 에너지 공급을 재정비하며 주민들이 자가용을 버리도록 설득할 것이다. 기후 계획 덕분에 2025년까지 연간 3만 5,000명의 고용이 늘어날 예정이며, 시민들은 전기와 난방비를 훨씬 적게 부담할 것으로 보인다. 이동수단으로서 코펜하겐의 자전거 수송 분담률은 무려 49%에 달한다.

## 2025 탄소중립 도시 코펜하겐

※ CNCA

**2005년 대비 온실가스 배출량**

42% ↓

**2005년 대비 경제성장**

24% ↑

**온실가스 배출량**

34%

66%

■ 에너지
■ 교통

**탄소 감축 목표 & 열 부문 탄소중립 목표**

100% by 2025

**전력 믹스**

| 석탄 | 가스 | 석유 | 원전 | 수력 | 바이오매스 | 풍력 | 지열 | 태양광 |
|------|------|------|------|------|-----------|------|------|--------|
| 17% | 6% | 1% | 3% | 0% | 18% | 55% | 0% | 0% |

탄소중립도시동맹(CNCA: Carbon Neutral Cities Alliance)은 향후 10~20년 동안 탄소중립을 달성하기 위해 노력하는 주요 세계 도시들의 협력체다. 탄소중립을 위해서는 매우 공격적인 목표를 설정해야 하며, 점진적인 개선보다는 핵심 도시 시스템에 대한 혁신적인 변화가 필요하다. 특히 CNCA는 '기후정의' 개념을 강조하는데, 이는 저소득층·원주민·유색인종·이민자·난민 등 역사적으로 소외된 소수자를 보호하고, 이들이 살고 있는 지역의 기후위기 대응 안전망을 구축하는 기후행동을 의미한다. 그렇게 해야 화석에너지 기반 경제에서 만들어진 불평등을 개선하면서 탄소중립의 미래를 바르게 열 수 있다는 것이다. CNCA가 주로 하는 일은 혁신적인 기후행동에 대한 자금 지원, 탄소중립을 위한 정책 옹호, 거버넌스 구축과 발전, 우수 사례에 대한 학습과 공유, 혁신적 리더십 육성, 소통과 홍보 지원, 기후정의 실현 등이다. 이들이 제시하는 판을 바꾸는 주요 정책은 다음 장의 표에서 보듯이 크게 7가지다. 내용은 제로에너지건축물, 유비쿼터스 기반 전기자동차 충전, 유기재료 순환 의무화, 건물 전력화·냉난방 시스템 전환, 자동차 금지 구역·저배기가스 차량존 지정 운영, 생산자 역량 강화·재생에너지 전기 구매, 도시 기후예산 책정으로 구성되어 있다.

탄소중립 도시를 만들기 위해서는 수많은 아이디어와 관련 정책이 필요하다. 새롭게 지혜를 짜내고, 대안을 찾아야 하며, 그렇게 만들어 낸 아이디어와 정책을 현실에서 실현하려면 중앙정부는 물론 지자체·기업·시민이 같은 방향으로 힘을 모아야 한다.

## 탄소중립 도시를 위한 판을 바꾸는 정책들

※ CNCA, GAME GHANGERS 2018

| 부문 | 주요 정책 | 적용 도시 사례 |
|---|---|---|
| 제로에너지 건축물 | • 도시의 모든 건물은 연간 에너지 사용(냉난방, 조명, 어플라이언스, 차량 충전 등)을 전량 충당할 수 있도록 효율적으로 설계하고 건축<br>• 모든 에너지는 가능한 재생에너지로 생산하며, 기존 건물은 리모델링 | 밴쿠버 |
| 유비쿼터스 기반 전기 자동차 충전 | • 도시 내 전기 자동차 운전자가 합리적이 가격의 충전소에 빠르고 안전하게 접근할 수 있도록 함.<br>• 바이오 연료와 수소 연료 등 청정에너지 교통 시스템 구축 노력 | 오슬로 |
| 유기재료 순환 의무화 | • 공공 기관, 기업, 주택에서 배출하는 폐기물과 유기 재료를 분리, 수집, 가공해 최대한 순환하도록 함.<br>• 유기 물질은 탄소 포획용 퇴비로 사용하기 위해 회수 | 샌프란시스코 |
| 건물 전력화 냉난방 시스템 전환 | • 건물에서 사용하는 에너지원을 전력화하고, 냉난방 시스템을 고효율 열펌프로 대체<br>• 지역난방을 다양한 재생에너지원으로 대체 | 볼더, 뉴욕, 워싱턴 D.C |
| 자동차 금지 구역 저배기가스 차량존 지정 운영 | • 도시에서 자동차 통행 금지 구역을 설정해 운영<br>• 대기오염을 줄이고, 석유 기반 차량 통행을 줄이기 위한 방안 마련 | 스톡홀름, 런던, 오슬로 |
| 생산자 역량 강화 재생에너지 전기 구매 | • 공공 재원을 투입하고, 민간 투자를 장려해 도시 내 재생에너지 생산 촉진<br>• 재생에너지 생산 표준 채택, 구매자 연합 조직화, 지원 정책 마련 | 워싱턴 D.C, 멜버른, 리우데자네이루 |
| 도시 기후예산 책정 | • 도시의 연간 온실가스 감축 목표를 설정하고, 목표 달성을 위해 예산 수립<br>• 예산 상세 내역에 단기 배출 감축 조치의 예상 영향과 비용 책정<br>• 예산서 제안, 채택, 실행, 평가까지 적용 | 오슬로 |

## 지자체
## : 내가 만약 시장이라면?

우리나라는 17개의 광역 지자체와 226개의 기초 지자체가 있다. 중앙
정부뿐 아니라 지방정부도 탄소중립을 위해 온실가스 감축 계획을 수
립하고, 에너지와 자원 소비를 줄이면서 재생에너지를 늘리며, 친환
경 농업을 확대해야 한다. 「기후위기 대응을 위한 탄소중립·녹색성장
기본법」(약칭 「탄소중립기본법」)이 제정되면서 지자체가 탄소중립을 위해
실행할 수 있는 제도적 기반이 새롭게 구축됐다. 정부는 2030년까지
2018년 배출량 대비 40% 감축 목표를 설정하고, 이행 현황을 매년 점
검해야 한다. 마찬가지로 시·도지사와 시장·군수·구청장은 지역별 탄
소중립 녹색성장위원회를 만들고, 소속 공무원 중에서 탄소중립 이
행 책임관을 지정하며, 탄소중립 지원센터를 설립하게 된다. 탄소중
립 지원센터는 시민들을 대상으로 탄소중립을 알리며, 실천 및 행동
을 지원하는 역할을 할 것이다.

　이러한 법적 의무 외에 지자체가 앞으로 30년 동안 탄소중립 사회
를 만들어가려면 어떻게 해야 할까? 지자체마다 각기 다른 인구 구
성과 산업 형태, 지역 특성을 고려해 접근해야 할 것이다. 내가 만
약 시장이라면, 군수라면, 구청장이라면 어떻게 해야 할지 상상해
보자. 일종의 시나리오 작업이라고 할 수 있다. 이해를 돕기 위해
CACE(Council and community Action in the Climate Emergency)에서 제시하는
지방정부 가이드라인과 국내 사례를 토대로 재구성해 보았다.

시장에 당선되자마자 '기후위기' 대응을 최우선으로 삼겠다는 공약을 지키기 위한 정책 구상에 들어갔다. 아무래도 혼자 구상하기보다는 같이 논의할 수 있는 자문단을 구성하고, 기획조정실에 역할을 맡겨야겠다. 우리 시의 탄소중립녹색성장위원회를 열어서 어떻게 협력할지 함께 논의해야 할 것 같다.

**가장 중요한 것은 우리 시가 2050년 탄소중립을 향해 가면서 어떤 도시를 만들어갈지 지표를 마련하는 일이겠지?** 온실가스 감축도 중요하지만, 시민들이 주거권을 보장받으면서 기본적인 삶의 질을 유지하려면 불평등을 해소하고 일자리를 창출해서 소득을 이어가는 것도 중요하다. 우리 시의 향후 탄소중립 지표는 △ 온실가스 감축량 △ 불평등 해소 △ 일자리 창출이라는 3가지 지표를 설정해야겠다. 앞으로 모든 정책을 이 3가지 관점에서 접근할 수 있도록 정리해 보자. 그리고 장기적으로는 행복 지표 같은 것도 도시에 적용해 볼 수 있지 않을까? 온실가스 감축처럼 수치로 딱 떨어지는 목표치도 중요하지만, 시민들의 주관적인 삶의 만족도를 표현할 수 있는 살기 좋은 도시를 위한 지표도 필요해 보인다.

**우리 시에 온실가스 감축 목표가 얼마였더라? 이미 수립된 계획도 확인하고, 얼마나 달성했는지도 점검해야겠다.** 어디 보자. 온실가스 감축에 관한 우리 시 주무 부서가 어디였더라? 기후위기 대응이라면 으레 기후환경본부에서 해 왔겠는 걸. 그런데 사실 기후위기 대응을 위한 온실가스 감축이든, 완화든 시의 한 개 부서에서 할 일이 아니지. 시장의 역할이라는 것이 계획을 수립하고, 수립한 계획이 실행될 수 있도록 조직 체계를 만드는 일이니까 임기 초반에는 이 작업을 잘해야겠는 걸. **그런데 먼저 공무원 학습부터 해야겠다.** 모든 공무원이 기후와 환경 관련 문제에 대해 인식하도록 학습 공간을 마련하자.

일단 기획조정실에서 관련 부서들을 모아서 탄소중립·녹색성장 기본계획을 수립하도록 하고, 그 계획을 우리 시의 최상위 계획으로 삼도록 지시해야겠어. **계획만 수립하고 끝나면 안되니까 시민 참여형 계획을 충분히 토론해서 만드는 것이 중요해.** 사실 계획만 수립하고 캐비닛 안에 조용히 간직하는 무용지물인 계획이 얼마나 많아. 이번에는 정말 작동해야 한다고. 기후위기 대응의 시간이 얼마 안 남았으니까.

어디 보자. **우리 시의 탄소중립 계획을 세울 때 어떤 것들이 들어가야 할까?** 우리나라는 온실가스 배출량의 86%를 에너지에서 배출하니까 기후 계획이 에너지 계획과 연동될 수밖에 없겠네. 일단 현재 배출량을 알아보고, 2050 탄소중립을 위한 기간별 목표를 잡아야겠군. 목표를 달성하기 위한 부문별 감축 수단도 정해야겠지. 에너지를 중심으로 산업, 건물, 교통, 농업, 폐기물 순환, 흡수원 관리가 중요하겠어. **이거 뭐, 우리 시의 주요 부처들이 다 달라붙어서 같이 수립해야겠네.** 기획조정실과 기후환경본부를 중심으로 도시교통실, 주택정책실, 도시계획국, 푸른도시국이 공동으로 계획을 수립하고, 각각의 할당량을 정해야겠어. 동시에 일자리나 복지 쪽에서도 탄소중립 과정에서 발생할 수 있는 급격한 변화에 대한 대책을 세우도록 해야겠다.

기후위기 대응 계획 실행 체계는 시민들에게 동의를 얻어 우산 정책처럼 최우선으로 작동할 수 있게 만들 거야. 우산 정책을 실행하는 5대 실행주체는 어떻게 구성할까? 기후부시장, 탄소중립국, 탄소중립이행책임관, 탄소중립지원센터, 기후비상시민회의를 각각 설정하면 어떨까? C40(도시기후 리더십 그룹) 도시들은 기후부시장제를 도입해서 온실가스 감축과 적응 정책을 추진하고 있다고 하니 참고가 될 것 같아. 탄소중립국은 시의 여러 부처와 협력해서 탄소중립 정책이 실행되도록 하고, 중간지원 조직으로 지원센터를 두자. 시민들이 기후비상시민회의를 독립적으로 운영할 수 있도록 지원하고, 시민들이 제안한 정책을 시에서 검토 후 최대한 반영하도록 하자. 협력 기관으로는 탄소중립녹색성장위원회와 시의회가 있으니 도움받을 수 있을 거야.

분야별로 대책을 수립해야겠지만 무엇보다 중요한 것은 예산이겠지. **예산과 자원을 어디에 어떻게 쏟을지를 정해야겠어.** 탄소인지 예산제와 실행 예산 편성이 핵심이야. 기존에 편성한 지자체 예산을 점검해 기후위기를 심화시키는 예산을 삭감하고, 삭감한 예산을 기후위기 대응 예산으로 전환하자. 탄소인지 예산제를 기본으로 지자체의 예산 집행이 온실가스 배출량을 줄이는 방식으로 편성되도록 제도화하고, 기후위기대응기금이 지역 특색에 기반을 둔 온실가스 감축 사업에 쓰일 수 있도록 준비해야겠다.

탄소 계획을 수립하는 초기에 지자체장도 공무원도 학습을 했는데, **이제 시민들과 학생들을 대상으로 함께 학습하도록 해야겠다.** 모든 구성원이 1년에 일정 시간 이상 탄소중립을 학습할 기회를 보장해 주자. 시에서는 시민들이 창의적이고 자발적인 기후 대응 활동을 할 수 있도록 지원해야지. 앞으로 30년 동안 모두가 학습하는 사회로, 모두가 전환하는 사회로 가야만 한다는 것을 받아들이도록 설득해야겠어.

이제 현황은 파악했고, 계획을 세워서 실행 체계도 만들었다. 탄소인지 예산제라는 제도도 도입해서 시행하고 있고, 시민들과 탄소중립에 대한 학습을 하면서 점차 정책이 자리 잡아 가고 있는데, 다음 단계는 뭐지? **그래, 네트워크다.** 기후위기 대응 에너지 전환 지방정부협의회, 탄소중립 지방정부실천연대와 같은 국내 탄소중립 지자체 네트워크에 참여하고 지자체 간 협력을 통해 탄소중립 사회를 공동으로 만들어가면 좋겠다. '레이스 투 제로', '탄소중립도시연맹(CNCA)'과 같은 국제 네트워크와도 정보를 교류하고 소통하면 도움이 되겠지. 우리 시가 잘하고 있는지, 다른 시들은 어떻게 하는지 서로 배우고 소통하는 게 중요할 거야.

우리 시는 매년 두 차례 시민들을 대상으로 탄소중립 이행 성과 결과에 대한 보고 대회를 개최해야겠어. 1년 동안 온실가스는 얼마나 줄였는지, 불평등 완화 정책과 어떻게 연결되었는지, 일자리는 얼마나 만들었는지 보고 체계를 갖추도록 해야겠다. 시민들에게 알리는 백서 발간도 의무화하면 좋겠다. 이 정도면 된 것일까? 빠뜨린 것은 없나?

지자체에서 탄소중립을 실현하기 위해서는 이처럼 많은 것들을 고민하고 실행해야 한다. 자, 이제 여러분이 지금 살고 있는 지역의 시장, 도지사, 군수, 구청장이라고 상상해 보자. 당신이 지자체장이라면 기후위기 대응을 위해 어떤 정책을 가장 먼저 펼치겠는가? 2020년 한국판 뉴딜의 일환으로 그린뉴딜 정책이 발표된 이후, 지자체가 정책을 수립해 실행에 옮긴 지 1년이 지났다. 지자체가 수립한 그린뉴딜 정책을 들여다보고, 우리 지역에서는 어떻게 해야 할지 함께 생각해 보자.

## 최초의 탄소중립 광역지자체 계획, 2050 기후행동: 서울특별시

서울시는 2021년 C40*에 2050 서울의 기후행동 목표를 담은 보고서를 제출했다. 서울에서는 건물이 핵심이다. 온실가스 배출량의 60% 이상을 차지하는 건물 부문 온실가스 감축을 위해 건물 온실가스 총량제를 도입하고, 건물 에너지 효율을 높이기 위한 정책을 실행에 옮겼다. 건물 부문 온

**C40**
기후변화 대응을 약속한 전 세계 대도시들의 협의체로, 서울, 뉴욕, 런던, 파리, 베이징, 도쿄 등 97개 회원 도시가 참여

실가스 감축 종합 대책을 수립해 건물 유형별로 감축 대책을 발굴했는데, 기존 건물과 신규 건물, 건물 규모(다소비, 중소형, 공공 등), 건물 용도, 사용자와 소유자 관점에서 접근하였다. 서울시에서는 신축 예정이거나 리모델링을 계획하고 있는 건물에 예산을 추가 투입해 신축 건축물은 제로에너지건축물 인증을, 기존 건축물은 외단열을 포함한 그린 리모델링을 추진하고 있다.

공공 건물에 대해서는 등대 프로젝트를 실행하고, 노후 단독주택에 대해서는 가꿈주택사업을 시행하고 있다. 가꿈주택사업은 노후 주택 에너지 효율화 리모델링에 식섭 보소금을 시급함으로써 주택의 에너지 효율화를 도모하는 사업이다. 주거 환경 개선을 통해 삶의 질을 향상시킬 뿐만 아니라 노후 주택의 냉난방 에너지 비용을 줄여 간접적인 소득 지원 효과가 발생한다. 단기적으로 지역 일자리와 경기 부양 효과가 있으며, 임대주택 공급 확대 효과도 거둘 수 있다.

한편 서울시는 저층 주거지 재생 사업과 건물에너지효율화사업(BRP)과의 융합, BRP의 확대 개편, 에너지 성능 개선 등을 지원하고 있다. 특히 임차 가구 지원 시 건물주와의 양해 각서를 체결해 개선된 주택에서 임차인이 쫓겨나지 않도록 임차 기간을 보장하거나 늘리는 방식을 채택했다.

시민들은 서울 에너지 정보 플랫폼을 통해 자치구, 동, 개인 가정의 전기, 수도, 가스, 열 사용에 대한 정보와 온실가스 배출량을 확인할 수 있다. 이런 에너지 정보 플랫폼을 바탕으로 서대문구에서는 '스마트 에너지 공동체 사업'을 진행하고 있다. 이 사업은 정부의 2차 스마트그리드 기본 계획의 일환으로, 시민들이 직접 전력 수요 관리에 참여할 뿐만 아니라 도심 주택과 공공 건물, 상업 건물의 태양광과 전력저장장치(ESS)를 연계한 전력 중개 사업까지 할 수 있는 플랫폼을 구축한 것이다. 산업통상자원부와 서울시는 2021년 10월부터 서울 서대문구 3,000여 가구에 시간별 요금제를 도입했다. '시간별 요금제'는 시민들의 전력 소비량이 많은 낮 시간대에는 상대적으로 비싼 요금을, 전력 사용량이 적은 밤과 아침 등 그 외 시간에는 저렴한 요금을 책정하는 제도다. 녹색 요금제는 시민들이 더 많은 비용을 내고 100% 태양광 발전을 선택할 수 있는 요금제이다. 이런 시범 사업의 데이터가 축적되면 지역 단위로 최적의 전력 소비·공급 시스템을 구축할 수 있고, 효율적인 전력 관리로 온실가스를 줄일 수 있다. 나아가 가상발전소로 확장하면 시민들이 주도해 도심지에서 에너지 서비스 산업을 만들 수 있다. 시민들이 스스로 일자리와 소득을 창출하는 모델로, 마을 에너지 기업과 협동조합이 만들어질 수 있다.

### 시민과 함께해 더욱 '빛나는' AI-그린뉴딜: 광주광역시

광주광역시는 '광주형 AI-그린뉴딜'을 통해 '2045년 에너지 자립 도시'를 만들 것을 선언했다. 2021년 2월 시, 의회, 교육청, 경제단체, 시민단체 등이 모두 참여하는 민관 거버넌스로 '탄소중립 추진위원회'를 구성해 적극적으로 운영하고 있다. 광주시청 1층에는 기후위기 대응광주 공동체 비상본부가 자리잡았고, 광주 시민들은 매주 금요일 '기후 비상 행동'을 어어가고 있다.

에너지 자립 도시에서 표방하는 구호는 단순하다. '내가 사용하는 전기는 내가 만들어 쓴다'는 것이다. 지역 주민들이 기후위기 대응과 에너지 전환 활동을 할 수 있도록 5개 자치구에 에너지 전환 마을 거점센터가 들어섰다. 광주시 곳곳에는 시민 에너지발전소가 속속 들어선다. 시민들이 마을과 지붕에 빛고을 시민 햇빛발전소를 건립 중인데, 시민과 공공 기관이 함께 만든 제1호 시민 햇빛발전소는 서구 농성동 빛여울채 아파트 옥상에 274kW 규모로 들어섰다. 광주시 교육청·시민협동조합 협약 1호로 광주전자공고에 600kW 규모 햇빛발전소를 만드는데, 이것은 광주에서 처음으로 학교 옥상에 시민들이 투자한 햇빛발전소가 들어서는 것이다.

도시에서는 생산만큼이나 중요한 것이 수요 관리다. 7개 아파트단지 6,277세대를 대상으로 한 '미래형 스마트그리드' 실증 연구 사업도 진행 중이다. 시민들은 스마트계량기로 실시간 전력 사용량을 알 수 있고, 전기요금이 계절과 시간대별로 달라지면 저렴한 시간대를 선택·사용해 전력 피크 부하를 줄일 수 있다. 스마트그리드는 수요자원(DR) 시장, 태양광 발전, 전력저장장치(ESS)를 결합해 가상발전소를 만들어 도시에서도 시민들이 에너지 생산자가 될 수 있도록 만든다.

광주시는 기업의 재생에너지 전환을 위해 '2030 기업 RE100 추진협의체'를 구성했다. 기관·기업·공장이 건물에 재생에너지 시설을 설치하거나 재생에너지인증서(REC) 구매에 자발적으로 참여하도록 유도하고 있다. 광주시의 탄소중립을 위한 실천은 시민이 제안하고, 의회가 조정하며, 행정이 실행하는 거버넌스 측면에서 강점을 갖는다.

### '그린뉴딜' 아이디어톤 경연대회: 경상남도

경상남도는 탄소중립 정책에서 스마트 그린 산업단지 조성과 에너지 전환이 핵심 과제다. 경상남도의 경제적 기반이 기계·자동차·조선과 같은 전통적인 제조업이고, 석탄화력발전소 14기가 이 지역에 있기 때문이다. 따라서 경상남도는 2030년까지 현재 배출하는 온실가스의 절반을 줄인다는 목표로 에너지 전환, 지역 발전 전략을 담아 그린뉴딜 정책을 만들었다. 핵심 정책은 재생에너지 확대로, 해상풍력 발전, 공장 지붕 위 태양광, 영농형 태양광을 확대한다. 스마트 그린 산업단지는 에너지 효율과 재생에너지, 데이터·인공지능(AI), 디지털 트윈 등 첨단 정보통신기술(ICT)을 접목한 '개방형 테스트 베드'를 조성한다.

또한 경상남도는 '그린뉴딜 아이디어톤 경연대회'를 열어 시민들의 아이디어를 모아 정책에 반영하고 있다. 농산물 수요를 예측하는 빅데이터 구축을 통해 잉여 농산물과 농산물 폐기를 줄이는 사업이 대상을 받았고, 애기똥풀의 주민 참여 업사이클링, 배건네마을공작소의 노후 주택 그린리모델링, 무탄소 여행 프로그램 개발, 전기 이륜차 사회적 기업 등 다양한 정책 제안이 쏟아졌다. 시민들이 온실가스 감축과 일자리 창출을 연결하면서 자연스럽게 사회적 기업 방식을 제안한 것인데, 이처럼 정책을 만들 때 시민들의 이야기를 듣는 것이 중요하다. 많은 사람이 함께 기후위기의 심각성을 느끼고 있고 해법을 고민할 수 있기 때문이다.

## 무상 버스로 교통 부문 기후위기 대응 선도: 경기도 화성시

화성시는 경기도에서 가장 면적이 넓고, 재정 자립도 1위이며, 가장 빠르게 인구가 늘어나는 곳이다. 이곳 경제의 가장 큰 축은 제조업이다. 화성시는 이러한 특성을 반영한 그린뉴딜 정책으로 재생에너지 전력 생산과 무상 교통을 추진하고 있다. 조력 발전, 태양광 발전, 수소 연료전지, 산업단지 에너지 클러스터를 통해 연간 250만MWh의 신재생에너지를 생산할 계획이며, 태양광과 연료전지 발전소는 시민 펀드를 조성해 시민들과 수익을 공유할 예정이다.

화성시의 무상 교통은 전국적으로 주목받고 있다. 버스 공영제를 도입해 공공 교통 인프라를 확충하며, 단계적 무상 버스를 실시한다.

2020년 청소년, 2021년 만 65세 이상 노인층까지 약 25만 명을 대상으로 진행하고, 2022년에는 모든 화성 시민을 대상으로 확대할 계획이다. 촘촘 교통 인프라와 무상 버스로 나홀로 승용차를 줄이고 시민들의 이동권을 보장하면서, 온실가스 감축과 교통 혼잡 해소, 교통 비용 부담 경감 등의 효과를 기대할 수 있다.

미국 매사추세츠주 로렌스시에서는 이미 2019년 9월부터 도심을 운행하는 3개 노선버스를 무상으로 운행하고 있다. 버스 요금이 면제된 이후 로렌스시 버스 이용률은 24%까지 증가했다고 한다. 전 세계적으로 무료 대중교통을 제공하는 도시는 100여 개 정도로, 프랑스와 폴란드 등 유럽 지역에 집중되어 있다. 우리나라에서는 화성시를 시작으로 인근의 당진시와 강원도 정선군까지 점차 확대되고 있다. 무엇보다 화성시는 '온실가스 감축', '일자리 창출', '불평등 해소'라는 3대 지향 가치를 염두에 두고 그린뉴딜 계획·실행·평가 체계를 수립했으며, 그린뉴딜 이행 평가 보고서도 발간하고 있다.

### 석탄에서 RE100으로의 전환: 충청남도 당진시

탄소중립을 위한 당진시의 그린뉴딜은 탈석탄과 재생에너지 전환, 산업 공정 에너지 효율 혁신, 내연기관 자동차 퇴출, 건축물 그린리모델링 등으로 구성되어 있다. 재생에너지 전력 공급 인프라는 향후 5년 내 태양광 536MW, 풍력 345MW로 시작하여 총 1.5GW 규모로 조성될 예정이다. 그 밖에도 주민 참여형 에너지 전환 지원 조례 시행, 산업 부문 에너지 효율 개선, 시내버스 공영제를 통한 친환경 공공 교통 확산, 재생에너지 유지·관리 산업 육성 및 재생에너지 갈등 예방

모델 제시 등 일자리 창출과 주민 수용성을 아우르는 다양한 정책을 계획하고 있다.

당진시는 우리나라 최초의 RE100 산업단지를 만들어, 입주 기업들이 태양광·풍력 등 100% 신재생에너지만으로 제품을 생산하게 할 예정이다. 석탄에서 재생에너지로 전환해 기후위기 시대의 해법을 찾겠다는 전략이다. 당진시는 입주 기업뿐 아니라 그린 데이터센터, 에너지 전환 지원센터 유치를 위해 노력하고 있다. 그린 데이터센터는 ICT 기술과 재생에너지로 운영하며, 에너지 전환 지원센터는 화석연료 중심의 에너지 시스템을 재생에너지로 전환하기 위한 지원과 연구개발이 함께 이뤄지는 공간이다.

무엇보다 당진시는 그린뉴딜 시민기획단을 만들어 시민들과 함께 정책을 만들었다. 공공기관·기업·시민이 모두 참여해서 정책을 만들어 지자체에 제안하는 방식을 전국 최초로 도입했다. 시민기획단에서는 '시민과 함께 이뤄내는 2050 탄소중립 도시 당진'이라는 타이틀로 그린뉴딜 정책을 제안했는데, 2050년까지 온실가스 100% 감축과 재생에너지 전력 비중 150%를 달성하겠다는 내용을 담았다. 시민기획단에는 여러 이해관계자가 참여했다. 특히 당진 화력발전소, 현대제철과 같은 온실가스 배출량이 많은 지역 기업이 동참한 것은 큰 의미가 있다.

# 기업
## : 탄소 통상 시대와 정의로운 전환 사이에서

### 탄소 통상 시대, 탄소 배출량이 무역의 기준이 되다

EU는 2019년 12월 탄소중립을 선언하고 그린딜을 통해 목표를 달성하겠다고 밝혔다. 특히 통상 정책과 연동해 탄소국경조정제도와 탄소발자국표시제도를 실행할 예정이다. 탄소국경조정제도는 EU로 수입되는 상품의 생산 과정에서 발생한 온실가스에 대해 비용을 부과하는 제도다. 2021년 EU는 2030년까지 1990년 대비 55% 감축을 위한 법 세도화를 위해 탄소국경조징제도를 발표했는데, 제조 과정이 단순해서 탄소 함유량을 쉽게 측정할 수 있는 시멘트·철강·비료·전기에 우선 시행한다고 밝혔다. 친환경 배터리 규제도 개정된다. 2024년 7월부터 유럽에서 판매하는 전기차와 산업용·휴대용 배터리는 '탄소발자국'을 공개해야 하며, 2027년부터는 탄소발자국이 일정 수준을 넘어서면 제품 판매를 금지할 예정이다.

미국도 탄소국경조정제도의 도입을 추진할 것으로 보인다. 탄소 집약적 상품에 대해 탄소 관세와 부과금, 쿼터 등을 시행하고, 파리협정 목표 달성을 교역국과의 무역협정 조건으로 설정한다는 것이다. 이처럼 탄소중립을 통상과 연결하는 흐름은 반도체와 배터리 같은 핵심 산업에 대한 자국 내 공급망 확충 정책과 연결되어 있다. 탄소중립과 연계한 통상 구조 변화는 국가와 기업의 경쟁력이 이제는 탄소 감축 능력과 연동된다는 것을 의미한다. 환경·사회·지배구조(ESG)의 책임성을 강화한 기업 경영이 주목받는 것도 이러한 흐름을 반영한 것이다.

## 탄소 통상 시대의 에너지 로드맵

우리나라는 이러한 탄소 통상 시대에 힘겨운 상황을 맞이했다. 무역 의존도와 에너지 탄소 집약도가 모두 높기 때문이다. 무역 규모는 세계 7위이고, 무역 의존도는 G20 중 독일 다음으로 높다. 주요 수출품인 철강, 반도체, 자동차, 석유화학제품 등은 에너지 다소비 산업이다. 2019년 기준 전력에서 석탄 발전 비중이 40%를 넘고, 경제협력개발기구(OECD) 중 재생에너지 비중은 최하위다. 2018년 기준, 온실가스 배출량은 세계 11위이고 이산화탄소 배출량은 7위다.

기존 국제 무역에서는 상품의 질과 가격이 중요했다면 탄소중립 시대에는 상품 제조 과정에서 배출한 탄소량이 중요한 기준이 된다. 당장 상품 생산 전 과정에서 배출한 탄소발자국을 측정할 데이터 구축과 관리, 검증이 중요해지며, 탄소발자국을 줄일 수 있는 방법을 찾아야 한다. 제품 생산 과정에서 사용하는 전력 중 재생에너지의 비중을 늘려야 하고, 자원의 재제조·재사용·재활용을 확대해야 한다. 친환경 에너지와 순환경제로의 전환은 EU 그린딜의 핵심 요소이기도 하다.

국제에너지기구(IEA)는 2021년 '2050 탄소중립 달성을 위한 글로벌 에너지 로드맵'을 발표했다. 탄소중립을 향한 첫 번째 에너지 전환 시나리오로 세계적인 주목을 받았다. 핵심은 선진국의 2030년 석탄발전소 폐쇄, 2035년 전력 생산 탈탄소화와 내연기관 신차 판매 금지 등이며, 2040년에는 선진국뿐 아니라 전 세계가 전력 부문의 탈탄소화를 달성해야 한다.

# 2050 탄소중립 로드맵 주요 정책

※ IEA, 2021

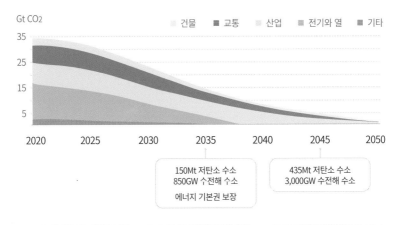

건물 ■ 교통 ■ 산업 ■ 전기와 열 ■ 기타

150Mt 저탄소 수소
850GW 수전해 수소
에너지 기본권 보장

435Mt 저탄소 수소
3,000GW 수전해 수소

## 2021

- 신규 석탄 발전 개발 허가 금지
- 신규 석유, 가스 채굴 허가 금지
  신규 석탄 광산 채굴 연장 금지

## 2025

- 화석연료 보일러 신규 판매
  금지

## 2030

- 모든 신축 건물은 탄소 제로
  준비 완료
- 전 세계 판매 차량의 60%
  전기차
- 중공업 산업에서 가장 새롭고
  청정한 기술 대규모로 구현
- 1,020GW 태양광, 풍력
  발전 매년 추가

## 2035

- 모든 전자기기와 냉난방기
  최고 효율 등급만 판매
- 내연기관 신규 판매 금지
  대형 트럭 50% 전기차 전환
- 산업 전 영역의 전기 모터
  최고 효율 등급만 판매
- 모든 선진국 넷 제로 전기 발전
- 4Gt $CO_2$ 포집·저장

## 2040

- 기존 건물의 50% 탄소 제로
  건물로 리모델링
- 항공 연료 50% 저탄소 연료로
  전환
- 중공업 생산 용량의 약 90%
  투자 한계에 도달
- 모든 석탄과 석유 발전 폐쇄
- 전 세계 전력 생산 탈탄소화

## 2045

- 난방 수요의 50% 전기
  히트펌프

## 2050

- 건물 85% 이상 탄소 제로
- 남은 중공업 산업 생산의 90%
  이상 저탄소
- 전 세계 전력 생산의 70%
  태양광, 풍력으로 생산
- 7.6Gt $CO_2$ 포집·저장

IEA 로드맵은 목표를 달성하기 위해 에너지 효율성, 재생에너지, 전력화, 전기 자동차(EV), 메탄 배출량 감축 등을 강조하고 있다. 전 세계적으로 2030년까지 필요한 추가 발전용량은 태양광 630GW, 풍력 390GW로, 총 1,020GW를 매년 신규로 설치해야 한다. 이것은 세계 에너지 산업이 재생에너지를 중심으로 급격하게 재편될 것을 의미한다.

IEA는 2020년에서 2030년까지는 기존에 경제성이 검증된 수단을 적극적으로 활용하고, 그 이후 2050년까지는 기술 개발을 통해 새로운 감축 수단을 적용해야 한다고 밝혔다. 또한 탄소중립에 도달하기 위해서는 전 세계 에너지 부문에서 2030년까지 연간 5조 달러의 투자가 필요한 것으로 분석했다. 로드맵을 살펴보면, 2050년 전 세계 전기의 90%는 재생에너지 발전을 통해 공급되고, 나머지는 원자력 발전의 역할로 남겨두었다. 현재 1차 에너지 공급의 5분의 4를 차지하고 있는 화석연료는 5분의 1을 약간 넘는 수준으로 줄어들어 탄소 포집 설비를 갖춘 시설에서만 사용하게 된다. 탈탄소화를 중심으로 급변하는 에너지 산업은 새로운 시장과 일자리를 만들어내는 동시에 화석연료 산업에 좌초자산과 일자리 충격을 안겨줄 것으로 보인다.

이제 탄소중립과 탄소 통상 시대에 적응하지 않으면 경제적 타격은 불가피하다. 앞으로 통상·산업 정책과 에너지 정책의 연계성은 높아질 수밖에 없다. 어떤 에너지를 사용해 산업 활동을 하는지가 곧 탄소 배출량과 연결되기 때문이다. 탄소 배출량이 세계 표준으로 자리매김하는 시대, 우리나라도 탈탄소 경제 시스템 구축과 에너지 전환을 서둘러야 한다.

## 지속가능기업을 위한 준비

기후위기는 기업경영에 불확실성을 키우는 요소로 특별한 대비가 필요하다. 기업은 국제 통상이 탄소중립과 연결되면서 새롭게 도입되는 제도를 면밀히 파악하고 대응해야 한다. 특히 수출 의존도가 높은 기업들은 파리협정의 전개와 EU·미국·한국 정부의 탄소중립 관련 제도를 파악하고, 분석하는 작업에 돌입해야 한다. 국내외적으로 ESG(환경보호·사회공헌·윤리경영) 열풍이 부는 것은 금융기관들이 기업의 비재무 지표 중에서도 기후위기를 반영한 환경(E) 관련 지표를 투자와 연계하고 있기 때문이다. 기업 경영에 있어 높아진 무형 가치 비중, 정보의 빠른 확산 속도, 기후위기 심화와 대중의 인식변화로 인해 앞으로 ESG는 중요한 경영 척도가 될 것으로 보인다. 이처럼 국내외적으로 정책이 급변하는 시기에 기업이 해야 할 일은 명확하다.

첫째, 해외 제도 변화에 대한 정확한 정보 수립과 분석력을 갖추는 것이다. 유럽기후법, 탄소국경조정제도, 탄소발자국표시제도, 플라스틱 규제와 같이 새로 도입되거나 강화되는 제도에 대해 반드시 파악하고 있어야 한다. 정부가 2050년 로드맵을 수립하듯이 기업도 향후 30년의 장기 전략 아래 탄소중립 계획을 수립해야 한다.

둘째, 탄소국경조정제도와 탄소발자국표시제도의 도입은 기업이 제품 생산 전 과정에서 발생하는 탄소발자국을 계량·검증하는 시스템을 갖춰야 한다는 것을 의미한다. 소비자들도 "이 제품에 포함된 탄소발자국은 몇 그램인가요?"를 묻기 시작하고 있다. 탄소발자국을 표시하기 위한 가장 기본적인 작업은 데이터 확보와 검증이다. 기업은 앞으로 기업 활동으로 발생하는 온실가스 배출량과 제품의 탄소발자국에 대해 신뢰성 있는 전 과정 데이터를 마련하고, 공개하는 작업을 준비해야 한다.

셋째, 기업 활동 전반에 에너지 효율 향상, 자원순환, 재생에너지 확대 등 실질적인 온실가스 감축 수단을 마련한다. 정부의 2030년 온실가스 감축 목표 상향과 탄소중립 정책은 기업에게 더 많은 온실가스 감축을 요구한다. 따라서 기업도 스스로 온실가스를 줄이는 계획을 세우고, 인력과 비용을 배치해서 실행에 나서야 한다.

넷째, 환경부는 녹색 분류체계(Taxonomy)를 발표할 예정이며, 금융위원회는 기업 ESG 정보 공개 의무화를 추진할 예정이다. 따라서 금융권의 탈석탄 선언을 포함한 탄소중립 투자 동향을 파악하는 동시에 기업 자체적으로도 기후변화 관련 재무 정보 공개(TCFD)*, 재생에너지 전력100(RE100)을 준비하고, 지속적인 데이터 수립을 통해 향상되는 ESG 보고서를 작성해야 한다. ESG 전담 기구를 구성하고 지표별 이행·점검·평가 체계를 갖춰 ESG 개선으로 이어질 수 있도록 해야 한다.

**Task Force on Climate Related Financial Disclosures**
기업이 기후위기를 식별하고, 평가하고, 관리하도록 함으로써 저탄소 경제로의 전환 시 기업의 재무 리스크 정도를 파악할 수 있도록 하는 것

다섯째, 기업이 적극적으로 탄소중립 기술 개발에 투자를 확대하고 관련 전문 인력을 양성한다. IEA가 제시했듯이 탄소중립은 에너지를 포함한 세계경제의 일대 전환을 의미하며, 이를 위해서는 기술 개발 투자가 선행되어야 한다. 이러한 기술 개발은 새로운 시장과 가치 창출로 이어질 수 있으므로 선도적으로 접근할 필요가 있다. 목표 달성을 위해 정부와 협력 체계를 구축하는

것도 중요하다.

최근 산업통상자원부와 대한상공회의소는 철강, 석유화학 등 에너지 다소비 업종을 포함한 10개 업종 협회와 연구기관 등이 참여하는 '탄소중립 산업 전환 추진위원회'를 구성했다. 추진위원회는 업종 및 부문별 협의회 논의를 종합해 탄소중립 전략을 논의하고 이행 상황을 점검할 예정이다.

## 탄소중립 국내외 제도 구축에 따른 기업의 준비 과제

※ 이유진 작성

| | |
|---|---|
| 탄소중립 관련 국내외 제도 | 1. 유럽 그린딜에 따른 유럽기후법, 탄소국경조정제도, 탄소발자국표시제도, 플라스틱 규제 정보 파악과 분석<br>2. 미국의 인프라 예산 관련 정책과 미국 공급망 행정명령(E.O. 1405) 분석<br>3. EU 분류체계와 한국형 녹색 분류체계(K-Taxonomy) 발표<br>4. ESG 공시 제도 표준화와 금융위원회의 기업 ESG 정보 공개 의무화<br>5. 금융권 좌초산업 회피와 탈석탄 금융<br>6. 기후위기 인식 증진과 시민 직접 행동<br>7. 2050 탄소중립과 2030년 온실가스 감축 목표 상향 |
| 기업의 준비 과제 | 1. 해외 제도 변화에 대한 정확한 정보 수립과 분석<br>2. 제품 생산 전 과정에서 발생한 탄소발자국을 계량하고, 투명하게 검증받는 시스템 구축<br>3. 2030 감축 목표 상향에 따른 감축 수단 마련, 배출권거래제 3기 재할당 대비, RE100 준비<br>4. ESG 전담기구를 구성하고 지표별 이행·점검·평가 체계를 갖춰 ESG 개선 실행<br>5. 탄소중립 관련 기술 개발 투자 확대 |

정부는 대기업뿐만 아니라 중소기업도 탄소중립을 준비할 수 있도록 지원 정책을 마련해야 할 것이다. 탄소중립은 지금까지 우리가 구축해 온 경제, 산업, 사회, 문화 시스템을 뒤흔드는 문명의 대전환이라고 할 수가 있다. 기업들도 이렇게 급변하는 세계에서 지속 가능한 기업 활동을 위해 정보 분석, 장기 계획 수립 등 철저한 대비가 필요하다.

## 시민
## : 생활 속의 탄소중립

### 기후위기에 대한 인식과 시민 소통

2020년 우리나라 잠정 온실가스 배출량은 6억 4,800만 톤이다. 배출이 줄어든 이유는 미세먼지로 인해 석탄 발전 가동을 줄인 것과 코로나19 영향이다. 우리가 2030년 감축 목표에 따라 2018년 대비 40%를 줄이고, 탄소중립까지 나아가려면 외부 요인이 아닌 스스로의 노력에 의해 온실가스를 줄이는 사회로 진입해야 한다. 시민들이 온실가스를 줄이는 급격한 사회 시스템을 기획하고, 받아들이고, 실행해야 한다. 한국 사회 최우선 정책 목표가 온실가스 감축이어야 하고, 일기예보가 일상이듯이 시민들이 삶 속에서 온실가스를 줄일 수 있는 대안이 제시되어야 한다. 그렇게 되려면 모두가 학습하고, 토론하고, 합의하는 과정이 필요하다. 기후위기가 왜 발생했고, 앞으로 어떻게 전개될 것인지, 우리는 무엇을 해야 하는지를 뼛속 깊숙이 인식해야, 그에 따른 해법도 논의하고, 실행에 옮길 수 있다.

정부는 2021년 5월 29일, 기후위기 대응의 주요 정책 결정을 하는 최상위 거버넌스 기구로 탄소중립위원회를 구성했다. 탄소중립위원회는 2021년 8월~9월, 500여 명의 시민으로 구성된 '2050 탄소중립시민회의'를 출범했다. 2050 탄소중립시민회의는 대표성을 가진 500여 명의 시민을 구성해 탄소중립에 대한 학습과 토론을 통해 설문 방식으로 의견을 모았다. 만 15세 이상의 청소년들도 참여했다. 탄소중립위원회는 참여 시민들을 대상으로 출범식 직전, 시민 탄소 교실 개최 직전, 시민 대토론회 개전 직전과 직후 등 네 차례에 걸쳐 설문조사를 함으로써 시민들의 생각의 변화를 조사했다.

시민들은 학습과 토론을 통해 생각이 어떻게 바뀌었을까? 탄소중립 목표 달성 시점을 묻는 질문에 2050년 이전에 탄소중립을 달성해야 한다는 응답이 94.3%로 나타났다. 탄소중립을 통해 가장 기대하는 것으로 '이상기후에 따른 기후재난으로부터 안전을 지키고 건강한 삶을 유지하는 것'이 51.0%로 가장 높았다. 다음으로 미래 세대가 자신의 삶을 스스로 결정하도록 하고, 생존권을 보호하는 것이 19.2%로 나타났다.

탄소중립을 목표를 달성하기 위해 경제구조나 체계를 어떻게 해야 하는 지에 대한 질문에는 '지금의 경제구조나 체계를 근본적으로 바꾸어야 한다'가 64.0%로 가장 높았다. 탄소중립 달성을 위해 어느 정도까지 비용을 부담하거나 불편을 감수할 수 있는지에 대해 물어본 결과, '현재 삶의 질이 낮아지지 않는 수준에서는 감수할 수 있다'가 45.8%로 가장 높았다. 탄소중립 시나리오를 수립 시 가장 우선적으로 고려해야 될 것으로 '누구라도 소외되거나 배제되지 않는 정의로운 전환(26.5%)'을 꼽았다. 정의로운 전환을 위해 가장 우선적으로 시행되어야 할 정책으로는 '쇠퇴 업종 노동자가 새로운 일자리를 가질 수 있도록 지원하는 정책', '업종을 바꾸거나 저탄소 기업으로 전환하는 기업을 지원하는 정책', '탄소중립 사회를 대비하여 교육 체계를 바꾸는 정책' 순이었다.

## 탄소중립을 통해 귀하가 가장 기대하는 것은 무엇입니까?

※ 탄소중립위원회, [탄소중립시민회의 참여시민단] 4차 설문조사 결과 (가중치 반영)

| 항목 | 비율 |
|------|------|
| 기후재난으로부터 안전과 건강한 삶 유지 | **51.0%** |
| 미래 세대의 선택권 및 생존권 보호 | 19.2% |
| 정의로운 전환을 통한 경제적 약자 보호 | 14.3% |
| 자연과 인간의 조화로운 공존 | 10.1% |
| 새로운 성장 기회와 일자리 창출 | 4.8% |
| 잘 모르겠음 | 0.4% |
| 기대하는 것이 없음 | 0.3% |
| 기타 | 0.0% |

탄소중립을 추진하는 데 있어 가장 큰 역할을 수행해야 할 주체 (1+2+3순위 합계)로는 '중앙정부'가 88.2%로 가장 높았고, 다음으로 '기업(65.0%)', '시민(51.0%)', '지방정부(30.6%)' 순으로 나타났다. 기후 문제를 방치해 온 정부의 반성이 필요한 대목이다. 우리사회는 탄소중립 시나리오 작성을 계기로 시민들에게 "탄소중립을 위해 무엇을 할 것이며, 어떤 가치를 지향할 것인가?"를 묻고 토론하는 과정이 시작된 셈이다. 탄소중립위원회 홈페이지에는 산업계와 노동계, 청년, 시민사회(환경단체, 종교단체, 소비자단체, 교육단체 등), 지자체 등 다양한 이해관계자의 탄소중립 시나리오에 관한 서면 의견이 올라와 있다. 100여 개의 단체가 총 500여 페이지에 달하는 의견서를 작성해서 제출했는데, 이것은 각각의 그룹이 탄소중립 시나리오가 집단에게 어떤 영향을 미칠 것으로 예상하는지, 그래서 대안은 무엇인지를 고민하고 토론한 결과물이다. 기후위기와 탄소중립을 경제사회 주체들이 자기 입장에서 해석하고 대안을 논의하는 과정은 앞으로도 계속되어야 한다. 청소년기후행동은 9월 24일, 글로벌 기후 파업을 계기로 기후위기를 인식한 누구나 위기를 이야기하고 변화를 요구할 수 있는 새로운 논의 테이블을 만드는 기후 시민 의회를 시작했다. 이런 다양한 공론의 장에서 나온 대안들이 실제 정부의 기후 정책으로 연결될 수 있어야 한다.

## 기후정의를 외치는 시민사회 운동, 응답하는 정치

시민들은 탄소중립을 추진하는 데 있어 가장 우려하는 것으로 '추진 방안을 둘러싼 이해관계자들 간 입장 차이로 사회 갈등이 심화되는 것'을 26.6%로 가장 많이 응답했고, 다음으로 '비용과 이익이 정의롭게 분배되지 않아 사회·경제적 약자들의 어려움이 커지는 것(26.0%)'을 꼽았다. 시민들이 가장 우려하는 부분이 '사회 갈등'과 '정의로운 전환'이었다.

탄소중립 사회를 향한 속도와 정책 수단 선택에 따른 이해관계자들의 입장 차이가 쏟아져 나오고 있다. 탄소중립위원회가 2030년 2018년 대비 40% 감축 목표를 제시했을 때, 산업계는 너무 과도한 감축 목표로 경제적 충격을 강조했고, 기후운동 단체는 1.5℃ 목표를 달성하지 못하는 소극적 감축 계획이라고 비판했다. 전국경제인연합회는 "2030년까지 우리나라 산업 생산의 지속적 증가가 예상되고, 우리 산업의 에너지 효율이 세계 최고 수준이며 획기적인 탄소 감축 기술 도입이 어려운 점 등을 제시하며 목표치 조정을 요청하였으나 전혀 반영되지 않은 점에 대해 유감을 표한다"고 발표했다. 기후위기비상행동은 "정부는 2030 국가 온실가스 감축 목표와 2050 탄소중립 시나리오를 폐기하고 기후정의에 입각해 목표와 계획을 전면 재수립하라"는 성명서를 발표했다. 이처럼 산업계와 기후운동 진영의 기후위기의 절박성에 대한 인식 차이, 기후위기 해법의 방향과 책임에 대한 간극이 크다. 어떻게 보면 좁혀지기 어려울 것 같은 간극 속에서 시민사회의 기후정의 원칙에 입각한 활동은 사회가 나아갈 방향성을 제시하는 역할을 할 것이다.

현재 한국의 기후위기 대응 속도는 너무 빠른 것일까? 우리는 지금까지 총 4번의 감축 목표를 설정해 왔다. 이명박 정부는 2010년 「저탄소·녹색성장 기본법」을 제정하고, 시행령 제25조에 온실가스 감축 목표를 "2020년의 온실가스 배출 전망치 대비 100분의 30까지 감축하는 것"으로 명시했다. 박근혜 정부는 2016년 감축 목표를 "2030년의 온실가스 배출 전망치 대비 100분의 37까지 감축하는 것"으로 개정했다. 문재인 정부는 2019년 "2030년의 국가 온실가스 총배출량을 2017년의 온실가스 총배출량의 1000분의 244만큼 감축하는 것"으로 개정했다. 2010년 감축 목표대로라면 2020년 한국의 배출량은 5억 4,300만 톤으로 줄었어야 했지만 2020년 배출량은 코로나19 요인을 포함해서 잠정 6억 4,800만 톤이다. 목표치보다 1억 톤이 더 많다. 이번에 수립한 것이 네 번째로 2030년까지 4억 3,660만 톤으로 줄이는 것이다. 우리의 대응이 너무 빠른 것이 아니라, 그동안 실행하지 않았기 때문에 벼락치기를 해야 하는 상황이다. 동시에 2030년 온실가스 감축 목표치가 과도한 것이 아니라, 무책임함이 과도했다.

2050년을 향한 2030년의 감축 목표에서 부문별 2018년 대비 감축률을 보면 전환 44.4%, 산업 14.5%, 건물 32.8%, 수송 37.8%, 농축수산 27.1%, 폐기물 46.8%이다. 앞으로 9년 남짓 남은 상황에서 전환, 농축수산, 폐기물 감축률이 높다. 농축수산은 얼핏보면 27.1%로 낮아 보이지만, 식량 안보를 위해서는 먹거리 생산을 위한 최소한의 온실가스를 배출할 수밖에 없다. 2050년 농축수산 분야의 최종 배출량이 1,540만 톤인 것을 감안하면, 2018년 2,470만 톤을 2030년 1,800만 톤으로 줄이는 것은 2050년 목표 대비 72%를 향후 9년 내에 달성하는 것을 의미한다. 한국 농어촌의 현실과 농림부가 제시한 감축 수단의 구체성을 보면 목표량이 너무나 과도하다. 그럼에도 줄여야 한다면 정부는 온실가스를 줄이면서 건강한 먹거리 생산, 농민 소득을 보전할 수 있는 집중 정책을 마련해야 한다. 산업 부문도 산업구조 전환이나 기술 개발에 시간이 걸리긴 하지만, 온실가스 감축 책임을 회피하고, 감축 부담을 줄이기 위해 로비하는 방식으로는 급변하는 국제무역 환경의 변화를 따라가지 못해 오히려 더 큰 충격에 노출될 수 있다.

우리도 기후위기 대응을 하지 않았을 때 치러야 하는 비용과 그 피해가 누구에게 더 가혹한지를 분석하고 이야기할 때다. 2020년 옥스팜 보고서에 따르면 지난 25년간 세계 인구의 가장 부유한 상위 10%(6억 3천만 명)가 누적 탄소 배출량의 52%에 대한 책임이 있으며, 25년 동안 전 세계 탄소 예산의 3분의 1(31%)가량을 사용했다. 기후위기의 충격은 빈곤층에게 가혹했다. 이 상황이 한국사회에서도 재현되고 있는 지금, 「탄소중립기본법」에 명시된 '정의로운 전환'을 실현하기 위해 어떤 논의 기구에, 누가 참여해서, 어떤 방식의 대책을 수립할지에 대한 계획이 나와야 한다.

우리가 직면한 문제와 위기를 풀어가는 수단으로서 정치는 기후위기와 탄소중립에 대해 응답해야 한다. 탄소중립 과정에서 지역 간 또는 지역 내 갈등, 세대 간의 갈등, 산업 내 갈등 등 다양한 갈등이 벌어질 수 있다. 이 속에서 정치는 해결의 주체로서, 어떻게 이해관계를 조정하고 해결할지 방법을 찾아야 한다. 기후위기 대응을 위한 감축과 적응 정책에는 비용이 든다. 우리 사회가 가진 한정된 자원을 우선순위를 정해, 어디에 얼마나 투입할지도 정해야 한다. 시민들이 정치권을 향해 기후위기와 탄소중립 문제에 정치가 어떻게 할 것이냐는 질문을 던져야 하고, 정치는 이에 응답해야 하는 의무가 있다.

## 공동체의 전환 실험과 전환 마을

기후위기의 심각성을 인식한 시민들은 "그래서 당장 우리는 무엇을 하면 되나요?"라고 묻는다. 시민 개인이 텀블러를 들고 다니고, 전기를 절약하고, 분리수거를 하는 것으로 기후위기를 막을 수 없지만, 또 이런 실천 없이 기후위기를 막는 것도 불가능하다. 개인 삶의 변화와 사회구조의 변화가 동시에 중요하다. 시민은 환경부가 발간한 '탄소중립 생활 실천 안내서'를 통해 실천 방법을 익힐 수 있고, 실천하고 학습하면서 기후대응을 촉구하는 집회나 직접 행동에 참여하고, 나아가 지역 정치인을 대상으로 정책을 요구할 수도 있다.

우리가 달성해야 할 탄소중립 목표는 지금까지 우리가 익숙했던 관성에서 벗어나는 일이다. 이런 일은 혼자 하는 것보다는 여럿이 모여서, 작은 전환을 위한 실험과 시도가 쌓여 만들 수 있다. 전환 마을, 전환 실험, 리빙랩*은 지역사회에서 기후위기 대응을 위해 공동체가 해볼 수 있는 방식이다. 2005년 영국 토트네스에서 시작된 전환 마을 운동은 공동체가 힘을 모아 모든 생산과 소비 활동에서 에너지와 자원을 적게 사용하고, 효율을 높이며, 재생에너지로 전환해 나가는 운동이다. 주민들은 지역사회에서 먹거리와 에너지 자립률을 높이면서, 공동체 일자리도 늘려 나갔다. 한국에서도 서울시 동작구 성대골 에너지 자립 마을, 은평 전환 마을, 광주광역시의 탄소중립 전환 마을 같은 움직임이 만들어지고 있다.

**리빙랩**
우리가 사는 생활 공간에서 민·산·학·연·관이 함께 문제를 탐색하고 연구하고 실험하고 실증해 나가는 혁신 모델이자 방법론

성대골 에너지 자립 마을 주민들은 마을닷살림협동조합, 국사봉중 생태에너지 전환 사회적 협동조합, 성대골 에너지협동조합 등 3개의 사회적 경제조직을 운영하고 있으며, 태양광 발전 사업, 수요자원 관리 사업, 에너지저장장치를 결합한 전력 중개 사업에도 참여하고 있다. 이렇게 사회적 경제조직이 만들어지게 된 계기는 2016년부터 리빙랩 방식을 통해 주민들이 마을 연구원으로서 태양광과 같은 재생에너지를 지역사회에 맞게 적용하고, 문제 해결에 나서면서부터였다. 시민들이 기후위기와 탄소중립이라는 숙제를 스스로의 힘으로 풀어가는 과정으로서 리빙랩을 활용해, 문제 해결의 주체로 등장할 수 있다. 모든 것의 전환을 위해, 우리 삶을 둘러싼 모든 영역에서 리빙랩 실험을 하고, 결과를 공유하면서, 작은 전환 실험이 사회를 크게 바꿀 수 있다는 희망을 가져보자.


## 탄소중립 사회를 감각하고, 전환을 기획하자

지금의 10대가 중년이 되는 2050년 지구 평균기온은 얼마나 상승하게 될까? 지구적 탄소중립 목표는 달성되었을까? 기후위기에 맞서 탄소중립 사회를 만들어가면서 살 만한 사회, 좋은 사회를 만들 수 있을까? 탄소중립 사회의 비전에는 지구의 생태적 한계와 탄소 예산(1.5℃ 이하 안정화를 위한 배출 한도 내에서의 온실가스 총량) 내에서 인간과 모든 생명이 기본적 삶을 지속할 수 있는 녹색사회에 대한 구상이 담겨야 한다. 우리가 만들어갈 사회에 대한 좌표를 새로 설정하는 논의도 필요하다. 지금처럼 국내총생산(GDP) 성장률에 맞출 것이 아니라 온실가스 감축, 불평등 해소, 녹색 일자리 창출, 삶의 질과 행복이라는 새로운 지표가 필요하다.

일상을 살아가는 시민들이 탄소중립이라는 거대한 과제의 실체를 체감하기란 쉽지 않다. 기후위기는 점점 더 심각해지고, 이 위기가 두려운 이들은 마음이 점점 조급해진다. 어떻게 해야 할까? 앞으로 우리는 "탄소중립 사회 감각하기" 과정이 필요하다. 탄소중립을 위한 온실가스 감축이 무엇을 의미하는지를 알아차리는 것이다. 구체적으로는 2030년까지 온실가스 감축 목표를 줄이기 위해 우리가 어떤 부분에서 얼마나 어떻게 바꿔야 하고, 어느 정도 노력해야 하는지에 대한 감을 잡는 것을 의미한다. 또한 변화의 연결고리를 찾아서 서로 이을 수 있어야 한다. 2020년 54일간의 장마 끝에 쌀 생산량이 52년 만에 최저치를 기록했다. 우리는 장마와 식량 위기, 기후위기가 초래하는 식량 문제와 농업 문제를 서로 연결할 수 있어야 한다. 그리고 54일간의 장마는 한국에서 배출하는 온실가스, 석탄발전소에서 생산하는 전력, 그 전력을 소비하는 산업, 건물, 수송 등 우리 사회 전체 구조와 이어질 수 있어야 한다. 이렇게 모든 것이 연결되어 있고, 모두가 변해야 한다는 것을 인식하고 전환을 기획할 때, 탄소중립은 속도를 낼 수 있을 것이다.

2050년 탄소중립 사회는 얼마나 빨리 제대로 갈 것인가에 대한 숙제를 남기고 있다. 속도와 방향성 둘 다 중요하다. 기후위기에 대응하는 안전한 사회이면서도, 모두가 인간답게 살만한 사회여야 한다. 탄소중립 사회를 머리로, 가슴으로, 몸으로 감각하고, 전환을 기획하자.

## 에필로그

지구의 기후는 주기적으로 변해 왔다. 심지어 공룡이 살던 시대의 지구는 지금보다 온도가 높았다고 한다. 지구의 온도는 이산화탄소 농도와 관계가 깊다. 이산화탄소 농도가 감소하면 지구 기온이 내려가고, 농도가 증가하면 지구 기온도 올라간다. 지금의 이산화탄소 농도는 공룡이 살던 때만큼은 아니지만 80만 년 이래 가장 높은 수준이라고 한다. 그리고 최근에는 더 빠르게 상승하고 있다. 원인은 여러 가지가 있겠지만 현재의 급격한 이산화탄소 농도 증가는 인간의 활동, 특히 화석연료 사용 때문이라는 것이 과학자들의 공통된 견해다.

그동안 경험하기 어려웠던 큰 홍수와 가뭄, 산불 등이 세계 곳곳에서 발생하고 있다. 이러한 변화가 '이변'이 아니라 '추세'로 바뀌고 있다는 점에 주목해야 한다. 공룡이 살던 지구의 환경은 인류가 살기에 적합하지 않았을 것이다. 이산화탄소 농도를 줄이지 못하면 언젠가 인류도 공룡처럼 이 세상에서 사라질 수 있다.

기후변화를 줄이려는 움직임은 과거부터 많은 지지를 받아왔다. 하지만 과학적 사실이 정치적 논리로 변질되는 과정은 매우 불행한 일이다. 실제로 지구는 뜨거워졌고 바닷물은 따뜻해졌다. 어떤 정치적인 입장을 갖고 있든, 해변의 집들은 똑같이 물에 잠기게 된다. 정책의 과정은 논쟁거리가 될 수 있지만, 사실에 대해 논쟁하기는 어렵다. 그런 면에서 탄소 배출을 줄이고 탄소중립을 실현해야 한다는 사실에 대해서는 많은 사람들이 공감하고 있다. 다만, 어느 시점에 어떻게 실현할 것인지에 대해서는 의견이 분분하다. 문제는 시간이 많지 않다는 것이다. 천천히 대처하다가는 빨라지는 기차의 충돌을 점차 막기 어려워진다.

기후변화의 속도를 늦추는 방법은 꾸준히 개발되어 왔으며, 앞으로도 인류는 과학 기술을 동원해 기후 문제를 결국 해결할 것이다. 하지만 문제가 완전히 해결되기 전까지 우리는 얼마나 많은 피해를 감수할 수 있을까? 과학 기술은 많은 것을 할 수 있겠지만 그와는 별개로 기술 개발과 활용을 위해서는 엄청난 비용이 들 것이며, 그 비용을 누가 감당할 수 있는지도 큰 고민거리가 될 것이다.

탄소를 줄이기 위해 다양한 방법을 활용할 수 있지만, 탄소중립을 달성하기 위해서는 사실 어느 하나도 소홀히 할 수 없는 상황이다. 우리는 막대한 양의 탄소를 배출하지 않는 에너지가 필요하며, 거의 모든 분야에서 에너지 효율성을 높이고, 화석연료에서 배출되는 이산화탄소의 제거 방법을 연구해야 한다. 탄소 흡수 과정에서는 식물과 생태계의 역할도 중요하다. 주어진 짧은 시간 동안 앞으로 해야 할 일이 너무 많다. 비용 효율적이면서 효과적인 전략이 필요하다.

화석연료는 세계 에너지의 약 80%를 담당하고 있으며, 수많은 사람들의 생계가 달려 있다. 국내에서도 여러 특정 산업과 종사자들의 삶이 연관되어 있다. 필연적으로 특정 부문의 산업이 위축될 가능성이 높으며, 다양한 분야에서 좌초자산이 발생할 것이다. 비용 효율적이고 효과적인 전략일수록 그럴 가능성이 더욱 높아진다. 한편으로는 새롭게 성장하는 분야가 반드시 나타날 것이며, 새로운 기술의 혜택을 누리는 분야도 등장할 것이다. 이러한 변화의 과정에서 발생하는 피해에 대해 합리적인 해결책을 마련하는 것이 바로 정부의 역할일 것이다.

또 다른 정부의 역할은 새로운 기술이 잘 정착되도록 돕는 것이다. 얼마 전 캐나다에서는 석탄화력발전소에 CCUS를 부착하여 이산화탄소를 포집해 지하에 저장하는 기술을 적용했다. 하지만 경제성이 너무 낮아서 시범 운영 이외에는 더 이상 확대되지 못하고 있다. 현 시점에서 탄소 포집과 저장은 환경적으로는 도움이 되지만 경제적으로는 기술 보급이 충분히 이루어지지 않은 현 상황에서는 단기적으로는 손해다. 이 단기적인 손해를 어떻게 감수할 것인지 조율하는 과정에서 정부의 역할이 중요해진다. 탄소를 재활용하는 시장과 생태계를 만들기 위해서는 정부나 지자체와 함께 시민의 역할도 중요하다.

이 책에서는 탄소중립을 달성하기 위한 정책과 활용 가능한 주요 수단에 대해 소개하였다. 어떤 경로와 방식을 통해서 탄소중립의 청사진을 그릴 수 있을지 보여주었다는 점에서 의의가 있다고 생각한다. 하지만 앞으로 어느 길로 가야할지 결정하는 것은 우리의 몫이다. 한동안 아무것도 하지 않은 채 좀 더 효과적인 기술의 개발을 기다릴 수도 있겠지만, 지금의 변화 속도에서는 위험한 선택으로 보인다.

　경고의 소리는 뚜렷하다. 이미 다양한 방식으로 가능한 수단과 방법이 논의되었다. 이제 남은 것은 우리가 그 소리에 귀를 기울이고, 선택하고, 행동하는 것이다.

참고문헌

## 들어가며

- 채여라 외(2020), 온실가스 배출경로에 따른 기후변화 피해비용 분석, KEI 포커스 67호.
- McKinsey(2020), Global Institute Analysis.
- Swiss Re Institute(2019), Natural catastrophesand man-made disastersin 2018: "secondary"perils on the frontline.
- WEF(2020), The Global Risks Report 2021.

## 4장

- 국가통계포털, 전국 폐기물 발생 및 처리현황.
- 온실가스종합정보센터(2019), 2019 국가 온실가스 인벤토리 보고서.
- 조지혜, 주문솔 외(2020), 순환경제 이행 진단을 위한 통합 평가지표 개발 및 활용방안 구축.
- 조지혜, 이소라 외(2020), 다부처 정책 연계성 확보를 통한 순환경제 정책 로드맵 연구: 전기차 배터리를 중심으로.
- 조지혜 외(2021), 탄소 중립 이행을 위한 순환경제 정책 로드맵 연구.
- 조지혜 외(2020), 순환경제로의 전환을 위한 그린 뉴딜 추진 방향.
- 이창훈 외(2021), 한국형 그린 뉴딜 전략 개발 연구.
- Ellen macarthur foundation(2019), Completing the Picture How The Circular Economy Tackles Climate Change.
- European Commission: EC(2015), Circular Economy Action Plan.
- European Commission: EC(2018), Measuring Progress Towards Circular Economy in the European Union.
- European Commission: EC(2018), Impacts of Circular Economy Policies on the Labour Market.
- European Commission: EC(2018), Monitoring Framework for the Circular Economy.
- European Commission: EC(2020), New Circular Economy Action Plan.

- European Commission: EC(2019), ANNEX to the Communication from The Commission to The European Parliament, The European Council, The Council, The European Economic and Social Committee and The Committee of The Regions—The European Green Deal.
- European Commission: EC(2020), Communication From The Commission to The European Parliament, The Council, The European Economic and Social Committee and The Committee of The Regions, A Farm to Fork Strategy for a Fair, Healthy and Environmentally-Friendly Food System.
- McKinsey Center for Business and Environment(2015), Europe's circular-economy opportunity.
- OECD(2019), GLOBAL MATERIAL RESOURCES OUTLOOK TO 2060.

## 5장
- OECD(2017), ITF Transport Outlook.
- John Bozzella(2021), Driving Innovation: the Future of Automotive Mobility, Safety, and Technology, Statement of the Alliance for Automotive Innovation.
- ZHOU LANXU and ZHONG NAN(2021), Decarbonization may boost economic growth, China Daily.

## 6장
- 관계부처합동(2019), 제2차 기후변화대응 기본계획.
- 국립기상과학원 미래기반연구부(2020), 한반도 기후변화 전망보고서 2020: SSP1-2.6/ SSP5-8.5에 따른 기후변화전망.
- 국립목포대학교 외(2012), 국산목재 활용증대를 위한 한국형 목조건축 목재·설계·관리 기술개발, 국토해양부 건설교통기술평가원.
- 국회예산정책처(2019), 재난피해 지원 제도 현황과 재정소요 분석: 재난지원금과 풍수해보험을 중심으로.
- 김치백 외(2014), 공동주택 재건축과 리모델링의 친환경성 비교 분석: $CO_2$ 배출량 분석을 중심으로, 한국건설관리학회 논문집 제15권 제1호.
- 서울특별시 기후환경본부(2021), 2050 온실가스 감축 추진계획.
- 한국에너지공단(2017), 에너지소비효율등급 표시제도 에너지절약효과비교.
- 행정안전부(2020), 2019 재해연보.
- Bureau of Environment Tokyo Metropolitan Government(2018), Final Energy Consumption and Green house Gas Emissions in Tokyo.
- Castellazzi et al.(2016), Synthesis Report on the assessment of Member States' building

renovation strategies, Joint Research Center Science for policy report, European Commision.

- European Commission(2021), Making our homes and buildings fit for a greener future.
- European Comission Website, Developments and forecasts on cotinuing urbanisation.
- ICE(Inventory of Carbon and Energy) DB vers.3.0.
- IEA(2021), Net Zero by 2050: A Roadmap for the global Energy sector.
- IPCC(2018), Global warming of 1.5℃.
- Oxford Economics(2017), Global Cities: The changing urban Hierarchy.
- The city of New York(2017), Inventory of New York City Greenhouse Gas Emissions in 2016.
- The European Cement Association(2013), The role of cement in the 2050 low carbon economy.
- United Nations(2014), World Urbanization Prospects: The 2014 Revision. UN Department of Economic and Social Affairs, New York.
- United Nations Environment Programme(2020), 2020 Global Status Report for Buildings and Construction: Towards a Zero-emission.
- WMO(2021), WMO ATLAS OF MORTALITYAND ECONOMIC LOSSESFROM WEATHER, CLIMATEAND WATER EXTREMES(1970-2019), World Meteorological Organization.
- World Green Building Council(2019), Bringing embodied carbon upfront, WGBC.

## 7장

- 국립산림과학원(2009), 산림시업에 따른 유역의 물 환경 변화 연구.
- 민경택(2019), 입목가 평가를 통한 임업의 수익성 분석. 한국산림과학회지, 108(3), 405-417.
- 민경택(2021), 탄소중립을 위한 임업·목재산업의 정책과제, 산림탄소경영의 과학적 근거 2차 세미나, 산림과학회.
- 배재수, 김영환, 한희, 신중훈(2020), 산림자원 순환경제의 기회와 도전, 2020 산림·임업 전망.
- 부문별 기후변화 영향 및 취약성 통합평가 모형 개발 연구단(2016), 2차년도 연차보고서, 90-102.
- 온실가스종합정보센터(2020), 2020 국가 온실가스 인벤토리 보고서.
- 우수영, 손요환, 이창배(2021), 산림경영활동과 생태계 서비스, 산림탄소경영의 과학적 근거 2차 세미나, 산림과학회.
- 우종춘, 김세빈, 김형호, 박주원, 송병민, 안기완, 이상현, 이영진, 이우균, 이정수, 이주형, 최수임, 최정기(2017), 산림경영학. 향문사.

- 원명수, 윤석희, & 장근창(2016), 2000 년대 기후변화를 반영한 봄철 산불발생확률모형 개발. 한국농림기상학회지, 18(4), 199-207.

- 유소민, 임철희, 김문일, 송철호, 김세진, & 이우균(2020), 기후변화에 따른 멸종위기 침엽수종 분포 변화 예측. 한국기후변화학회지, 11(4), 215-226.

- 이경학, 손요환(2021), 탄소중립과 산림탄소계정. 산림탄소경영의 과학적 근거 1차 세미나, 산림 과학회

- 이상철, 최성호, 박태진, 오수현, 김순아, ...& 이우균(2011), 기후변화 시나리오에 따른 산림분포 취약성 평가. 한국산림과학회지, 100(2), 256-265

- 이우균, 박주원, 서정욱(2021), 기후변화와 산림경영활동에 따른 산림생장 및 탄소흡수량 변화, 산림탄소경영의 과학적 근거 1차 세미나, 산림과학회

- 이종열, 한승현, 김성준, 장한나, 이명종, 박관수, ... & 손요환(2015), RCP 8.5 기후변화 시나 리오에 따른 소나무림과 굴참나무림의 산림 탄소 동태 변화 추정 연구, 한국농림기상학회지, 17(1), 35-44.

- 최고미, 김문일, 이우균, 강현우, 정동준, 고은진, ... & 김찬회(2014), 기후와 지형 조건을 반영한 우리나라 주요 수종의 반경 생장 반응 예측, 한국기후변화학회지, 5(2), 127-137.

- 한국농촌경제연구원(2018), 기후변화에 따른 산림병해충 영향과 대응과제.

- 한국임업진흥원(2020), 청정기후기술로써 산림바이오매스에너지 역할에 대한 국제동향 파악-정책결정자를 위한 요약서.

- 한기주, 배재수, 김흥식, 장재영, 송민경(2013), 인도네시아 REDD+ 사업 이행 가이드라인, 국립 산림과학원.

- Eyvindson, K., Duflot, R., Triviño, M., Blattert, C., Potterf, M., & Mönkkönen, M.(2021), High boreal forest multifunctionality requires continuous cover forestry as a dominant management. Land Use Policy, 100, 104918.

- Byun, J. G., Lee, W. K., Kim, M., Kwak, D. A., Kwak, H., Park, T., ... & Jung, J. H.(2013), Radial growth response of Pinus densiflora and Quercus spp. to topographic and climatic factors in South Korea. Journal of Plant Ecology, 6(5), 380-392.

- Choi, S., Lee, W. K., Kwak, D. A., Lee, S., Son, Y., Lim, J. H., & Saborowski, J.(2011), Predicting forest cover changes in future climate using hydrological and thermal indices in South Korea. Climate Research, 49(3), 229-245.

- Choi, S., Lee, W. K., Son, Y., Yoo, S., & Lim, J. H.(2010), Changes in the distribution of South Korean forest vegetation simulated using thermal gradient indices. Science China Life Sciences, 53(7), 784-797.

- de Coninck, H. C (2018), IPCC SR15: Summary for Policymakers. In IPCC Special Report Global Warming of 1.5℃. Intergovernmental Panel on Climate Change.

- Eyvindson, K., Duflot, R., Trivino, M., Blattert, C., Potterf, M., & Monkkonen, M.(2021), High boreal forest multifunctionality requires continuous cover forestry as a dominant management. Land Use Policy, 100, 104918.

- Friedlingstein, P., O'sullivan, M., Jones, M. W., Andrew, R. M., Hauck, J., Olsen, A., ... & Zaehle, S.(2020), Global carbon budget 2020. Earth System Science Data, 12(4), 3269–3340.

- Gustafsson, L., Baker, S. C., Bauhus, J., Beese, W. J., Brodie, A., Kouki, J., ... & Franklin, J. F.(2012), Retention forestry to maintain multifunctional forests: a world perspective. BioScience, 62(7), 633–645.

- Huang, J., Tichit, M., Poulot, M., Darly, S., Li, S., Petit, C., & Aubry, C.(2015), Comparative review of multifunctionality and ecosystem services in sustainable agriculture. Journal of environmental management, 149, 138–147.

- Imai, N., Samejima, H., Demies, M., Tanaka, A., Sugau, J. B., Pereira, J. T., & Kitayama, K.(2016), Response of tree species diversity to disturbance in humid tropical forests of Borneo. Journal of Vegetation Science, 27(4), 739–748.

- IPCC(2007), IPCC Fourth Assessment Report (AR 4): The AR 4 Synthesis Report, (WG I) The Physical Science Basis, (WG II) Impacts, Adaptation and Vulnerability, (WG III) Mitigation of Climate Change. http://www.ipcc.ch/.

- IUCN(2017), Issues Brief: Forests and climate change. http://www.iucn.org/.

- Kim, H. G., Lee, D. K., Park, C., Kil, S., Son, Y., & Park, J. H.(2015), Evaluating landslide hazards using RCP 4.5 and 8.5 scenarios. Environmental earth sciences, 73(3), 1385–1400.

- Kim, M., Ham, B. Y., Kraxner, F., Shvidenko, A., Schepaschenko, D., Krasovskii, A., ... & Lee, W. K.(2020), Species–and elevation–dependent productivity changes in East Asian temperate forests. Environmental Research Letters, 15(3), 034012.

- Kim, M., Kraxner, F., Forsell, N., Song, C., & Lee, W. K.(2021), Enhancing the provisioning of ecosystem services in South Korea under climate change: The benefits and pitfalls of current forest management strategies. Regional Environmental Change, 21:6

- Kim, M., Lee, W. K., Son, Y., Yoo, S., Choi, G. M., & Chung, D. J.(2017), Assessing the impacts of topographic and climatic factors on radial growth of major forest forming tree species of South Korea. Forest ecology and management, 404, 269–279.

- Lippke, B., Oneil, E., Harrison, R., Skog, K., Gustavsson, L., & Sathre, R.(2011), Life cycle impacts of forest management and wood utilization on carbon mitigation: knowns and unknowns. Carbon Management, 2(3), 303–333.

- Mori, A. S., & Kitagawa, R.(2014), Retention forestry as a major paradigm for safeguarding forest biodiversity in productive landscapes: A global meta-analysis. Biological Conservation, 175, 65-73.

- Piao, D., Kim, M., Choi, G. M., Moon, J., Yu, H., Lee, W. K., ... & Cui, G.(2018), Development of an integrated DBH estimation model based on stand and climatic conditions. Forests, 9(3), 155.

- Rosenvald, R., & Lõhmus, A.(2008), For what, when, and where is green-tree retention better than clear-cutting? A review of the biodiversity aspects. Forest Ecology and Management, 255(1), 1-15.

- The forest foundation(2021), http://www.calforestfoundation.org/talk-about-trees

- Verschuyl, J., Riffell, S., Miller, D., & Wigley, T. B.(2011), Biodiversity response to intensive biomass production from forest thinning in North American forests-a meta-analysis. Forest Ecology and Management, 261(2), 221-232.

- Zhou, T., Shi, P., Jia, G., Dai, Y., Zhao, X., Shangguan, W., & Luo, Y.(2015), Age-dependent forest carbon sink: Estimation via inverse modeling. Journal of Geophysical Research: Biogeosciences, 120(12), 2473-2492.

## 8장

- 공주대학교(2016), 포항분지 해상 소규모 $CO_2$ 주입실증 프로젝트, Final Report 2013201-0201760, 129-132.

- 공주대학교(2019), 대규모 CCS통합실증 및 CCU 상용화 기반 구축 공동기획연구, 최종보고서(TRKO202000005778), 1-337.

- 곽노상, 고현신, 이지현, 이정현, 이동욱, 심재구(2016), 10MW급 연소 후 습식아민 $CO_2$ 포집기술 개발현황, 한국에너지기후변화학회, 75-76.

- 관계부처합동(2021), 「이산화탄소 포집·활용[CCU] 기술혁신 로드맵[안]」, 2021, 1-42.

- 관계부처 합동(2010), 국가 CCS 종합 추진계획[안], 1-28.

- 권이균(2016), 이산화탄소 지중저장 사업의 추진현황 검토 및 한국의 추진방향 제안, 한국전력공사, Vol 2, 167-185.

- 권이균, 김인혜, 박소정, 김병준, 박은영, 이혜연, 이온유, 한아름, 최지수, 박경미, 신승욱, 임성민, 조재국, 이현주, 조수영(2015), 이산화탄소 지중저장 기초이론, 도서출판 보성, 154-174.

- 권이균(2021), 국가과학기술자문회의, 탄소중립전문가 세미나, 한국 CCUS 현황과 전망(저장 기술 중심으로)[PowerPoint Slides].

- 김경호(2013), 생물학적 고정화(biofixation)에 의한 이산화탄소 배출 저감, KISTI MARKET REPORT, Vol 3(5), 11-14.

- 김경호, 소대섭(2016), 이산화탄소의 산업자원 이용, KIC News Vol 19, 50-64.

- 김길영, 유동근, 류병재(2010), 물리검층 자료를 이용한 동해 울릉분지 가스하이드레이트 함유지층의 물성특성 해석, 지질학회지, Vol 46(3), 275-290.
- 김성희, 손병국(2013), 남해 대륙붕 제주분지의 석유시스템 모델링, 지질학회지, Vol 49(4), 473-491.
- 김유리, 이금석, 조소현, 김민준, 김종수, 박명호(2012), 동해 울릉분지 남서주변부의 이산화탄소 저장 용량 예비 평가, 자원환경지질, Vol 45(1), 41-48.
- 대한민국 정부(2020), 지속가능한 녹색사회 실현을 위한 대한민국 2050 탄소중립 전략, 1-118.
- 문흥만, 김효준, 신세진, 이용일, 권시현, 권이균(2018), CO₂ 해상 지중저장을 위한 주입설비 설계 및 구축 연구, 대한지질공학회, Vol 28, 207-215.
- 박영준(2016), [신진연구자 칼럼] 광물 탄산화를 통한 이산화탄소 저장 및 활용, NEWS & INFORMATION FOR CHEMICAL ENGINEERS, Vol 34(3), 282-286.
- 손병국, 이호영(2018), 남해 대륙붕 제주분지의 3-D 석유시스템 모델링, 지질학회지, Vol 54(6), 587-603.
- 신영재, 유동근, 황세호, 박용찬, 허대기(2012), 울릉분지의 CO₂ 지중저장 유망구조와 저장능력에 대한 예비연구, 한국자원공학회, Vol 49(1), 47-58.
- 에너지 신문(2014), 세계 최초 건식 CO₂ 포집플랜트 준공.
- 원경식, 이대성, 김상준, 최성도(2018), 포항분지 해상 CO₂ 주입정 시추 완결 및 구축, 지질공학회, Vol 28(2), 193-206.
- 유동근, 김길영, 박근필, 이호영, 류병재(2009), 동해 울릉분지 가스하이드레이트 지구물리탐사 연구, 한국신재생에너지, 672-675.
- 유승연, 박호범(2020), 분리막을 이용한 공기 중 이산화탄소 제거 기술, 멤브레인, Vol 30(3), 173-180.
- 이슬아, 손병국(2016), 남해 대륙붕 소라분지의 석유시스템 모델링, 지질학회지, Vol 52(3), 333-353.
- 이창근(2010), 건식흡수제 이용 연소배가스 이산화탄소 포집기술, 한국화학공학회지, Vol 48(2), 140-146.
- Aminu M.D., Nabavi S.A., Rochelle C.A., Manovic V.(2017), A review of developments in carbon dioxide storage. Applied Energy, 208, 1389-1419.
- Aresta, M.(2007), In Greenhouse gases: Mitigation and utilization, chapter 7. Carbon Dioxide Utilization: Chemical, Biological and Technological Applications. CHEMRAWN-XVII and ICCDU-IX, 123-149.
- Aresta, M.(2010), Carbon Dioxide: Utilization Options to Reduce its Accumulation in the Atmosphere, Carbon Dioxide as Chemical Feedstock. Wiley-VCH Verlag GmbH & Co. KGaA, 1-13.

- Aresta, M., Dibenedetto, A.(2007), Artificial carbon sinks: utilization of carbon dioxide for the synthesis of chemicals and technological applications D.S. In Reay, C.N. Hewitt, K.A. Smith, J. Grace (Eds.), Greenhouse gas sinks, 98-114.

- Armstrong, P., Fogash, K.(2007), Oxygen production technologies: cryogenic and ITM. International Oxy-combustion research Network, 2nd Workshop. Windsor, Connecticut.

- Benson, S.M., Gasperikova, E., Hoversten, G.M.(2004), Overview of monitoring techniques and protocols for geologic storage projects. IEA Greenhouse Gas R&D Programme Report.

- Buhre, B.J.P., Elliott, L.K., Sheng, C.D., Gupta, R.P., Wall, T.F.(2005), Oxy-fuel combustion technology for coal-fired power generation. Progress in Energy and Combustion Science, Vol 31(4), 283-307.

- Carbon Counts(accessed 2013, Jun 8) News, Understanding the potential for $CO_2$ reuse in Europe (Website). Retrieved from (https://www.carbon-counts.com/single-post/2013/06/07/understanding-the-potential-for-co2-reuse-in-europe).

- Choi, B.Y., Park, Y.C., Shinn, Y.J., Kim, K.Y., Chae, K.T., and Kim, J.C.(2015), Preliminary results of numerical simulation in a small-scale $CO_2$ injection pilot site: 1. Prediction of $CO_2$ plume migration. Journal of the Geological Society of Korea, Vol 51, 487-496 (in Korean with English abstract).

- Cooperative Research Centre for Greenhouse Gas Technologies(CO₂CRC)(accessed 2014, Aug 23), CO₂CRC, About Us. Retrieved from (http://www.co2crc.com.au/imagelibrary/).

- Cooperative Research Centre for Greenhouse Gas Technologies(CO₂CRC)(n.d.), CO₂CRC, Images (Website). Retrieved from (https://co2crc.com.au/)

- Det Norske Veritas(DNV)(2011), Carbon Dioxide Utilization. 1-20.

- Dębek, R.(2016), Novel catalysts for chemical $CO_2$ utilization.

- Eiken O., Ringrose P., Hermanrud C., Nazarian B., Torp TA., Hier L.(2011), Lessons learned from 14 years of CCS operations: Sleipner, In Salah and Snøhvit. Energy Procedia, Vol 4, 5541-5548.

- Fernández, F.G.A., González-López, C.V., Sevilla, J.F., Grima, E.M.(2012), Conversion of $CO_2$ into biomass by microalgae: how realistic a contribution may it be to significant $CO_2$ removal?. Applied Microbiology and Biotechnology, Vol 96, 577-586.

- Global Carbon Capture and Storage Institute(GCCSI)(2012), $CO_2$ capture technologies: Technology options for $CO_2$ capture. Global CCS Institute, Australia, 1-11.

- Global Carbon Capture and Storage Institute(GCCSI)(2015a), What is CCS?. (Website). Retrieved from (https://www.globalccsinstitute.com/resources/publications-reports-research/what-is-ccs/).

- Global Carbon Capture and Storage Institute(GCCSI)(2015b), The global status of CCS:

2015. Volume 2: project, policy and markets, GCCSI publication, 1–18.

- Global Carbon Capture and Storage Institute(GCCSI)(2015c), The global status of CCS: 2015. Volume 3: CCS technologies. GCCSI publication, 1–2.

- Global Carbon Capture and Storage Institute(GCCSI)(2015d), Global CCS Institute, Capture, Fact sheet, 1–2.

- Global Carbon Capture and Storage Institute(GCCSI)(2018), Global CCS Institute, Transport (Website). Retrieved from (https://www.globalccsinstitute.com/about/what-is-ccs/transport/).

- Global Carbon Capture and Storage Institute(GCCSI)(2019), Global status of CCS 2019: Targeting climate change. Global CCS Institute, Australia, 1–46.

- Global Carbon Capture and Storage Institute(GCCSI)(2020), The Global Status of CCS: 2020 summary report. Global CCS Institute, Australia, 1–80.

- Global Carbon Capture and Storage Institute(GCCSI)(n.d.), $CO_2$degrees challenge, Resources (Website). Retrieved from (https://co2degrees.com/learn-more/resources).

- Gozalpour, F., Ren, S. R., Tohidi, B.(2005), $CO_2$ EOR and storage in oil reservoir. Oil gas Sci. Technol, Volume 60, 537–546.

- Green Growth Korea(GGK)(2010), Korean National CCS Master Action Plan. Interagency Task Force on CCS, 28 (in Korean).

- Intergovernmental Panel on Climate Change(IPCC)(2006), IPCC Guidelines for National Greenhouse Gas Inventories. Chapter 5: Carbon Dioxide Transport, Injection and Gological Storage, 5.1–5.32.

- Intergovernmental Panel on Climate Change(IPCC)(2005), IPCC Special Report on Carbon Dioxide Capture and Storage. Prepared by Working Group III of the Intergovernmental Panel on Climate Change [Metz, B., O. Davidson, H. C. de Coninck, M. Loos, and L. A. Meyer (eds.)]. Cambridge University Press, Cambridge, United Kingdom and New York, NY, USA, 1–423.

- International Energy Agency(IEA)(2005), World Energy Outlook 2004. OECD and International Energy Agency report, 1–577.

- International Energy Agency(IEA)(2010), Energy Technology Perspectives 2010, 1–710.

- International Energy Agency(IEA)(2021), Net Zero by 2050; A Roadmap for the Global Energy Sector, 1–224.

- International Energy Agency(IEA)(2021), About CCUS (Website). Retrieved from (https://www.iea.org/reports/about-ccus).

- Jeong, S.J., Yeo, J.-g., Han, M.H., Cho, C.H.(2013), A study on permeation of $CO_2$-$N_2$-$O_2$ mixed gases through a nay zeolite membrane under permeate evacuation mode,

Membrane, Vol 23, 352–359.

- KETEP(2013), 「에너지기술 R&D Warehouse」, 1–90.

- KIGAM(2014), 이산화탄소 지중저장 실증을 위한 저장지층 특성화 및 기본설계 기술 개발 보고서.

- Kim, A.–R., Kim, H.–M., Kim, H.–W., Shinn, Y.J.(2017), Geomechanical stability analysis of potential site for domestic pilot CCS project. Tunnel & Underground Space, Vol 27, 89–99 (in Korean with English abstract).

- Kim, D.J., Nam, S.Y.(2013), Research and development trends of polyimide based material for gas separation. Membrane, Vol 23, 393–408.

- Kim, M.–C., Gihm, Y.S., Son, E.–Y., Son, M., Hwang, I.G., Shinn, Y.J., Choi, H.(2015), Assessment of the potential for geological storage of $CO_2$ based on structural and sedimentologic characteristics in the Miocene Janggi Basin, SE Korea. Journal of the Geological Society of Korea, Vol 51, 253–271 (in korean).

- Kim, S.–K., Chang, C., Shinn, Y.J., Kwon, Y.K.(2018), Characteristics of Pohang $CO_2$ geological sequestration test site. The Journal of Engineering Geology, Vol 28, 175–182.

- Korea Carbon Capture & Sequestration R&D Center(KCRC)(2020), KOREA CCS 2020 사업. (2011–0031524).

- Korea Institute of Geoscience and Mineral Resources(KIGAM)(1997), Report on assessment of integrated technology in continental shelf of Korea (East China Sea Shelf Basin I). KIGAM Research Report (KOR009000153), 1–338 (in Korean).

- Korea Institute of Geoscience and Mineral Resources(KIGAM)(2014), Characterization of storage strata and development of basis design technology for demonstration of $CO_2$ geological storage. Korea Institute of Geoscience and Mineral Resources, GP2012–030–2014(2), 1–441 (in Korean with English abstract).

- Korea Institute of Geoscience and Mineral Resources(KIGAM)(2017), Site Selection and Characterization for Pilot–Scale $CO_2$ Geologic Storage, onshore Korea. Korea Institute of Geoscience and Mineral Resources, NP2012–026–2017, 1–281 (in Korean with English abstract).

- Kwon, Y.K.(2015), Suggestion for Large–scale CCS Project in Korea. Journal of Geological Society of Korea, 149 (in Korean).

- Kwon, Y.K.(2018), Demonstration–scale Offshore $CO_2$ Storage Project in the Pohang Basin, Korea. Journal of Engineering Geology, Vol 28(2), 133–160.

- Kwon, Y.K., Shinn, Y.J.(2018), Suggestion for Technology Development and Commercialization Strategy of $CO_2$ Capture and Storage in Korea. Journal of Economic and Environmental Geology, Vol 51, 381–392 (in Korean).

- Lawal, A., Wang, M., Stephenson, P., Yeung, H.(2009), Dynamic modelling of $CO_2$ absorption for post combustion capture in coal-fired power plants, 7th European Conference on Coal Research and Its Applications, Vol 88(12), 2455-2462.

- Lee, J. H.(2014), Korea's New Pilot Plant, Carbon Capture Journal.

- Martens, S., Kempka, T., Liebscher, A., Luth, S., Moller, F., Myrttinen, A., Norden, B., Schmidt-Hattenberger, C., Zimmer, M., Kuhn, M.(2012), Europe's longest-operating on-shore $CO_2$ storage site at Ketzin, Germany: a progress report after three years of injection. Environ Earth Sci, Vol 67, 323-334.

- Marine Well Containment Company(MWCC)(2015), MWCC's Containment System Bluewater, What is an FPSO (Website). Retrieved from (http://www.bluewater.com/)

- Mazzotti, M., Abanades, J. C., Allam, R., Lackner, K. S., Meunier, F., Rubin, E., Sanchez, J. C., Yogo, K., Zevenhoven, R.(2005), Mineral carbonation and industrial uses of carbon dioxide. In IPCC Special report on carbon dioxide capture and storage Cambridge University Press.

- Mccoy, S.T., Rubin, E.S.(2008), An engineering-economic model of pipeline transport of $CO_2$ with application to carbon capture and storage. International Journal of Greenhouse Gas Control, Vol 2(2), 219-229.

- Merkel, T.C., Lin, H., Wei, X., Baker, R.(2010), Power plant post-combustion carbon dioxide capture: An opportunity for membranes. Membrane Vol 359, 126-139.

- Milkov, A.V.(2015), Risk tables for less biased and more consistent estimation of probability of geological success (PoS) for segments with conventional oil and gas prospective resources. Earth-Science Reviews, Vol 150, 453-476.

- Mito S., Ziqiu X.(2011), Post-Injection monitoring of stored $CO_2$ at the Nagaoka pilot site: 5 years time-lapse well logging results. Energy Procedia, Vol 4, 3284-3289.

- Mito S., Ziqiu X.(2012), Nagaoka Post-injection Monitoring Update and Recent Research Activities in Japan, Carbon Storage R&D Project Review Meeting, Pittsburgh, Pennsylvania.

- Miyazaki, T., Osawa, H., Matsuura, M., Ohta, M., Ozaki, M.(2013), Offshore Operational Availability of Onboard Direct Injection of $CO_2$ into Sub-seabed Geological Formations, GHGT-11. Energy Procedia, Vol 37, 3168-3175.

- Kanniche, M., Gros-Bonnivard, R., Jaud, P., Valle-Marcos, J., Amann, J. M., Bouallou, C.(2010), Pre-combustion, post-combustion and oxy-combustion in thermal power plant for $CO_2$ capture. Applied Thermal Engineering, Vol 30(1), 53-62.

- Nakazawa, N., Kikuchi, K., Ishii, K., Yamaguchi, T., Ohta, M., Ozaki, M.(2013), Ship-based $CO_2$ Injection into Subseabed Geological Formations using a Flexible Riser Pipe Pickup System. Energy Procedia, Vol 37, 3176-3183.

- National Energy Technology Laboratory(NETL)(2006), International carbon capture and storage projects overcoming legal barriers, 1-41.

- National Energy Technology Laboratory(NETL)(2010), DOE/NETL Carbon dioxide capture and storage R&D roadmap.

- National Energy Technology Laboratory(NETL)(n.d.), Monitoring, verification, accounting, and assessment (Website). Retrieved from (https://netl.doe.gov/coal/carbon-storage/advanced-storage-r-d/monitoring-verification-accounting-and-assessment).

- Ozaki, M., Ohsumi, T., Kajiyama, R.(2013), Ship-based Offshore CCS Featuring $CO_2$ Shuttle Ships Equipped with Injection Facilities, Energy Procedia, Vol 37, 3184-3190.

- Raziperchikolaee, S., Alvarado, V., Yin, S.(2013), Effect of hydraulic fracturing on long-term storage of $CO_2$ in stimulated saline aquifers, Applied Energy, Vol 102, 1091-1104.

- Rodosta, T.D., Litynski, J.T., Plasynski, S.I., Hickman, S., Frailey, S., Myer, L.,(2011), U.S. Department of energy's site screening, site selection, and initial characterization for storage of $CO_2$ in deep geological formations, Energy Procedia 4, 4664-4671. https://doi.org/10.1016/j.egypro.2011.02.427

- Roland, A.(2012), Carbon sequestration by mineral carbonation of contaminated land and waste residue in scotland, Scottish Contaminated Land Forum, poster presentation material.

- Saeed, A.(2012), A review of mineral carbonation by enhanced weathering, Sci., Tech. and Dev., Vol 31(3), 195-201.

- Sen, C.(2012), Algae based carbon capture and utilization feasibility study: initial analysis of carbon capture effect based on Zhoushan case pre-study in China, Master Thesis, KTH Royal Institute of Technology, 1-61.

- Svensson, R., Odernberger, M., Johhsson, F., Stromberg L.(2004), Transportation systems for $CO_2$-application to carbon capture and storage, Energy Conversion and Management, Vol 45, 2343-2353.

- Toftegaard, M. B., Brix, J., Jensen, P. A., Glarborg, P., Jensen, A. D.(2010), Oxy-fuel combustion of solid fuels, Progress in Energy and Combustion Science, Vol 36(5), 581-625.

- Woodside.(2018), Futre energy. Hyreogen brochure, 1-11.

- Zeman, F.(2007), Energy and material balance of $CO_2$ capture from ambient air, Environmental science & technology, Vol 41(21), 7558-7563.

- Zeman, F.S., Lackner, K.S.(2004), Capturing carbon dioxide directly from the atmosphere, World Resource Review, Vol 16(2), 157-172.

- Zhang, Z.X., Wang, G.X., Massarotto, P., Rudolph, V.(2005), Optimization of pipeline transport for $CO_2$ sequestration, Energy Conversion and Management, Vol 47(6), 702-715.

# 11장

- 김성욱(2020), 상상해보자 탄소중립사회 [초록發光] 탄소중립사회로 가는 길은 결코 평탄하지 않다, 프레시안.
- 김소영(2019), 에너지 커뮤니티 시각으로 본 그린뉴딜 지역화 방안(상상하자! 전환센터 도전하자! 도농협동에너지자립마을), KDI 그린 뉴딜 세미나 토론문.
- 나오미 클라인(2016), 『이것이 모든 것을 바꾼다: 자본주의 대 기후』 (This Changes Everything : Capitalism vs. the Climate), 이순희 옮김, 열린책들.
- 대통령소속탄소중립위원회(2021), 2030 NDC 상향안.
- 대통령소속탄소중립위원회(2021), 2050탄소중립시나리오(안).
- 박정연(2021), 기후위기 대응을 위한 탄소중립·녹색성장 기본법안, 기후위기 대응 에너지전환 지방정부협의회.
- 이유진·조주은·윤지영(2019), 도시형 그린 뉴딜 정책사례: 서울특별시를 중심으로, 국토연구원.
- 이유진(2021), (월요객석) 2030 온실가스 감축 목표 "감각하기", 전기신문, 2021년 06월 24일.
- 이유진(2021), 사회적경제로 그린뉴딜하기, 생협평론, 2021년 7월.
- 이유진(2021), [탄소중립으로 가는 길, 이것만은 반드시] ① 응답하라 2021년, 기후위기편, 한겨레, 2021년 8월 5일.
- 탄소중립위원회(2021), 탄소중립시민회의 참여시민단 설문조사 결과.
- 프리드리히 폰 보리스·벤야민 카스텐(2020), 『도시의 미래』, 와이즈맵, 20-52.
- 행정안전부(2021), [보도자료] 전체 인구 중 1960년대생(50대) 가장 큰 비중(16.6%) 차지 〈2021년 6월말 주민등록 연령별 인구 통계 발표〉.
- 환경부(2021), 지역 주도형 탄소중립 지원 방안.
- Peter Plastrik and John Cleveland(2018), GAME CHANGERS: Bold Actions by Cities to Accelerate Progress Toward Carbon Neutrality, 5-6.